U0839827

# 中国式狼性生存术

张文竹 编著

时事出版社

**图书在版编目(CIP)数据**

中国式狼性生存术 / 张文竹编著. --北京：时事出版社，2011.9

ISBN 978-7-80232-449-7

Ⅰ. ①中… Ⅱ. ①张… Ⅲ. ①人生哲学—通俗读物 Ⅳ. ①B821-49

中国版本图书馆CIP数据核字(2011)第189765号

出版发行：时事出版社

地　　址：北京市海淀区万寿寺甲2号

邮　　编：100081

发行热线：（010）88547590　88547591

读者服务部：（010）88547595

传　　真：（010）68418647

电子信箱：shishichubanshe@sina.com

网　　址：www.shishishe.com

印　　刷：北京中印联印务有限公司

开本：787×1092　1/16　印张：21　字数：323千字

2011年10月第1版　2011年10月第1次印刷

定价：38.00元

# 序言

## 狼的本能对善良的人同样有益

驰骋于荒原中的狼，凭借特殊的品质和超强的生存能力，成为大自然中一支优秀的族群。它们勇敢顽强、吃苦耐劳、机警敏锐、善于捕捉目标；它们熟悉荒原或丛林中的种种游戏规则，善于躲避天敌的侵害；它们具有极强的适应力，能在各种复杂险恶的环境中生存繁衍并发展壮大……

如果用一个字来概括狼的特性，那就是“狠”。而这恰恰是在弱肉强食的丛林里生存的必杀技。在适者生存的荒原上，唯有“狠”才能成为强者，才能赢得生存的权利，这是万古不变的残酷铁律。

这个道理，放在人性世界里同样适用。古往今来，心慈手软对政治家、军事家、商人来说都是致命的弱点，也是那些失败者功亏一篑的重要原因。面对你死我活、你上我下的斗争，对敌人的仁慈就是对自己的残忍。因此，为了生存，为了理想，你必须在实现目标、获取利益的道路上主动出击，而且出手要狠。

凭借一股狠劲儿，刘邦击败项羽，成为最后的赢家；凭借一股狠劲儿，曹操平定各方诸侯，笑傲三国；凭借一股狠劲儿，柳传志带领联想攻占了一个又一个高地，冲进世界500强俱乐部；凭借一股狠劲儿，任正非缔造了华为这个信息产业帝国，成为名副其实的“土狼”……

在这个世界上，没有卑微的人生，只有卑微的活法：你付出了艰辛的努力，却被别人攫取了胜利的果实；你的上司没能力、没人品，却总是在你头上耀武扬威；你很有才华，却屡屡遭受打压；你把心都掏给了女朋友，最后她却嫁给了别人。

造成这些悲剧的原因在于，你不了解自己及别人的强弱在哪里，以及不知道如何趋避，乃至最后丧失了行“狠”的能力。

在为人处世中，善于做一个强者，扮演好自己的狠角色，必须知道自己何者为强、何者为弱;别人何者为强，何者为弱，并巧妙地避免以己之弱去面对他人之强，积极地以己之强去面对别人之弱。如果还能灵活地运用第三者与他人的强弱关系，来弥补自己的“弱”，或避免自己遭到别人“强”的侵犯，那么你就是真正厉害的狠角色了。

美国策略研习协会主席朱津宁说：“行狠的本能不仅仅属于邪恶、狡诈之辈，它对善良、正直的人们同样有益。”

亚里士多德说：“人生最终价值在于觉醒和思考的能力，而不只在于生存。”我们要说的是，从现在这一刻你要做好两件事，第一是明确“做人要狠”的价值和意义；第二是扮演好自己的狠角色，在未来的日子里生存得更好、发展得更成功！

# 目 录

## 上篇 狼性法则

欺软怕硬是动物的天性，弱肉强食是自然的铁律。而在人类社会，“血酬定律”没有人可以逃脱，“适者生存”的魔咒在每个人身上发挥作用。想要混得好、吃得开，立于不败之地，你必须像狼一样熟谙大环境的运行法则。

为人处世的过程中，要读懂社会运转的潜规则，掌握利益交换的游戏套路，熟谙无所不在的人情世故，练就说话的本事，对人心有深刻的体察，迎接祸福转换的运势……熟悉了各种规则和禁忌，你才可以游刃有余、大开大合，闯出一番天地、打下一片基业。

# 第一章

## 弱肉强食，适者生存——读懂社会运转的潜规则

在大自然里，弱肉强食是公认的丛林法则。豺狼为了生存，搏杀野鹿，没有道理可讲。在人类社会中，“血酬定律”是放之四海而皆准的道理。人们为了生存，为了理想，去争取自己的利益，朝着既定的目标迈进，在前进的道路上要与他人竞争，你不得不出手要狠。

心慈手软，对政治家、军事家、大商人来说，都是致命的弱点，是那些失败者功亏一篑的重要原因。面对你死我活、你争我夺的斗争，对敌人的仁慈就是对自己的残忍，为此你必须在为人处世中善于做一个强者，扮演好自己的狠角色。

人生的许多悲剧都是由于不了解自己及别人的强弱在哪里，以及不知道如何趋利避害所造成的。在人性丛林里，如果知道自己何者为强，何者为弱；别人何者为强，何者为弱，并巧妙地避免以己之弱去面对他人之强，积极地以己之强去面对别人之弱；如果还能灵活地运用第三者与他人的强弱关系，来弥补自己的“弱”，或避免自己遭到别人“强”的侵犯，那么你就不得了了。



# 第二章

## 利益交换，游戏规则——没有永远的朋友，也没有永远的敌人，只有永远的利益

天下熙熙，皆为利来；天下攘攘，皆为利往。人与人之间的一切进

退、取舍、权衡，都逃不过一个“利”字。熟谙运用狼性生存术的人，都能够照顾到自己，也想到别人，你中有我，我中有你。如果不懂这一点，凡是好处都自己独吞，那么即使有惊世的才华也只能沦为无用的白纸！

世上没有永远的朋友，也没有永远的敌人，只有永远的利益。换句话说，人与人交往的本质其实就是利益交换。所以，昔日的竞争对手，在今天可以成为合作的对象；而今天的伙伴，也可能在明天分道扬镳。这恰恰是为人处世中的狼性铁律。



## 第三章

### 人情世故，生存法宝——有人飞黄腾达，有人穷困潦倒

出来混的人，一定要懂人情世故，否则，你从一开始就注定了没有成功的可能，这样折腾下去，只是白白地浪费精力。而一个熟谙人情世故的人，哪怕刚开始能力差一些，想要混好还是大有希望的，因为他掌握了为人处世的独门绝技，迟早能够迎来命运的转机。

人情冷暖，世态炎凉，是现实的残酷之处。为此，你必须懂一点“混”的游戏规则，抓住“人情”这个命门，握紧“世故”这个法宝。只要对人际交往的基本原则烂熟于心，就能把各种关系处理得圆圆满满、妥妥当当，不但生存得很好，还能完成事业的跃进。

## 第四章

### 祸从口出，谨言慎行——嘴巴不只是用来吃饭，也决定着你的祸福

为人处世，成功与否，首先就取决于你“说”的本领！美国艺术家安迪·沃荷曾经告诉他的朋友：“我学会闭上嘴巴后，获得了更多的威望和影响力”。会说话，是本事；不说话，则是智慧。在复杂的社会环境里，“说”与“不说”都有很深的学问值得研究。

言多必失，祸从口出，说得越多，显得越平庸，说出蠢话或危险话的几率就越大。因此，有学问的人一般不乱讲话，只有那些胸无点墨又爱慕虚荣的人才喜欢信口开河，大发言论。“宁可把嘴巴闭起来，使人怀疑你是浅薄，也不要一开口就让人证实你的浅薄。”

三思而言，三思而行，谨言慎行绝非易事，没有相当的历练和修养是难以做到的。要想说话少出漏子，务必要做到：一是多听少说；二是绝不轻言人事是非，三是话不说死，留有余地；四是不管真话假话都要说得理直气壮、真诚动人。

## 第五章

### 人心难测，防患于未然——防人之心不可无

世道险恶，人心难测。昨天还称兄道弟，今天就可能拔刀相向；上午还勾肩搭背，下午就可能形同路人，这在利益至上的社会中已经屡见不鲜了。与人打交道时，务必要谨慎小心，防止吃大亏，上某些人的当。与其说欺瞒他人不正当的行为太卑鄙，倒不如说吃亏上当的人太单纯、太大意。

"明枪易躲，暗箭难防"，这年头，不变成个八面玲珑，就会一不小心被扫地出门。有能力的人不怕没有咸鱼翻身的机会，但是你可知道，各个道场上的你来我往是有大学问可以研究的。"害人之心不可有，防人之心不可无"，这是每个人都要牢记的一点。



## 第六章

### 世道轮回，祸福相依——三十年河东，三十年河西

人生的奇妙之处就在于，它会随着时间的变化呈现出不同的风景。身居高位的贵人早上还是一个公卿，可能到了晚上就会变成一个平民；有人穷困了一辈子，到头来咸鱼翻身。面对诸多让人大跌眼睛的事，与人交往还是不要太势利。

"三十年河东，三十年河西"，世道轮回，命运风水轮流转，永远不要对落难之人落井下石，也永远不要瞧不起现在不起眼的人，因为你

永远不知道下一秒谁在河东，谁在河西。但往往有一些人，不懂这个道理，他们只会攀龙附凤，不屑答理贫苦普通人，缺乏人情味。这样的人是不可能有大作为的。

## 中篇 狼性韬略

狼这种野生动物，在地球上已经生存了100多万年。他们在山野、荒原、树林、草原栖息，凭借敏锐的嗅觉、机智的头脑、矫健的四肢在大地上穿行，具备了超强的适应能力，掌握了高超的猎捕技术。

同理，一个人要想混出个名堂，在残酷的竞争中分得一杯羹，也要懂一点儿“混”的韬略，从而得到自己想要的一切。中国社会里的人情世故，绵延几千年，是老祖宗们用鲜血和智慧写下来的忠告，关于藏露、方圆、舍得、进退、中庸、忍耐、糊涂，真可谓字字珠玑、振聋发聩。

## 第七章

### 藏匿锋芒，韬光养晦——聪明人要懂得自我保护

做事可以高调，但是做人一定要低调。放低姿态，在低调中修炼自己，并且寻求机会，在不显山、不露水之中，成就宏图伟业；在无人关注的情况下，一飞冲天，一鸣惊人，不骄不狂，豁达从容；在藏匿中养精蓄锐，从而实现胜人一筹的突变，这才是“狼性”手腕。

做个聪明人很好，但是要学会真正的聪明，而不是耍小聪明。有的人自以为掌握一点儿本事，就在人前卖弄，忘乎所以。这恰恰是招灾引祸的根源。真正聪明的人会显露出愚的一面，那主要是深藏不露，不到火候时不轻易使用“聪明”，貌似浑厚为的是让别人不眼红。



## 第八章

### 外圆内方，得心应手——大事讲原则，小事讲风格

洪应明的《菜根谭》中有这样的话：“处治世宜方，处乱世当圆，处叔季之世当方圆并用。”人在美好的社会环境下，都是愿意方正处世的，但是如果身逢乱世，只能圆滑地处世，世道不好不坏，反而最纠结：外圆内方，两面三刀。

方为体，圆为用。方是以不变应万变，圆是以万变应不变。方圆兼备，足可建其功立其业，无往而不利。与人相处坚持“外圆内方”，其中“内方”是指做人做事要有原则、对待自己要严格；“外圆”是指做

人做事要懂得机变、待人要宽容。



## 第九章

### 有舍有得，大舍大得——有一种胜利叫撤退，有一种失败叫占领

于“舍得”中见智慧，在“舍得”后感悟人生！“舍得”不仅是生活中的哲学，也是人们为人处世的大智慧，更是一种境界。舍得，有舍必有得，有得必有失。小舍小得，大舍大得，有舍有得，不舍不得。这都是东方禅意中精彩的华丽篇章，也是狼性生存术中的高深学问。

在复杂的人际关系中，懂得取舍的要害，是成就大事的根基。“有一种失败叫占领，有一种胜利叫撤退”，也许等你参透了这句话的含义，也就懂得了“舍”与“得”的要领。

## 第十章

### 进退自如，游刃有余——进退之机贵在“审时度势”

人生的真谛，只有三个字：知进退。冒进或是保守，都是不知进退之理。人贵有自知之明，审时度势，进退有度。一味的前进不知后退之人，其勇气和精神固然值得别人钦佩和赞赏，但大多时候都是莽夫之举。龙潭虎穴固然要闯，但如果略施手腕，以最小的损失获得最大的收获，岂不更妙。

中国有句老话，退一步海阔天空，适时的退便是为了更好地进，懂得退的人，易于在待人处事方面获得成功。许多时候，让步是必要的，而且它作为一种策略性的后退，是为了更好地向前迈进，而并非懦弱的表现。懂得进退之人，才能在自我发展的道路上游刃有余。



## 第十一章

### 中庸之道，不偏不倚——做得恰到好处，赢得圆圆满满

“中”就是不要太过分，也不要达不到，而“庸”，就是指一种平平常常的状态。“中庸”，就是要求人们在事物的两个极端之间选取或者把握一个中道，并可以在人们的日常生活中随时随地加以实践。

为人处世必然要处置各种关系，对今人来说，做人做事遵循“中庸之道”的技巧，能够达到不偏不倚的效果，避免“过无不及”的尴尬，将事务处理得妥贴圆满。心中长存“中庸”的思想，一个人就有了标尺，做任何事情的都会游刃有余、处事不惊。

## 第十二章

### 难行能行，难忍能忍——忍的功夫有多深，成就就有多大

“人生不如意事十之八九”。想要生存在这个纷繁复杂、反复无常的世界上，不“忍”寸步难行，不“忍”难成大事。忍，是中国文化的美德；忍，是佛家智慧中最大的修行。无边的罪过，在于一个瞋字；无量的功德，在于一个忍字。平时，一个人忍寒忍热容易，忍饥忍饿也不算困难；甚至忍贫忍穷、忍讥忍谤，都还容易做到，但是要忍一口气，就不是人人都能做到的了。

历史上，卓绝千古的风流人物无不经历过常人难以想像的磨难，但是他们深刻明了“小不忍则乱大谋”的道理，最终成就了辉煌的人生。“心字头上一把刀”，“大忍者，大智也”，忍耐不是退缩、让步和放弃，而是有智慧、有能力的表现，是一种为人处世的行动策略。

## 第十三章

### 难得糊涂，大智若愚——糊涂是妥妥当当处世的妙方

俗话说：水至清则无鱼，人至察则无徒。乍听起来，似乎太“世故”了。然而，在为人处世时许多事情往往都坏在“认真”二字上。我们说“水至清则无鱼”，主要强调的是在待人或处世时不能太“认真”，该糊涂时就糊涂，只要不是原则问题，糊涂也未尝不可。

与人相处，要“睁一只眼，闭一只眼”。当然，这并不是说可以随波逐流，不讲原则，而是说，对于那些无关大局、枝枝蔓蔓的小事，不应当过于认真，而对那些事关重大、原则性的是非问题，则要坚持己见。

聪明的人睿智，但要提防“智者千虑，必有一失”的遗憾；糊涂的人愚钝，但又有“愚者千虑，必有一得”的幸运。掌控关系，不能一味较真，太执著会把关系搞砸，往往让自己身陷泥潭，搞不好就会伤筋动骨，这其实是“聪明反被聪明误”。

# 下篇 狼性手腕

一个人事业有成、得到社会认可，通常要有这样一个过程——克服了无数困难、化解了诸多危局、闯出了多条新路，最后有了自己的硕果。

## 第十四章

### “心狠手硬”，胜者为王——掌控局面必须挺起胸膛、硬起心肠

在人性丛林里，“妇人之仁”会成为一个人生存的负担，甚至是致命伤，这在出现利益纷争的时候表现得尤其突出。

古往今来，成王败寇是不变的法则。一个人要实现心中的梦想，干一番事业，必须在竞技场上击败对手，才可以成为当之无愧的王者。在决定生死的瞬间，下狠手征服异己，才可以问鼎天下，否则就只有后悔的份儿。



## 第十五章

### 奉上御下，结盟破敌——在任何一个团队里都要吃得开

在中国这个以人情为重的社会里，要想获得成功，必须赢得上司的信赖、下属的支持，在对外关系中游刃有余。方方面面吃得开，上上下下有人缘，你想干点事情就容易多了，这样就能成为一个办事高手、长胜将军。

天上不会掉馅饼，人缘也不会说来就来，它不仅需要你付出很多的时间和精力，关键还要掌握与人交往的技巧，懂得“用兵之道，攻心为上”。要想在这个社会吃得开，就得广交朋友，建立人脉。

## 第十六章

### 能唱黑脸，会唱红脸——掌握“变脸如翻书”的本事

“变脸如翻书”，这种为人处世之道似乎缺乏真诚、难以捉摸；但是从现实来看，随环境的变化而“翻脸”，其实是一种圆融的处世姿态。现实生活中，要接触的人来自各个领域、各个阶层。接待客人，要和颜悦色；接触下属，要保持威严。如果没有“变脸”的功夫，怎么能应对各种复杂局面呢？

拥有“变脸”的功夫，有两点好处：其一：避免别人误读你的情绪，造成人际的反效果。其二：隐藏自己的秘密。具有“变脸”功夫固然重要，但要学到这功夫并不容易，因为喜怒哀乐这种情绪都难以掩饰。不过，万变不离其宗，能够相机而动，则无往不胜。



## 第十七章

### 恩威并施，推拉结合——“萝卜加大棒”是最有效的御人手段

中国历代帝王对人治之术最有效的手腕，莫过于恩威并施、刚柔相

加，也就是所谓的“胡萝卜加大棒”的政策。一方面对他人示好、施与恩惠，另一方面显示威权、给予惩戒，两者并举，很容易让对方乖乖就范。

为人处世的道理也是这样。许多时候，你过分对一个人好，他就不会去珍惜；你总是流露出王霸之术，对方就会离你远去。显然，既给予好处，又要表现出你的不好惹，在人际交往中才可以得到对方的承认、敬畏。



## 第十八章

### 收买人心，笼络关系——成大事必须有更多的“自己人”

“得人心者得天下”，这句饱经历史事实的治国古语放在今天，依然掷地有声。一个人的力量再强大也不能失去他人的帮助，获得他人支持是我们顺利推进发展目标的前提。在为人处世的过程中，学会站在对方角度看问题，给予他人支持与合作，甚至在必要时让自己承担部分损失，都是“收买”人心的必要举措。

今天，信奉个人英雄主义的时代早已过去。不难想象，光杆司令能够长久占据司令的宝座，因为没有忠诚强力的助手们的扶托，谁也不可能产生令人侧目的功绩。往小处说，心腹团队能够把事办得称心、办得安全、能够成事；往大处说，心腹团队让你在工作上如虎添翼，同时也是你精神上的盟友和安慰者。

## 第十九章

### 顺毛而摸，事半功倍——让难缠的人服从你、追随你

每个人都喜欢别人顺着“毛”摸！人的“毛”就是一个人的性情、脾气、观念，也就是一个人心中的“自我”！你如果能顺着对方的脾气和他交往，不去违抗他，他当然会和你成为好朋友的！

不过，这里并不是要你凡事都顺着别人，做一个没有“自我”的人，如果你真的如此，你就成为别人的影子。

“顺着毛摸”只是方法，而不是目的，你如果能成熟地运用这个方法，别人就会在不知不觉中受到你的影响，甚至接受你的意志。



## 第二十章

### 杀鸡儆猴，立威造势——秀秀你“不好惹”的一面

中国有句古训“杀鸡儆猴”，以告广大管理者，若猴群有不轨或不驯之现象，即可捉一鸡，当众杀之，以血示警。这一招屡试不爽，效果极佳。在各种处世智慧中，“杀鸡儆猴”有威胁恫吓之意，让他人看到

你的厉害之处，是一种驭众的手段。

在社会生活中，一个人的威严是必要的，有威严，才会通达顺利；有威严，才会使人敬畏。



## 第二十一章

### 借力登天，借势成事——把身边每个人都当做你成功的帮手

一个人要想成就一番事业，单靠自己一方面的力量是不够的。在力量不强大时，就要善于借助他方的力量，扛起有名望或有实力一方的大旗，寄人篱下，寻找大靠山。在他方的大树下面开辟一片新天地，这不仅仅是谋略，也是一种成功经验的智慧产物。

借力登天、借势成事等，会让单枪匹马闯天下的你成为“三头六臂”，在运筹中找到自己制胜之道。

# 上篇 狼性法则

欺软怕硬是动物的天性，弱肉强食是自然的铁律。而在人类社会，“血酬定律”没有人可以逃脱，“适者生存”的魔咒在每个人身上发挥作用。想要混得好、吃得开，立于不败之地，你必须像狼一样熟谙大环境的运行法则。

为人处世的过程中，要读懂社会运转的潜规则，掌握利益交换的游戏套路，熟谙无所不在的人情世故，练就说话的本事，对人心有深刻的体察，迎接祸福转换的运势……熟悉了各种规则和禁忌，你才可以游刃有余、大开大合，闯出一番天地、打下一片基业。

# 第一章

## 弱肉强食，适者生存
### ——读懂社会运转的潜规则

在大自然里，弱肉强食是公认的丛林法则。豺狼为了生存，搏杀野鹿，没有道理可讲。在人类社会中，“血酬定律”是放之四海而皆准的道理。人们为了生存、为了理想，去争取自己的利益，朝着既定的目标迈进，在前进的道路上要与他人竞争，你不得不出手要狠。

心慈手软，对政治家、军事家、商人来说，都是致命的弱点，是那些失败者功亏一篑的重要原因。面对你死我活、你争我夺的斗争，对敌人的仁慈就是对自己的残忍，为此你必须在为人处世中善于做一个强者，扮演好自己的狠角色。

人生的许多悲剧都是由于不了解自己及别人的强弱在哪里，以及不知道如何趋利避害所造成的。在人性丛林里，如果知道自己何者为强、何者为弱；别人何者为强、何者为弱，并巧妙地避免以己之弱去面对他人之强，积极地以己之强去面对别人之弱；如果还能灵活地运用第三者与他人的强弱关系，来弥补自己的“弱”，或避免自己遭到别人“强”的侵犯，那么你就不得了了。

## 1. 一山难容二虎的逻辑

【狼道语录】谁狠谁就赢。

在大自然中，一山难容二虎。在情场上，爱是排他的。在商场和政坛上则是“卧榻之地，岂容他人酣睡”。竞争便是必然的，而你要做的是，硬起心肠，成为胜者。清代山西两大典当铺的龙争虎斗便印证了这一点。

清初年间，山西富豪亢氏在原籍平阳府开设一家大当铺，后来有人在亢氏当铺附近也开设了一家当铺。亢氏眼见自己开办的当铺营利被别人抢夺，很不甘心，决心挤垮这家当铺，于是，每天派人到这家当铺中典当一个金罗汉，典当价银1000两，连续典当了三个月，把这家当铺的资本几乎用光了。

这家当铺的主人着了慌，忙问典当人何以有这么多的金罗汉要典当？来人答道：“我家有金罗汉500尊，现只典当了90尊，尚有410尊金罗汉要拿来典当哩！”这家当铺主人听了大吃一惊，急忙向来人施礼，询问来人的主家，才知原来是平阳府巨富亢氏。当铺主人自知不是亢氏的对手，只好托人与亢氏协商，请将金罗汉赎回，自己关门闭业含泪远走他乡。

商场就是这么残酷，你争我夺，这一轮大战的硝烟未散，新一轮大战的帷幕又悄然开启。商场之中，几家欢乐几家愁。每一个成功者都会身经一次又一次的较量，不管自己承认与否，实际上每前进一步都是在践踏对手的耻辱与悲伤。

但是，往往有人不懂这个道理，当硬时软，当狠时仁，过分追求“平”、“和”，结果却落个功败垂成。

清朝咸丰年间，自太平天国起义后，发展极其迅猛，横扫清军如卷席，很快占据了半壁江山，与清朝政府南北相持。如此鸿大的势力，然而只经历了短短的十几年即化为虚有。太平天国失败的原因很多，但其中最重要的一条就是洪秀全不计后果，封王过度。

当洪秀全在南京建立政权后，即认为自己可以坐拥天下享受称霸之味了，同时还认为跟自己出生入死的一帮“铁哥儿”也应封个王当当，同自己一起享受得来的江山。于是过度自信加上讲义气的情怀，洪秀全开始滥封王位，今天给张三封王，明天给李四晋爵，直至天京失陷前，封王竟达2700余人。

众所周知，“一山不容二虎”，“多王”的并立，使太平天国不再太平，自此出现了各自拥卒自重的涣散状况，严重削弱了太平军的战斗力。此外，有多少个王就得建多少座王府，每个王府全得配备众多人员。冗员众多，全靠老百姓养着，天长日久，自然会引起百姓的不满，因而，封王也就成为太平天国加剧毁灭的一个原因——民意大失。

现在社会更多的是人与人的竞争，要想战胜竞争对手，必须深知“狠”的秘诀，在激烈的竞争中，来不得半点心慈手软，否则只能成为别人的手下败将。

**【狼性生存术】**

竞争是必然的，否则就没有进步。竞争是一种狠的较量，谁狠谁就赢。一个“妇人之仁”的人只能是别人的手下败将，口中美食！

## 2. 知道自己吃几碗干饭

**【狼道语录】**妄自尊大，贻笑大方。

不知道自己吃几碗干饭，常常被用来讽刺那些不知道天高地厚、经常狂得“脚丫子不在鞋里”的人。这些人往往不自量力，过高地估计自己的作用，吹嘘自己的能力，认为自己这也行那也行，就是地球离了他不行。

妄自尊大的危害在于，一个人会找不准自己的位置，估不透自己的价值，陷于孤芳自赏、自我陶醉的泥潭不能自拔，以至最终落得个“吹把式”的秽名，往小里说会贻笑大方，往大里说会带来杀身之祸！

在汉末群雄割据的局面中，诸侯之间有一条禁忌，虽然谁都觊觎皇帝这个称号可谁也不敢公然犯规，尝试一下做皇帝的滋味。只有一个袁术染指了一下，当了几天皇帝，谁知犯下致命的错误，结果败得最惨。这也是所有那些一叶障目、利令智昏而且自以为是的人物，在错误的时间、错误的地点作出错误的决策，而以失败告终的不足为奇的例子。

当时，那些军阀心里都明白，什么事都可以做，就是不能做皇帝。势力强大如曹操者，而且已经挟天子从洛阳到了许都以令诸侯，汉献帝成了他手中的一个傀儡，也不敢萌生这个替而代之的念头。孙权有一次上表，建议他干脆称帝算了。他说，这小子是想让我坐在火炉上烤呢！所以他一生未曾染指帝座。直到他儿子曹丕才把献帝废掉。

袁术，本是个不干正经事、绝对没有能耐的主，就看他和吕布交手出场的样子——“身披金甲，腕悬两刀”那阵势，完全是一个丑角形象。刀吊在手腕上，是武器还是装饰？这不三不四的样子，当然只有挨打的份。结果，不战三合，术军大乱，中途又碰上了关羽，只好败退回淮南去了。

自古至今，越是这种狗屁不是的家伙，在鱼龙混杂、泥沙俱下的时机，还越是容易得意。正因为汉末大乱，袁术才能够统领一方，称王称霸。

但这类人的通病就是缺乏自知之明，不晓得自己吃几碗干饭。以为手里有孙策抵押的传国玉玺，便是九五之尊了，就如俗话讲的，开始头脑膨胀，发起高烧来了，就在淮南建立袁记小朝廷了。称帝建号，立子封妃，龙车凤辇，祀南北郊，那些拙劣的表演，令人作呕，也招天下人恨。

然而也不奇怪，因为这种人一旦爬上了高位，最容易利令智昏，曹操对他的评价是：“冢中枯骨，吾早晚必擒之。”一个在别人眼里不过死尸一样的人，竟过了几天自封的皇帝瘾，可见其头脑膨胀到何等地步！

也就不到两年光景，袁术终于混不下去了，只好把玉玺和帝号送给他的老兄袁绍。曹操哪里肯放过他，派刘备、朱灵围堵追击，最后弹尽粮绝，只剩下千把人，坐以待毙。“家人无食，多有饿死者。术嫌饭粗，不能下咽，乃命庖人取蜜水止渴。庖人曰：‘止有血水，安有蜜水！’术坐于床上，大叫一声，倒于地下，吐血斗余而死。”

在这场成则为王败则为寇的争霸战中，不堪一击的袁术输得既快又惨。看起来，名门之后，只是牌子响亮，不动正格的话，端起个架子，还可以唬一唬人，真到了是骡子是马、拉出来遛遛的时候，却大出洋相了。

这些趁历史留下的短暂缝隙，突然挤出来头角峥嵘的人，以草包起，以草包终，除了为后世增添笑柄外，还能留下什么呢？

宝贵而灿烂的时光如离弦之箭簇出膛之弹丸一去不回头。飞逝的光阴在削减着每个人的生命，如何使有限的生命放射出人生更加灿烂的光彩，是每个健康的生命体每天所应思考的命题。

如果到了三十多岁，四十多岁还不知道自己的本领如何，对自己的定位依旧模糊含混，不知道自己到底是“吃几碗干饭的”的，用孔夫子的话讲，即是活到四十岁了还被人讨厌，他这一辈子就算完了。

所以，清楚地知道自己到底“吃几碗干饭”，很重要、很关键，它决定了你的人生态度，也决定了你的人生意义。

**【狼性生存术】**

没有金刚钻，别揽瓷器活儿。对自己的能力要有个清醒的认识，对自己的定位要准确，否则就可能妄自尊大，导致胡干、蛮干、瞎干，最后惹出麻烦。

## 3. 先下手为强，后下手遭殃

**【狼道语录】**抢占先机，先下手。

中国有句至理名言“先下手为强，后下手遭殃”。古往今来，但凡聪明人、有成就者，为了抢占先机、不受制于人，总是要竖起耳朵，随时准备先下手。

西汉时期，班超接受汉明帝的命令，带领三十六人出使西域。他们到达鄯善国，受到国王的热情招待。但是，过了没多长时间，鄯善国的殷勤转为冷淡，班超立即意识到情况发生了变化。后来他经过仔细调查，果然发现是匈奴的使节来了，所以才使鄯善王忧虑不决。

班超马上把负责招待的胡人叫进来，恐吓他说："匈奴使节来了几天?现在住在哪里?"对方非常害怕，就如实回答："已经来了三天了，住在离这里三十里的地方。"

了解到敌情，班超开始做动员工作："我们来到这个绝险的地方，而且面对着匈奴使节的威胁，鄯善王对我们如此冷淡，情况不妙啊。如果鄯善王把我们抓起来交给匈奴，大家连尸骨都要喂豺狼了。"

手下的人都说："现在要想办法脱离虎口，我们都愿意跟着你走!"班超接着说："先下手为强，后下手遭殃。我们只有乘着夜色对匈奴使者发起火攻，让对方不知道我们的虚实，才能取得胜利，把他们一网打尽。这样就能震慑鄯善王，大功告成。"大家纷纷表示赞成。

就这样，班超趁天黑，率领大家来到匈奴使者的营房。这时恰逢刮起了大风，班超顺风放火，配合其他人擂鼓大叫，做出声势浩大的样子，结果一举全歼了一百多匈奴人。

第二天，班超把事情告诉了鄯善王，对方自知理亏，又畏惧西汉的实力，不知如何是好。看到这里，班超顺水推舟，安慰对方说："从今以后，请你不要再跟匈奴友好，我们自然会与你结为友善的邻邦。"就这样，鄯善王表示愿意归顺汉朝。

班超审时度势，先下手为强，斩杀了匈奴使，使西域五十多座城池获得了长久的安宁。而他的成功在于抢占先机，进而掌握了充分的自主权，能够先发制人采取军事行动，所以化解了被动的局面，取得了胜利。

我们在工作中难免会有得罪他人之处，如果被你得罪的人是"小人"之辈，你不得不防他在上司面前进你的"谗言"。

一般而言，那些散布流言蜚语告"黑状"的人，为了使自己编造的"小报告"达到陷害人的目的，总是要研究人们的心理。他们这些人在陷害人的过程中，也逐渐"摸索"到这样一个"规律"，即：从总体来说，人们往往对第一印象来得深刻，一经形成，常常会积淀为一种思维上的定式。

比如说，某人对张三并没有什么特别的印象，既没有好感，也没有恶感。如果在这时有人对他说张三其人是如何品行不轨、道德败坏等等，那么，他即使是对于该人的话并不言听计从，可是在内心深处却着实地对张三的人品如何打了个大大的问号，心理上也对其呈现出恶感的苗头。

及至张三自己或者另外的人再为之辩白，说那些攻击张三品行的话语纯系无中生有，颠倒黑白，这时已经大大落后了。因为这些观点同前面形成的第一印象发生了冲突，所以很难入脑。除非这个后来的印象特别强烈，或是不断地进行多次重复，才有可能改变或是冲淡先前的第一印象。

这就好比是一张白纸，第一笔画上去总是清清楚楚，若要在画过的纸上另画一幅，那么所耗的力气则不知要大多少倍，而且原先纸上已形成的影像也很难完全彻底地消除。

那些善于制造"小报告"的人正是抓住人们的思维和心理上的这一特点，想方设法地做到捷足先登，先发制人。而被"暗箭"伤害的人往往由于疏于防范，棋输后手，所以大多处于不利地位，有些人甚至连辨解的机会都不可得，白白地被人坑了一下。

我们知道，先发制人的厉害在于告"黑状"的人抢了先手。但是，如果是有可能被诬陷的人事先采取措施，积极进行自我保护，或者是一闻风吹草动就积极行动起来，自己抢夺了先手，局势岂不完全改观了吗？所以，对于防范和反击"小报告"的每个人来说，要做到克敌制胜，就不能总是"棋行后手"。

汉景帝时，晁错为内史，很受景帝信用，提出过许多革新的建议。丞相申屠嘉因为晁错的建议触犯了他的利益，一直在伺机陷害。晁错的府邸在老皇帝太庙外空地上的短墙里，出入很是不便，于是晁错在矮墙南面开了两个门，申屠嘉借此大做文章，状告晁错擅凿庙墙为门，奏请杀头。

晁错听到申屠嘉的图谋后，赶到申屠嘉之前，将真实情况报告了景帝。所以待到申屠嘉告状时，汉景帝只轻描淡写地说了一句"不是高墙，是庙外空地上的短墙"，便否决了申屠嘉的小报告。申屠嘉回家后大发脾气，说："我应当赶在他的前面，他赶前了，我反而被他卖了。"晁错的机警使他躲过了一次谗言的灾祸。

因此，我们要在那些打"小报告"的恶人告"黑状"之前，抢夺先机，从而击败流言蜚语对自己的造谣和诬蔑。

对敌人的仁慈就是对自己的残忍，先下手为强，后下手遭殃，掌控先机是致胜关键。先下手是驭之有道，先下手是勇之有方。做事有“心计”的人，他会先人一步，掌握做事的主动权，然而也就会高人一筹。当别人未动时，你已经抢占了先机。只有如此，你才会拥有优势，才有正确的突破能力，你才能打败自己的竞争对手。

【狼性生存术】

危急关头，先下手为强可以使我们的生命不受威胁，保护自己；小人谗言关头，先下手，抢占先机，免受流言诽谤之苦。要想立足社会，处于不败之地，先下手为强，后下手遭殃，乃重要准则。

## 4. 笑到最后才算是胜利

【狼道语录】笑到最后，笑的最美。

有时候人生就如同是一盘棋，往往不能以一时的得失来断定最后的结局，而那些最后的赢家，他们也许在开始的时候是以劣势的姿态出现，但是，最终的结果确是他们笑到最后。

想必大家对司马懿、诸葛亮都耳熟能详。多数人认为司马懿是诸葛亮的对手，是诸葛亮手下的常败将军，其实不然，在《三国志演义》中，司马懿才算是笑到最后、笑得最好的人。

“六出祁山”，表面上看似乎是诸葛亮一直在打胜仗，很热闹，算无遗策，攻无不克，战无不胜，但最后他也没有消灭司马懿率领的曹魏军队。最终司马懿还是保存着实力，还是没有被打败。

诸葛亮好像胜了，但从来没有大胜，没有彻底地胜；司马懿好像败了，他却也没有被彻底打败，因为他始终是有实力的。

司马懿采取“战略上防守，战役中固守”的战略决策。他相信自己最后会赢，所以从不担心在战争过程当中一次又一次地输。司马懿不停地在和诸葛亮“磨”，你来硬的我就来软的，你进攻我就守，你撤退我就追，反正我粘着你：打不赢也打不垮，你急我不急，粘你没商量。

所以，“六出祁山”形成一种僵持的局面。在这个僵持阶段里，由于诸葛亮神机妙算，司马懿屡战屡败，但又屡败屡战。司马懿总是不会败到一败涂地，总是能够保存自己的实力，继续跟诸葛亮抗争，打持久战。

另外，著名的“空城计”诚然显示了诸葛亮的智高和胆大，另一方面也显示了司马懿的战略决策，他决不轻举妄动，不轻易涉险，一门心思为了保存实力，以便跟诸葛亮软磨硬抗到底。我输一场、输两场，让你笑一次、笑两次，都无所谓，反正我就是要跟你磨的。既然要跟你磨，我就不怕输，输了一场两场无所谓，只要最后我能大胜，来日方长呢！这正是：“留得青山在，不怕没柴烧。”

“六出祁山”时司马懿父子差点被烧死，但是司马懿一点不着急，他很有耐心地在等待着，因为他知道，诸葛亮这么操劳，吃不饱，睡不安，肯定没有几天活头了。果然，诸葛亮像油灯似地耗尽了最后一滴油，不久就发病死在五丈原。司马懿不费一兵一卒就取得了最后的胜利，真是“不战而胜”。

诸葛亮死的时候是54岁，而司马懿比他大两岁，56岁。一个比你年龄大的人，敢跟你熬，想的是“咱们就来熬吧，反正我年龄比你大，咱们熬熬看，看谁熬的时间长”。结果司马懿果然就比诸葛亮熬的时间长。从这可以看出，司马懿的确是笑到了最后，所以能笑得最好。

战场上也好，商场上也好，生活中也好，可以设想，我们最怕碰到的应该是司马懿这样的对手。他明明知道自己不如你，明明知道斗不过你，但是他始终要和你抗争到底，而且始终也不怕失败。

他一次又一次地失败，一次又一次地被打趴下了，却一次又一次地站起来，掸掸身上的尘土，继续跟你打。就跟拳击赛一样，被打趴下了，还要硬挺着站起来，继续跟你打。更重要的是，他不仅身体上不趴下，能继续站起来打，而且在精神上也不趴下，始终保持旺盛的斗志，不到最后，决不服输。

真正的赢家不会只为一时的得而喜悦，也不会为一时的失而气馁，他们纵观全局，以退为进，以小的利益来换取最后的胜利。我们要等待，要善于等待，忍辱负重，哪怕装疯卖傻，要我干什么都行，但是最后我要达到我的目的。还是那句话：谁笑到最后，谁笑得最好。

【狼性生存术】

要想登上陡峭的高峰，必须一步一步、踏踏实实地走下去。没有一个人可以一步到达顶峰，没有一个人可以一下种出玫瑰花，笑到最后才是真正的胜利者。

## 5. “好坏”不是这个世界的标准

【狼道语录】好坏没标准，只存在于利益之中。

什么是好？什么是坏？好坏有标准吗？同样一件事，有人说是好事，有人说是坏事。同样一个人，有人说是好人，有人说是坏人。金无足赤，人无完人。好坏共处一体，没有截然界限。

好坏没标准，只存在于利益之中。物以类聚，人以群分，利益第一。民族、党派、团体、个人，没有好坏，只有利益。兄弟阋于墙，共御外敌，受别人欺负，打仗父子兵，上阵亲兄弟，兄弟最好；为争夺皇位，宫廷政变，玄武门兵变，杀父弑兄，手足相残，兄弟最坏。何于此？利益也！

我们不必纠结于某件事是“好”还是“坏”，我们要做个“好人”还是“坏人”，如果你触犯了别人的利益，那么不管你做的事情有多好，在人家眼里都是个坏人。因为对方站在他的立场，你站在自己的立场。

所以，不论我们是别人眼中的好人也好，坏人也罢，都无定论，但是，我们一定不能做别人眼中的“烂好人”。

所谓“烂好人”就是没有原则、没有主见、不能坚持的“好人”。这种人不知是性格因素还是有意以“好”去讨别人的欢喜，反正是有求必应，也不管该不该，有时也想坚持，可是别人声音一大，马上就软下来；因为缺乏原则与坚持，导致是非难分，当事不能解决的时候，便“牺牲”自己来“成全”大家；有时也想“坏”一点，可是离“坏”还有一大段距离，自己就开始自责，检讨自己这样做是不是不应该。

有一位刚刚毕业进入职场的大学生朋友，初进公司总是小心谨慎，每逢休假日值班，只要谁开口，她都答应，为此不知浪费多少个休假日，久而久之变成了值班专业户；平时上班，她也总是早早就到了，收拾台面，打扫办公室，只要谁说一句“没吃早餐好饿呀，有没有什么东西填肚子？”她就赶紧拿出自己买的牛奶麦片，送到他们手上；炎炎夏日，她还经常买些冰镇可乐带给大家喝。这位朋友成了大家公认的“大好人”。

但随着工作的渐渐增多，她没有再像以前那样帮他们跑腿，抱怨也就接二连三，有的同事还当着这位大学生朋友的面开涮：“摆什么架子嘛？来来来，帮我把这份材料送到各个部门去。”“嗨，去仓库帮忙领一包打印纸过来，我们等着用呢！”碍于情面，她还是做了。

这位“大好人朋友”沦落为值班专业户、清洁工、跑腿打杂的不说，更为悲惨的是因为自己“烂好人”而得罪经理，丢了工作。

有次这位朋友的主管差她去车站帮他接一个亲戚，结果刚出公司大门就被出差回来的经理撞了个正着，经理问她去哪儿？为了不得罪主管，她就说出去招工。后来经理不知从哪里知道了事情真相，把她叫去训了一顿，说她身为人事部职员，都不能做到诚信二字，又怎能管理他人呢！经理盛怒，一气之下辞退了这位“大好人”。

“烂好人”在人际关系上的效应是“不能担大任”，而且别人因为深知他的弱点，甚至会算计他、陷害他，得寸进尺，予取予求，反正他不会反抗，不会拒绝。于是所有人都得到了好处，唯独这个“烂好人”一点好处没得到。

生活中的人形形色色，构成了这个丰富多彩的世界。其实，人无所谓好坏，大多是利益使然。问题是，一个人要学会妥善处理各种关系，学会与不同的人打交道，包括与我们有利益冲突的人。方方面面都处理得圆圆满满，这样的人才能做大事，成大事。

**【狼性生存术】**

什么是好？什么是坏？好坏本来没有标准，尤其当代，浮躁、夸张、虚假、特色，要想独善其身，佛道心知，也就只能自己爱护自己，自己保护自己的利益不受侵害，坚决不做“烂好人”。

## 6. 不要拿鸡蛋碰石头

【狼道语录】螳臂挡车，自不量力。

中国有个成语叫“螳臂挡车，自不量力”。这个小故事告诉了后人一个深刻的道理，每个人都应当认清自己，准确衡量自己，给自己一个合适的定位，不要硬拿鸡蛋跟石头碰，凡事都要量力而行。

尤其在职场，我们千万不要犯“鸡蛋碰石头”的大忌，我们这只小螳螂永远不要得罪领导这辆大车，一旦得罪，我们就永无出头之日。为什么这么说呢？

因为领导往往有着很强的尊严感。行使权力、发布命令，使事情向着自己所预想的目标发展，会给他带来这种尊严感。而尊严是一个人最敏锐、最脆弱的感觉。因为它总是同一个人最本质的某些东西相联系，侵犯尊严便等于是对人的污辱和蔑视。这在自认为理所当然地享受别人尊重的领导人眼里，是绝对不能容忍，更不能谅解的。

许多时候，下级的冲撞会使领导下不了台，面子难堪。如果领导的命令确有不足，采用对抗的方式去对待领导，这无疑会使他感到尊严受损，以敌意来对抗敌意。特别是在一些公开场合，领导是十分重视自己的权威的，或许他会表示，可以考虑你的某些提议，但他决不会允许你对他的权威提出挑战。

下级冲撞领导，一般都会使用比较过激的言辞，特别是一些很伤感情的、过头的话，这些话会像一把把尖刀直冲向领导的内心，这势必会惹得他怒火中烧，大发雷霆，视你为敌。

在这种情形下，你可能是出于某种忠心才说的，但如言辞不当，反而会使领导认为你是一直心怀不满。他会想：“这家伙隐藏得好深，竟骗过了我！原来他一直对我有意见、一直是三心二意，今天终于暴露出来了！”一种算总账的仇恨就会像火焰一样地烧起来，以至于失去冷静的分析。

对抗会使领导失去理智。一旦尊严受损，便觉得权威受到挑战，在面子感到相当狼狈难堪时，会使他把事态看得十分严重，一时也不会考虑什么是非曲直，只有一味地宣泄。在此种情形下，领导一般都会十分激动，甚至是头脑发昏，恼羞成怒。失去冷静的判断，你就成了他的第一号敌人，过激行动常常会因此而发生。即使是当时比较克制，事后也会是越想越气恼，找机会报复你。

抗上所引发的悲剧，下属不得不引以为鉴。

三国时，诸葛亮初展才华，火烧博望坡，杀得曹军大败。曹将夏侯淳对曹操说："刘备如此猖狂，真是心腹之患，不可不先下手为强，除掉它。"而曹操也认为，刘备、孙权乃自己统一天下之大障碍，所以决定发兵讨伐，扫平江南。

而有一大夫，叫孔融，却是迂腐得很。他以刘备是汉室宗亲，孙权虎踞龙盘为名，称曹操是"兴无义之师，恐失天下之望"。因此惹得曹操大怒。孔融退出，仰天长叹："以最不仁义去讨伐最仁义者，怎么能不败呢！"结果被人听去，报告了曹操，曹操于是大怒，诛杀了他的全家。

据说，早就有人对孔融说过："你这人刚直得有些过分了，这是你自取祸患的根本。"

孔融不谓才不高，但他未领会主人的意图和决心，出言不逊，特别是以"最不仁"来形容曹操，这怎么能不使曹操心怀懊恼，必欲杀之而后快呢！

所以，下属在与领导说话时切勿激动，而是要时刻提醒自己，即使自己是对的，也要注意态度、方式方法和时机问题，不要冲撞对方，引起上级的怒火，使他怨恨于你。鸡蛋碰石头的结果，下属一定要牢记于心。

每个人应当正确估量自己的能力，千万别只顾眼前利益，寻捷径走歪路，要知道量力而行，凭自己的真本事吃饭，才是合乎情理的。聪明的人懂得扬长避短，只有傻瓜才拿鸡蛋去碰石头。

### 【狼性生存术】

自不量力往往会使我们付出惨重的代价，有时甚至是不可弥补的损失。尤其上司是可以左右你职场命运的关键人物，得罪他们，往往成本很高。所以在面对上司时，一定要有技巧，决不能直来直去。

## 7. 形势永远比人强

【狼道语录】天下大势，合久必分，分久必合。

汉语中有一个词汇叫“水到渠成”，它表明事物发展都有自己的规律可寻。为人处世的时候，一定要善于借助事物内在的力量因势利导，才容易获得成功。就像大禹治水一样，采用疏导的方法，按照水的走势采取措施就容易驯服它，否则逆势而行就会碰壁。

解读中国人之间的关系，可以用“势”这个字来理解。人与人之间靠的是一个字而已，不是权，而是势，所以我们会说中国人很势利，因为那个势很厉害，形势绝对比人强，他的势在那里，你不得不服他。

那么，如何理解人际关系中的这种“势”，并在生活、工作中有所作为呢？具体来说，要把握好三点：

### （1）布局

中国人拉关系，就是要布局。许多时候，打开人生局面，是通过创造机会实现的，这样就在打造关系、建立联系的过程中，成功掌握了个人命运。

1924年，胡宗南报考黄埔军校。起初，他因为个子矮小而被辞退，后来得到廖仲恺的赏识才被破格录用，分在第一期第四队。胡宗南的心理阴影并没有消散，他始终都在为自己的前途耿耿于怀。

一天拂晓，胡宗南上茅厕的时候路过操场，隐约看到两个人在跑步。从声音判断，其中有一个人正是当时的黄埔军校校长蒋介石。“原来，校长有清晨起来跑步的习惯。”想到这里，胡宗南不禁灵机一动。

第二天黎明，胡宗南早早就起床了，悄悄来到操场上跑步。过了一会儿，蒋介石来了。看到有人抢在自己前面，蒋介石随口问了一声：“谁？”胡宗南高声回答：“报告校长，是一期学生胡宗南。”就这样，胡宗南天天早起跑步，每次都向蒋介石报告自己的名字。

时间一长，蒋介石头脑里对“胡宗南”三个字形成了深刻认识。此后，胡宗南接二连三得到蒋介石的垂青，仕途一帆风顺，成为同时代人群中的佼佼者。敢于创造机会、善于抓住机会，这是胡宗南人生发达的重要秘诀。

培根说过，智者所创造的机会，要比他所能找到的多。懂得布局的人是正在走向成功的人，他们制造机遇，积极、主动地“创造”机会，是有眼光的人。

**（2）造势**

何谓势？《孙子兵法》上说：“激水之疾，至于漂不者，势也。”湍急的流水，飞快地奔流，以致能冲走巨石，这就是势的力量。

在各种关系中，布局之后就要去造势。一旦“势”出来了，就没有人能够阻挡，“形势比人强”说的就是这个道理。

在《三国演义》中，诸葛亮出山后，就特别擅长造势、借势、用势。比如，刘备赴江东招亲时，赵云让荆州随行兵士都穿上喜庆的衣服，这就是诸葛亮在造势。目的是制造一种热热闹闹办喜事的舆论声势，也就是今天的广而告之。结果，这一轰动效应惊动了东吴的乔国老和吴国太，孙权和周瑜的假戏不得不真唱下去，最后刘备得了孙夫人又保住了荆州。

经营关系，要主动制造一种朝既定目标发展的情势，一旦事情发展到那一步，那么各方就只能被我方牵着牛鼻子前进了，这样就掌握了主动权，可以顺势而为了。

**（3）摆平**

有开始就有结束，一段关系结束的时候总会有一个结局。这个结局要让各方不争执，大家都能散去，这就是最后的“摆平”。

如果出现这样一种情况：你得利了，而大家最后吃亏了、觉醒了，反过来都来找你理论，这样问题就大了，后遗症很严重。所以，无论处理什么关系，最后一定要能摆平，大家相安无事，仍旧维持原来的关系。

中国人强调和谐，也是这个道理。无论如何争斗，最后让大家在面子上过得去，还能认可对方，要有一个能让各方满意的结果。

**【狼性生存术】**

《易经》上说，”潜龙勿用，见龙在田，飞龙在天，亢龙有悔。”意思是说，一个人势力弱小、能力不足时，要懂得保护自己，不要承担重大责任；有一定能力的时候，才能出来做点事；个人能力、声望达到顶点时，才能做大事。一个人的高潮过去以后，就要懂得反省、退让。其实，这是个人成长、处理各种关系的普遍规律。积极创造有利的态势，并懂得顺势而为，才容易有大成就。

# 第二章

## 利益交换，游戏规则
## ——没有永远的朋友，也没有永远的敌人，只有永远的利益

天下熙熙，皆为利来；天下攘攘，皆为利往。人与人之间的一切进退、取舍、权衡，都逃不过一个“利”字。熟谙运用狼性生存术的人，都能够在照顾到自己的同时，也想到别人，你中有我，我中有你。如果不懂这一点，凡是好处都自己独吞，那么即使有惊世的才华也只能沦为无用的白纸！

世上没有永远的朋友，也没有永远的敌人，只有永远的利益。换句话说，人与人交往的本质其实就是利益交换。所以，昔日的竞争对手，今天可以成为合作的对象；而今天的伙伴，也可能明天分道扬镳。这恰恰是为人处世中的狼性铁律。

## 1. 天下没有免费的午餐

**【狼道语录】**免费午餐吃不得。

我们常说："天下没有免费的午餐。"它的意思告诉我们，什么事情都要有所付出，不付出就想受益，不付出就想捡便宜，那是不可能的。

某厂拥有200张床位的招待所准备装修。为揽到这笔总费可达98万元的活，很多单位找上门去用尽了各种该用或不该用的手段，但主管工程的老赵就是不肯点那个"宝贵的头"。

一日，一位香气袭人的女子找到老赵，称"有事相商"，并呈上一张同样散发着香气的粉红色名片，那上面印有"××装饰公司经理"的字样。那女子开门见山，此行的目的就是要承包招待所的装修业务。接着，她介绍了她们公司的情况，除了中南海、白宫、克里姆林宫以外，似乎都有其公司的业务。老赵说："还得研究。"女子笑笑，表示"理解"。

第一次不行第二次，第二次不行第三次……见面地点由办公室、餐厅到舞厅。暗暗的灯光下，迷人的舞曲中，双方跳舞时的"间距"也越来越小。即使这样，女子还取笑老赵没按"国际舞"要求跳。按其要求，五个"接触点"之一便是腹部……老赵很快成了"国际舞"的实践者，当然，待女子不经意地问"工程包给我们定了吗？"时，老赵只得点一点那"宝贵的头"。

时隔半年，此招待所部分员工出现慢性溶剂中毒综合症、神经性精神功能紊乱，经查，原来是装修中所用油漆不合格，溶剂含量严重超标。老赵因此被撤职查办。

面对看上去很美的机会时，一定要睁大眼睛，擦亮眼球，逆向思维（即站在给予你机会的对方去考虑他这样做的目的），把机会可能发生的偏差全盘考虑。

只需在网站上注册就有机会免费试用各种商品，试用的品种门类多样。"免费的午餐"吸引了不少"试客"，而当他们正热衷于此时，陷阱也正慢慢地向他们靠近。

周女士为此就很郁闷，她在此网站上填写了一份试用申请，在这份申请中，需要填写姓名、电话、住址、身份证号码等内容。同时网站还对试用者的消费习惯进行调查，调查范围也包括试用者对平常使用产品的需求、试用偏好等。同时在网页上亦有提示："如果你的试用要求被商家确认，您的资料即共享给该商家所有。"自此，她的手机就常常受到垃圾短信的骚扰。为了一点"小便宜"泄露了个人资料，而后饱受烦扰。

谁都知道世上没有免费的午餐，可是我们在面对眼前诱惑时，心中都会存在一丝触动，一个个朝那些免费的午餐走去，正如上文中的老赵和周女士。看起来完美无缺的诱人机会普遍是靠不住的，一些天上掉馅饼的事件不敢说百分之百，起码百分之九十是有陷阱的。

### 【狼性生存术】

社会生活充满了复杂性，其复杂程度有时超过常人的想象。天上不会掉馅饼，即使掉下来，也要看清楚是可口的馅饼还是砸死人的铁饼。还是那句老话，免费午餐能不吃最好别吃。

## 2. 好处要和大家一起分享

【狼道语录】互惠互利，有福同享。

李嘉诚说过："如果一单生意只有自己赚，而对方一点不赚，这样的生意绝对不能干。"意思是说，生意人应该利益均沾，这样才能保持久远的合作关系。相反，光顾一己利益，而无视对方的权益，只能是一锤子买卖，自己将生意做断做绝。

有钱大家赚，这是李嘉诚不变的原则。在利益共享方面十分慷慨，容易赢得众多追随者，这使李嘉诚很有人缘，生意越做越大，越做越容易。

在香港地区，董事长每年会从利润中拿出一定比例来奖励董事会成员，称之为"袍金"。李嘉诚出任十余家公司的董事长或董事，所得"袍金"会有上千万港元。但是，他把所有的"袍金"都归入长江实业的账上，自己全年只象征性地拿5000港元。

要知道，这5000港元还不及一名清洁工在20世纪80年代初的年薪。李嘉诚在"袍金"上的做法，成为香港商界、舆论界的美谈。

更重要的是，李嘉诚每年放弃数千万元"袍金"，主动把利益和大家一起分享而不是独吞，获得了公司众股东的一致好感。爱屋及乌，大家自然也信任长实系的股票，甚至出现了这样的情况，李嘉诚购入其他公司股票，投资者主动跟进，成为投资界的一道风景。

俗话说，有福同享，有难同担。当你在工作和事业上干出点名堂，小有成就时，这当然是值得庆幸之事，你也应当为自己高兴。但是有一点，如果这一成绩的取得是大家集体的功劳，或者离不开他人的帮助，那你千万别独占功劳，否则他人会觉得你好大喜功，抢占了他人的功劳。

如果某项成绩的取得确实是你个人的努力，当然值得高兴，而且他人也会向你祝贺。但对于你来说，千万别高兴得过了头，一来可能会伤害有些人的自尊心，另一方面，现实社会中害"红眼病"的人不少，如果你过分狂喜，不是逼得人家眼红吗？

有一位卡凡森先生很有能力，他是一家出版社的编辑，并担任其旗下的一个杂志的主编。平时在单位里上上下下关系都不错，而且他还很有才气，工作之余经常写点东西。有一次，他主编的杂志在一次评选中获了大奖，他感到十分荣耀，逢人便提自己的努力与成就，同事们当然也向他祝贺。但过了个把月，他却失去了往日的笑容。他发现单位同事，包括他的上司和属下，似乎都在有意无意地和他过意不去，并回避他。

卡凡森为什么会遇到这种结局？其实原因简单明了，他犯了“独享荣耀”的错误。就事论事，这份杂志之所以能得奖，主编的贡献当然很大，但也离不了其他人的努力，他们当然也应分享这份荣誉。他们不会认为某个人才是唯一的功臣，总是认为自己“没有功劳也有苦劳”，所以这位主编“独享荣耀”，当然会引起别人不舒服，尤其是他的上司，更会因此而产生一种不安全感，害怕失去权力。

好处独占，独享荣耀，说穿了就是你威胁了别人的生存空间，因为你的好处、荣耀会让别人变得黯淡，产生一种不安全感。而当你获得荣誉、好处时，你去感谢他人、与人分享、为人谦卑，这正好让他人吃下了一颗定心丸。因此，当你获得荣耀、好处时，一定要与人分享。如果你习惯了独享荣耀，那么总有一天你会独吞苦果！

**【狼性生存术】**

事实上，让小利与别人，别人不仅不会因争利而与你敌对，反而会生出感激之情，信任于你。取得别人的信任比什么都重要，而取得同行的信任就更为重要。信任你的同行不仅不会让别人拆你的墙角，关键时刻还会帮你一把。即使不能帮你，他也不会落井下石。

## 3. 和别人在一个锅里吃饭

【狼道语录】携手合作吃饱饭。

事业的发展必须建立在与人合作的基础上，与他人积极合作，才有领导团队、掌握竞争主动权的可能。有益的合作是化解风险、走向成功的高明手段。下面的例子生动的体现了携手合作要比只顾自己反而收效更大。

一个人去参观天堂和地狱，以便选择自己的最后归宿。在地狱里，他看到每个人手臂上部扎着四尺长的刀叉，根本无法吃到桌上的美味佳肴，所以人人瘦得皮包骨头。而天堂里，虽然刀叉的把手也是四尺多长，但人们都相互喂对面的人，因此都能吃得好吃得饱。

另外一个例子：

美国的水晶杯公司和细瓷公司，分别推出的水晶玻璃高脚杯和细瓷餐具都是高档的名牌餐具，在市场上竞争比较激烈。经过一段时间的怒目相向，两个公司决定联合推销，携手合作。

水晶杯公司利用细瓷餐具多年在日本市场的信誉，通过联合促销，将其产品打入日本；而细瓷公司则利用水晶杯公司50%产品在美国销售的优势，使细瓷餐具跻身美国家庭和饭店的餐桌。结果双方都扩大了销售，大幅度提高了销售金额。

在竞争中，虽然有时吃掉对方、独霸天下是最理想的结果，但往往是两败俱伤，也达不到预期的目的。

几年前，在广州有三位同在机关工作的朋友，因为不满足一杯水、一根烟、一张报纸看半天的工作状况，决定合作开办一家公司。由于他们所在的机关本来就是管理城市建设的，所以他们志趣很容易统一在建筑领域。

这三个人中，李龙是学工程设计的，张强在单位负责财务工作，于明是机关秘书，他们三人都没有从事建筑领域的实际经验，但是因为长期跟领导的关系，方方面面比较熟悉，考虑问题也比较成熟。

开办公司的想法是李龙先提出的，但他既没有经验，也没有资金。张强、于明二位举手赞成后，这些问题在大家的努力下，居然迅速解决了。

于是，这三个人组成了黄金搭档。在以后的四年间，三个人没日没夜地干，于明负责公司的对外联络，李龙负责公司的工程设计，张强担任公司的财务总管。由于正赶上全国房地产热，广州的楼市不断升温，在不到四年的时间里，公司的财产额持续上升，逐渐成为广州建筑界小有名气的民营建筑公司。

然而，公司获得发展的同时，这三人的合作却没有持续下去。他们三人分别负责公司的三大部分业务，四年期间逐渐都有了自己的班底，俨然构成三大派系。这些手下为了争夺利益，不断在自己的领导面前吹风，制造不和。而这三位老板也早已经相互不服气。四年期间，于明因为经常在外联系，门路更广，加上对建筑技术不了解，逐渐把兴趣转到炒作楼市方面。而李龙的兴趣点也逐渐集中到建筑设计上来。本来他们是按照三三制分成的，伴随利润的增加，谁都对这种分配比例不满意了。

李龙认为公司全靠他摸爬滚打才有今天的规模，而另两位只是动嘴皮子，耍笔杆子，居然也要平均分成。张强、于明也认为自己劳苦功高，想要得到更多的利益，掌握更多的权责。就这样，桃园三结义的朋友渐渐变成了陌路，整天你争我夺，尔虞我诈，而公司的业务也日渐稀少，最终以破产告终，三人都没落到好处。

合作是双方的事情，你若对某人有好感或某人对你有好感，就会产生双方合作的意愿。如何赢得别人的合作呢？

（1）工作上产生的人际关系，不同于个人选择挚友良朋，应该从工作的层面上考虑，尽量搞好彼此间的合作。这种合作，是比较宽泛和宽容的。

（2）随时能站在别人的立场考虑事情。每个人开始表达意见及看法时，都代表着他的价值观或部门的立场。立场不一样，价值观不同，对一件事情产生相异的看法是最自然不过的事情。但是企业的行动必须目标一致，因此彼此间一定要能达成共识，才不会各自为政、四分五裂，让企业的运作停顿。

（3）任何人都有自己的思想、习惯及爱好，如果在与他人合作中，过分强调对方在行为性格中与自己的不同之处，就会因为这些微小的隔阂而引起沟通上的障碍，产生好恶，而影响合作。这是应该避免的。

（4）企业的白领人员必须敞开胸怀，广交朋友，要善于和自己性格、气质不同的人相处，要学会理解对方，求同存异，这样才能扩大交际面，广泛进行合作。

（5）自我管理。自我管理就是管理好自己，不要给别人带来困扰。例如不守公司的规定、不尽责完成自己的工作、只考虑自己利益不顾及周边的人、不能做到自己承诺的事情……

（6）主动地去关怀别人、帮助别人。人际关系中，想要赢得友谊、想要处理好人际关系，主动地去关怀别人、帮助别人，你必定能得到你想要的友谊，也能得到别人的关心。

**【狼性生存术】**

现代经济的发展已进入了一个新阶段，在这个阶段中，企业间的竞争关系已较过去有所不同。同行企业间存在着竞争关系，为了取得市场竞争的胜利，或为了维护现有市场使企业生存下去，有必要与同行的其他一些企业搞互利互助的联盟，联合以后，竞争力自然增强了，对付相同的竞争对手则更加容易获得胜利。

## 4. 以二合一来代替二选一

**【狼道语录】**中和之道：喜怒哀乐之未发谓之中，发而皆中节谓之和。

《礼记·中庸》有云：“喜怒哀乐之未发谓之中，发而皆中节谓之和；中也者，天下之大本也，和也者，天下之达道也。致中和，天地位焉，万物育焉。”这句话的意思是：喜怒哀乐没有发作失控（不因个人情绪而左右），叫做中；喜怒哀乐情绪表现出来的时候，都恰到好处，叫做和。君子能够做到中，是天下最大的根本；做到和，天下才能归于道。君子的中和如果做到完美的程度，天地都会赋予他应有的位置，万物都会养育他。

想探寻中国的“中和之道”，可以从“中国式管理之父”曾仕强先生做过的“美国人、日本人与中国人的文化特色、思维方式的比较研究”中窥探一二：

（1）美国人只看到自己，追求“一”。

曾仕强认为，西方人，特别是美国人比较简单，凡事只想到自己的权益，所谓“不要让自己的权利睡着了”。他们每个人都为自己而争，“个人独立，个人自由”所产生的个人行为，因利害关系相结合，“A friend in need is a friend indeed”（急需时帮助你的人才是真朋友。），成为美国人坚强的信念。美国人在追求“一”的过程中建立了自己的独特文化。

（2）日本人看到自己和别人要争个高低，而后决定对策，这是“二”。

日本是一个崇尚强者的民族，他们追求个人利益，同时也看到对手的存在。在下一步的行动中，他们采取了比比“究竟谁比较大”的策略，你大我听你的，我大你听我的。看到自己比对手强，日本人就会恃强凌弱；反之，就会躬下身子当小弟。

（3）中国人擅长把二看成三，在“你”、“我”之外看到“他”。

中国人就很复杂，不但想到“我”，还要顾及“你”，更不能忘掉“他”。因此，在处理事务的过程中，中国人考虑的问题就比较多，往往“瞻前顾后”，给人优柔寡断的印象，其实这是深思熟虑的表现。中国人有“把二看成三”的思维方式，恰恰在于他们追求“中”、“和”的目标。

通过上面的比较，可以深刻理解中国人“中”的思想，兼顾“你”、“我”、“他”，并追求一种利益平衡。“以二合一来代替二选一”，即追求一种“和”的境界。主要表现为，对任何人的感情，对事务的处理，都应该发而皆中节，保持恰到好处的人际关系，努力做到利益共享，减少纷争。

在三国故事里，袁术派大将纪灵率领十万大军攻打刘备。为了防止徐州的吕布救援，袁术派人给吕布送去粮草和密信，让他按兵不动。

这时候，刘备考虑到自己兵力不足，写信求助吕布助阵。吕布收了袁术的粮草，又收了刘备的求援信，左右为难：“如果不救刘备，袁术得逞后我就会处境危险；如果救刘备，袁术一定记恨我。”

最后，吕布想到了一个绝妙的方法。他请刘备、纪灵同时前来赴宴。酒席上，吕布劝说两家罢兵，但是纪灵不答应。

接着，吕布大叫一声：“把我的画戟拿来！”刘备、纪灵都吓了一跳。吕布又说：“我把画戟插到辕门外一百五十步的地方，如果我一箭射中画戟的枝尖，你们两家就不要打了。如果我射不中，打不打我就不管了。”

纪灵希望射不中，刘备希望能射中，两个人都各怀心思。只见吕布叫人端上酒来，大家各自饮了一杯，接着搭箭拉弦，只听“嗖”地一声，那箭不偏不倚，正好射中画戟的枝尖，在场的人无不喝彩。

吕布拉住刘备、纪灵的手，笑着说：“看来老天也不愿意让你们打仗啊！”就这样，吕布以他精湛的箭法平息了一场厮杀，让双方都没话说。

“中和”的思想，其实就是“兼顾”，即把矛盾统一起来。考虑到各方的利益，并追求一种“和”的目标，然后再做决策，就能得到更科学、更有效的执行方案中国人做生意，最常说的一句话就是“和气生财”。这个“和”，不仅是讲和颜悦色的说话办事，更在于想到金钱之外的东西，从而让自己的生意更长久，追求一种长远的利益。

市场上，频繁出现的假冒产品，从工业油墨包装袋到假药事件，不胜枚举。而造假的理由只有一个，这样做成本更低，可以赚更多的钱。房地产领域，一心赚钱、偷工减料的现象也十分普遍，业主与物业、开发商的矛盾屡见不鲜。

结果呢？这些产品或企业不是被迫退出市场，就是名誉受损，可以说得不偿失。失败的重要原因，就是这些经营者只看到自己的利益，没有兼顾消费者的利益，背离了“兼顾”的原则。

**【狼性生存术】**

与人发生利益纠葛的时候，如果任由双方争斗下去，那么只能一方胜利，另一方失败，甚至鱼死网破，双方都成为失败者。在中国人看来，这样的结果都不值得称道，于是强调节制、克制，即追求一种“和”的境界，以二合一来代替二选一。

## 5. 分配利益的时候要善于让

【狼道语录】与人分利则人我共兴。

古语说：天下熙熙，皆为利来；天下攘攘，皆为利往。千百年来，商人们抱定一个宗旨："无利不起早。"没有利润的事情是商人们所不愿意涉足的。但是，事业的发展必须建立在与人合作的基础上，要善于利益分享，分配利益的时候要善于让，这才是做大事者。

李嘉诚是一个朋友众多的商人，他深知"众人拾柴火焰高"的道理，为了取得共同的利益，敢于给员工让利，也善于帮助合作伙伴做成大买卖。

李嘉诚很顾及下属们的利益，当事业有发展的时候，会及时让下属分享利益。例如，马世民离职前，在和黄集团的年薪及分红共计有1000万港元，这个数字相当于当时港督彭定康年薪的4倍多。至于马世民的其他非经常性收入，则很难计算。商人在商言商，皆为利来。李嘉诚懂得体恤下属，让下属分享利益，从而使集团形成了更强的凝聚力。

在大规模的商业竞争中，李嘉诚最擅长的就是与朋友合作，很善于为他人谋利，既使对方有利可图，又能在合作中壮大自己，成为合作中的大赢家。当有人问李嘉诚，经商多年，最引以为荣的是什么事情，他说："我有很多合作伙伴，合作后，仍有来往。比如投资地铁公司那块地皮，是因为知道地铁公司需要现金……你要首先想对方的利益。为什么要和他合作？你要说服他，跟自己合作都有钱赚。"

一个人如果总是和别人争夺利益，最后只能是四面楚歌，无法赢得信任与支持。现实生活中，的确存在这样一种人，一旦看到有利可图，马上见缝插针，打击那些有可能与自己成为竞争对手的人。这种人有可能得逞于一时，在短时期内获得一些微小的利益，但是，从长远看，他们一定会得不偿失，败下阵来，有可能败得很惨。

这是因为：一方面，他们在竞争的过程中对每一个竞争对手都不放过，久而久之，不仅引起了竞争对手的愤恨，而且引起了“公愤”，触犯了“众怒”，因而变成如过街老鼠一般，人人喊打；另一方面，他们在无休止的竞争中损耗了自己的实力，暴露了自己更多的缺点，所谓“杀敌一千，自伤八百”就是说的这一道理，此时，只要竞争对手略施小计，便可置之于死地。

在生意合作中抱着“与人分利则人我共兴”的态度，与他人积极合作，才有领导团队、掌握竞争主动权的可能。利益一致，既是一种胸怀，也是一种商业策略。做事之前先给合作者一个利益的激励，人家才会干得有劲，而自己的利益也就尽在其中了。

**【狼性生存术】**

在今天这个时代，“利益独占”已变得越来越不可能，明智的做法不妨“利益均沾”，这样才能保持久远的合作关系。相反，光顾一己利益，而无视对方的权益，只能是一锤子买卖，慢慢将关系做断做绝，最后弄得自己无路可走。

## 6. 不克扣对方应得的利益

**【狼道语录】**该是谁的就给谁，不贪小利失大利。

求人办事也好，合作干事也罢，都要分配好利益。有的人总喜欢自己多得一点儿，于是千方百计克扣他人应得的利益，结果东窗事发，最后大家撕破脸，不欢而散。还有的人，被同伴群起攻之，最后成了孤家寡人，更加悲哀。

分配利益，处置关系，许多企业领导人最有发言权。因为他们掌管着一个团队，少则几个、十几个、几十个人，多则上百、上千、上万人。如何把利益分配得妥妥当当，让每个人都满意，的确是一门学问。

比如，在一些跨国公司里，有来自各个国家的人才。他们在这里工作了十几年，甚至几十年，而且大多身居要职，肩负着重任。这些人忠心耿耿，贡献着自己的才智，这里的领导人带队伍凭借什么法宝呢?

一位企业高管说过这样一段话："留住员工的办法很简单：作为一个领导，想一想下属最希望的是什么？除了一个相当满意的薪金花红，你还要想想他年纪大时怎么样。人希望一辈子在企业中服务，最后得到什么，企业主想过吗？这涉及一生的生涯规划，一个家庭的规划。一个5年以上的企业，领导身旁如果没有一个超过5年的主管跟着他，那可要小心一点了。"

显然，站在员工角度考虑他们的需求，理解他们的追求，并满足这种需求，是领导人留住人心，进而留住人的成功之道。说得通俗一点，留住员工没有什么诀窍，重要的是注意满足他们的利益，对他们慷慨一些、大方一点儿，而不应克扣他们赢得的利益。

成功的商人都有一个共同点——生活中往往很节省，毫不铺张浪费；不过，犒赏员工的时候，他们却出手大方，毫不吝啬。这是因为，人才等于钱财。"良禽择木而栖，良臣择主而侍"，只有为员工提供良好的"福利待遇"，才能留住有才华的骨干，才可能把生意做大。

实际上，经营者乐意掏出大笔钱犒赏员工，对共同奋斗的兄弟有福同享，可以收到一箭双雕的效果——既激励员工士气，又拉抬企业的声势！诱人的物质激励极大地提高了员工的工作效率和业绩，反过来为企业创造了更多的财富。

反观那些随意克扣员工薪水的企业，员工怨声载道，根本无心好好工作。这样的企业，人员流失严重，生产经营无法走上正轨，别说做大做强，能够生存下来都成问题。处理不好员工与企业的关系，怎么能有美好的明天呢？

做好利益分配，是妥善处理关系的基础。每个人都固守自己的一份羹，才会心安，才有团结。否则，利益纷争，就意味着关系不稳，甚至是关系破裂。一旦这样，你再想动用原有的关系干事情，就会比登天还难。

**【狼性生存术】**

该是谁的利益就给谁，这样才能平衡好利益，把握好关系。有句话说，人活着就是为了混口饭吃，对方吃饱了，自然在你的指挥下好好干活，你想干点事情，不就变得很简单吗！反之，克扣对方利益，势必引起对方不满，严重的时候会大动干戈，这简直是自讨没趣，于情于理都说不通的你，又怎么能赢呢？

## 7. 不要挡着别人的财路

【狼道语录】与其挡人财路，不如自己另辟财路。

所谓“挡人财路”就是“阻挡别人赚钱、获取利益的机会”。一般来说，“挡人财路”行为的发生有以下几种情形：

（1）争夺：当资源有限时，因为你拿多了，我就拿少了，你全部拿了，我便没有了。为了保障自己的利益，便用各种方法去争夺对方的机会。

（2）嫉妒：纯粹是嫉妒，看你拿得多，或是我虽然也拿得不少，但你拿得比我更多，于是我就起了嫉妒心，让你什么也拿不到。

（3）贪欲：没有什么原因，只因认为自己拿得不够多，便挡对方财路，看能不能将之据为已有。

（4）报复：某人和我有怨，逮到机会便挡他财路，虽然自己也得不到，但却满足了报复的快感。

（5）正义：看到某人以不法手段获取利益，便起而揭发。

挡人财路的原因和手段有很多，但后果都只有一个——引起对方的怀恨。有的立即做出反扑的动作，有的则“君子报仇，十年不晚”，至少你和对方已有了嫌隙。

在某市，商人甲在开发一个新项目，恰巧商人乙的公司也在做。由于乙的技术力量雄厚，人才队伍稳定，所以比甲的产品早两个月上市，矛盾由此就产生了。

同行如冤家，事实上甲早就知道乙上了一个跟自己类似的项目，并为此很窝火，看到对方抢了先机，这更让人无法接受。一气之下，甲匿名向当地的质检部门写了一封检举信，举报乙的产品有质量问题。

果然，上面派人检查，弄得乙的公司停产一个月，损失惨重。没有不透风的墙，乙很快知道是甲从中作梗，于是花重金买到了甲工厂的独家资料，发现其中的质量问题后，也把甲告到了检察院。

正当甲为了自己的得意之作而沾沾自喜时，没想到自己接到了检察院的通知书。结果，甲的产品同样因为不合格而停产，损失巨大。挡着别人的财路，结果搬起石头砸了自己的脚，虽然甲乙两人在产品质量上都有不足之处，但是甲赔了夫人又折兵，最终害人害己，教训是惨痛的。

所以，为人处事的原则之一就是最好不要挡人财路。别人有机会升官加薪，不管你心理感受如何，最好不要从中作梗，你若因为报复、嫉妒而去挡人财路，这事迟早会外露的。

那么，为了自己的利益而挡对方财路总可以吧？我的建议是：与其挡对方财路，不如自己另辟财路，因为这容易引起争夺，可能你什么也没得到。如果无其他财路，那不如共享利益，这是可以用谈判协商办到的。

**【狼性生存术】**

与其挡人财路，不如自己另辟财路。绝大多数人都是为钱而工作，这无可厚非，因为生活需要钱，没有钱便无法生活了。既使生活已经无忧，钱还是人人喜爱的东西，这是人类最基本的欲望之一，所以挡人财路是一件很不明智的做法。

# 第三章

## 人情世故，生存法宝
### ——有人飞黄腾达，有人穷困潦倒

出来混的人，一定要懂人情世故，否则，你从一开始就注定了没有成功的可能，这样折腾下去，只是白白地浪费精力。而一个熟谙人情世故的人，哪怕刚开始能力差一些，想要混好还是大有希望的，因为他掌握了为人处世的独门绝技，迟早能够迎来命运的转机。

人情冷暖，世态炎凉，是现实的残酷之处。为此，你必须懂一点“混”的游戏规则，抓住“人情”这个命门，握紧“世故”这个法宝。只要对人际交往的基本原则烂熟于心，就能把各种关系处理得圆圆满满、妥妥当当，不但生存得很好，还能完成事业的跃进。

## 1. 世情才是最大的学问

**【狼道语录】**有了人情路子宽。

在这个世界上，若想活得滋润，活得风光，就必须有一些能使自己成才、成器或成事的路子，包括生存的路子，发财的路子，升官的路子或者成就某一事业的路子。这些路子都不是能靠自己单枪匹马的力量硬闯出来，必须借助他人指引、引荐、支持或帮助才能找到方向，踏上征程的。

从某种意义上说，这些路子都是别人给的，或者说是别人帮助开拓的。那么，天下之大，人事之繁，别人为什么要单给你路子？为什么乐意帮你开拓路子？答曰：人情使然，有了人情也便有了路子，人情大路子宽。

钱钟书先生一生日子过得比较平和，但困居上海孤岛写《围城》的时候，也窘迫过一阵。辞退保姆后，由夫人杨绛操持家务，所谓“卷袖围裙为口忙”。那时他的学术文稿没人买，于是他写小说的动机里就多少掺进了挣钱养家的成分。一天500字精工细作，却又不是商业性的写作速度。恰巧这时黄佐临导演上演了杨绛的四幕喜剧《称心如意》和五幕喜剧《弄假成真》，并及时支付了酬金，才使钱家渡过了难关。

时隔多年，黄佐临导演之女黄蜀匠之所以独得钱钟书亲允，开拍电视连续剧《围城》，实因她怀揣老爸一封亲笔信的缘故。钱钟书是个别人为他做了事他一辈子都记着的人。黄佐临40多年前的义助，钱钟书40多年后还报。

这真是“多一个朋友多一条路”，没有40年前的人情，也就难有40年后的路子。

相反，有一些人生活在世上，不懂随风入俗，不同别人讲交情，讲人情，导致做事时寸步难行。

有位朋友，谁家办喜事发了请柬给他，他都不会去做人情。就算是亲戚和朋友家办喜事请他，他也是我行我素，完全不理会这些事。过了一些年，这位朋友家也办喜事了，他新家进宅，到亲朋好友和左邻右舍请酒时，大家都推说那天实在是走不开，抱歉了。本来是办喜事的他感到非常不开心，没有亲朋好友来庆贺，只好一家人烦闷地吃着饭。

这不过是生活中很小的一个例子，因为不懂人情而至孤寂落寞，本应与朋友把酒谈欢时却落个孤家寡人、对月独酌。

想想，世间还有多少比这大的事情，艰辛困难的时刻？因为不懂人情，如此小事都落个孤单败落，更何况当我们遭遇困苦逆境时，又有几人肯出援助之手啊！

**【狼性生存术】**

处世之道也是为人之道，平时多长一点乐善好施、成人之美的心思，才能为自己多储存一些人情的债。这就如同一个人为防不测，须养成“储蓄”的好习惯，这甚至会让各位的子孙后代得到好处，正所谓“前世修来的福分”。

## 2. 别伤害别人的面子和自尊

**【狼道语录】**人活一张脸，树活一层皮。

中国人酷爱面子，对此看的比命都金贵，视面子和自尊为珍宝，“人活一张脸，树活一层皮”，“死要脸面活受罪”是国人亘古不变的想法。因此，为人处世最忌讳的就是伤害别人的面子，让对方没有尊严，你的日子也不会好过。

一次，唐太宗宴请群臣时酒后吐真言，对长孙无忌说：“魏征以前在李建成手下共事，尽心尽力，当时确实可恶。我不计前嫌地提拔任用他，直到今日，可以说无愧于古人。但是，魏征每次劝谏我，当不赞成我的意见时，我说话他就默然不应。他这样做未免太没礼貌了吧？”

长孙无忌劝道：“臣子认为事不可行，才进行劝谏；如果不赞成而附合，恐怕给陛下造成其事可行的印象。”太宗不以为然地说：“他可以当时随声附和一下，然后再找机会陈说劝谏，这样做，君臣双方不就都有面子了吗？”唐太宗的这番话流露出他对尊严、面子和虚荣的关注。

一个懂得交际艺术的人，即使他知道自己的观点是完全正确的，在说服别人接受他的观点的时候也会力求保住对方的面子，并以此为切人点让别人接受自己的观点。结果，别人自然会认为他是宽容的、明智的绅士。

古代有位大侠郭解。有一次，洛阳某人因与他人结怨而心烦，多次央求地方上有名望的人士出来调停，对方就是不给面子。后来他找到郭解门下，请他来化解这段恩怨。郭解接受了这个请求，亲自上门拜访委托人的对手，做了大量说服工作，好不容易使这人同意了和解。

照常理，郭解此时不负人托，完成了这一化解恩怨的任务，可以走人了。可郭解还有高人一着的棋，有更技巧的处理方法。

一切讲清楚后，他对那人说：“这个事，听说过去有许多当地有名望的人调解过，但因不能得到双方的共同认可而没能达成协议。我在感谢你的同时，也为自己担心，我毕竟是外乡人，在本地人出面不能解决问题的情况下，由我这个外地人来完成和解，未免使本地那些有名望的人感到丢面子。”

郭解进一步说：“这件事这么办，请你再帮我一次，从表面上要做到让人以为我出面也解决不了问题。等我明天离开此地，本地几位绅士、侠客还会上门，你把面子给他们，算做他们完成此一美举吧，拜托了。”

人都爱面子，你给他面子就是给他一份厚礼。有朝一日你求他办事，他自然要“给回面子。”即使他感到为难或感到不是很愿意。这便是操作人情账户的全部精义所在。

人得学会“给人留点面子，给人面子也就是给自己面子”，否则大家一拍两散，那叫双输，你也没面子，我也没面子。所以，保留一些看到的听到的别人的不是，容忍别人的某些不属于原则性的错误，那叫待人以宽，就是给人面子。人都是不完美的，老是想着去揭人面子，当你不完美的时候，别人也对你不客气，这就叫因果报应吧。

你向别人求人情，如果被拒绝，你肯定会觉得很没面子。在“有恩报恩，有仇报仇”的社会规范下，将来一有机会，你有可能让对方面子上不好看，处处假以牵绊，暗中用手段，最后终将对方打压至底，而后落个大家都没面子。

所以为避免难堪、日后横生枝节，最好是考虑“人情留一线，日后好相见”，做“人情”给他。如果对方接受了你的请托，就等于是肯定了你的社会地位，增加了你的自尊，让你觉得“面子上有光彩”，而且欠了对方人情，一定要伺机回报，“这样大家都有面子”。

**【狼性生存术】**

心理学家认为，一种行为必然引起相对的反应行为。只要有心处处留意给人面子，你就会获得更大的面子。

## 3．会拉关系，能套近乎

**【狼道语录】**拉关系，套近乎，做人情。

在中国，无论是从政、经商，还是做学问，如果没有关系，那简直就是寸步难行。人情与关系两位一体，它们是一个大制度里不可或缺的两方面，拉关系就等于做人情，关系往来实际上就是人情往来。

“套近乎”词典中的解释是：“和不太熟识的人拉拢关系，表示亲近（多含贬义）。”贬义的意思就是说套近乎这件事似乎并不光明正大，但实际上却并不如此。

千万不要小瞧套近乎的作用，有人就通过套近乎，套出了个“汽车销售大王”的桂冠呢！

乔·吉拉德是美国汽车销售界的传奇人物，称为汽车销售大王，他没有三头六臂，也没有强硬的后台支持，他的秘诀就是套近乎，开口三句话，就让你觉得他和你很熟悉，就像昨天刚刚一起喝过咖啡，聊过天似的。

“哎呀，老兄，好久不见，你躲到哪里去了？”假如你曾经和乔·吉拉德见过面，你一进入他的展区，就会看到他那迷人的、和蔼的笑容，他朝你热情地打着招呼，呼喊着你的名字，似乎你昨天刚刚来过，完全不介意你们也许又好几个月没见面了。

他这样亲切，让本来只是想随便看看车子的你产生了一点局促不安，“我只是随便转转，随便转转。”

“来看望我必须要买车吗？天啊，那我不就成了孤家寡人了？不管怎么样，能够见到你，我就感到很高兴！”

吉拉德几句话就让你的尴尬和局促消失得无影无踪，也许你会跟他到办公室坐坐，聊一会儿天，喝几杯茶，爽朗而不放肆地大笑一气。当你起身告别的时候，你的心里会产生一种恋恋不舍的感觉，这个时候，你的购买欲望会变得更加强烈，原本的购置计划也许会提前落实。

对于陌生的顾客，吉拉德也有自己的一套办法。一天，一个建筑工人来到了他的展位，吉拉德与他打完招呼，并没有着急介绍自己的商品，而是和工人谈起了建筑工作。

吉拉德一连问了好几个关于施工队的问题，每个问题都围绕着这位建筑工人设计，比如“您在工地上做什么具体工作？”“你是否参与过建造附近哪片小区？”等，几个问题下来，他和这位建筑工人成了无话不谈的好朋友，建筑工人不但非常信赖地把挑选汽车的任务交给了他，而且还介绍他和自己的同事们认识，使吉拉德获得了更多的商机。

古往今来，拉关系、套近乎都是社会交往的重要手段之一，我们要经营人脉，就更离不开拉关系、套近乎。

但是，社会中往往不乏一些“独行侠”经常说：“我不需要别人的帮助！”“我自己能行！”“我不喜欢和人交往！”最终这样的人在历经数载后，终尝不懂拉关系的苦果。

一个做技术的小伙子，从小到大都对计算机感兴趣，以前在学校里习惯了独自学习，现在在单位研发组的业绩有目共睹，同事们解决不了的问题，他能解决。但是他整天沉浸在自己的研究中，很少去考虑与他人的关系，上班、下班，他都是独来独往，同事们邀他一起去吃饭、唱歌，他都不感兴趣；部门领导交代过的事他完成得很好，但领导无意中说的话他从来不关注，所以工作一年多了，老板还不认识他。

这个小伙子，人人都不反感他，但有好事总也轮不到他。到国外考察啦，到名胜旅游区开会啦，升职加薪啦，都没有他的份。而那些工作成绩一般，但很会处理同事关系，特别是经常与领导“沟通”的同事，却工作得非常顺利快乐。

这个小伙子为单位创造的价值很多，却常常被同事们背后说“笨得像头牛”，也有同事觉得他是个“孤僻”的怪人。

渐渐的，老同事远离他，新同事又不了解他。有什么事，大家都把他划到了“统一战线”以外，开始排挤他。后来给新来的领导造成了一个“不合群”的印象，领导也不太喜欢他。

这种情况下，别说他要在工作上获得多大的成就了，就是这份工作也难保。

套近乎的原则就是要把话说到对方的心里去，而不是把对方拉到自己的“套”里来。所以，这个“套”字最好的解释是把它当作我们人脉关系网上打的“结”，打了结，网络才会结实、实用。

## 【狼性生存术】

要想在这个社会更好地生存，光靠一个人的力量是远远不够的。每个人的背后都需要一个支持系统，而这个支持系统就需要人际关系来维护。那些成功的人背后的支持系统往往是非常强大的，因为没有一个人能自己单独到达成功的顶峰。

## 4. 说点甜言蜜语永远不会错

【狼道语录】投其所好，多说好听的话。

在待人处世中，直言直语是一把伤人伤己的双面利刃，而不是披荆斩棘的开山刀。与人交流时，应该“投其所好”，多说一些好听话、顺心话。直言直语一不小心就会伤人，而好听的话谁都不会拒绝。

威廉·菲尔普是美国耶鲁大学的文学教授，他八岁的时候有一次到姨妈家里去度周末。晚上，有一个中年人到访，他跟威廉·菲尔普的姨妈寒暄了一阵之后，便把注意力集中到威廉·菲尔普的身上。

那时威廉菲·尔普正对帆船十分着迷，这位中年人就劲头十足的跟威廉·菲尔普讨论起帆船来。威廉·菲尔普兴奋极了，甚至当他走时心里还恋恋不舍，盼望他明天还能再来。威廉·菲尔普对姨妈说：“这个人真好，他对帆船那么有兴趣。”

可是姨妈却淡淡地说：“他一个律师，才不会对帆船感兴趣呢。”威廉·菲尔普非常诧异地说：“那他怎么会和我谈的那么起劲呢？”姨妈的回答使威廉·菲尔普永远也忘不了，她说：“因为你对帆船有兴趣，他就谈一些使你高兴的事。他这样做事为使自己受欢迎。”

这样做狡猾吗？不！这叫投其所好，看人下菜碟。谁不希望别人对自己最喜欢的事物感兴趣呢？谁不希望别人赞同自己的爱好兴趣呢？

其实，就说话本身而言，无所谓好坏、得失。但从听者而言，却有合与不合的问题，如果说话直来直去，没有“心机”，不仅会伤人自尊，也会反伤自己。说话太过直来直去，就很容易伤人自尊，甚至有可能伤其自己。

说话时要婉转地表达自己的观点，学会换种方法交流。在别人面前，不妨多说些好听话，听着心里舒服，与你也不会有损失，可以说是一举两得的事情。

两个刚毕业的大学生同时进入一家公司，在销售部门工作。他们的工作能力、工作业绩不相上下，但是性格差异很大，为人处世方式也不同。

王维嗓门大，见到人要么直呼其名，要么喊”小张”“小王”。有一次，销售经理接待客人，王维在门口喊起来：”老李，你的电话。”年轻的销售经理竟被下属喊”老李”，而且当着客人的面，换了谁都难以忍受。这位经理阴沉着脸走出来，心中忿忿不平。

张浩就不同了，见人毕恭毕敬，小心翼翼地喊”X经理”、”X主任”，对没有职务的则以”哥哥”、”姐姐”相称。上面交代下来的任务，张浩都立即行动，出色完成。而且，下班以后看到有人没走，就主动留下来聊聊天，话话家常。王维与之相反，下班就走人，我行我素。

后来，销售经理的助理调到别的部门了，公司决定采用公开竞聘的方式选拔新人。王维、张浩两人都是业务骨干，自然参加了竞聘。结果，张浩以绝对优势击败了王维，成为公司最年轻的中层干部。

同样是说话办事，做起来的差别往往很大，结果也大相径庭。问题出在哪里呢？主要是当事人能不能站在他人的立场上，把话说得好听一些，让对方乐于接受，那么接下来的事情就好办了。

俗话说，嘴巴甜一甜，胜过三斗田。不过，说好话，并非一味恭维，如何把话说的好听一些，关键是要掌握好具体的情境、拿捏好对方的心理，采取有针对性的策略，从而取得预期的效果。

**【狼性生存术】**

人人都喜欢听好话。《红楼梦》里的王熙凤是一个嘴巴很甜的人，喜欢说一些中听的话，博取了贾母的欢心。嘴巴甜、说好话，并非一味阿谀奉承他人，而是要懂得根据不同场景恰当表达，做到让人喜欢、令人满意、与人为善。这样一来，才能在待人接物方面有所长进，自己的人生境界才能更上一层楼。

## 5. 别人都站着，你别坐着

【狼道语录】枪打出头鸟，刀砍地头蛇。

在人群中富有个性，不能算是好事。把自己暴露在众目睽睽之下，赤裸裸地毫无遮掩，这无异把肉放在砧板上，让人家想怎么剁就怎么剁。把自己暴露在你毫不知晓的各色人面前，你不知道他们是些什么人，不知道他们怎么想，也不知道他们将怎样做，你毫无遮掩，将自己置身在他人的十面埋伏之中。

很多人不知道这种凶险和厉害，爱我行我素，我讲我话，率性而为，极力标榜自己的个性，欲与他人不同，而且似乎生怕别人不知道他们那些很个性化的东西。因个性十足而吃亏上当、遭人宰杀的更比比皆是。三国时的才子祢衡就是一例。

祢衡年少才高，目空一切。二十来岁时便跻身在名士权贵之中。而且祢衡很瞧不起那些人，把他们视为酒囊饭袋、行尸走肉。在祢衡眼里，举世无才。

汉献帝初年间，孔融上书荐举祢衡，大将军曹操欲召见他。祢衡不知道天高地厚，出言不逊。曹操心中不快，最后给他封了个击鼓小吏，以羞辱他。祢衡也因此更嫉恨曹操。

一次曹操大会宾客时，让祢衡穿鼓吏衣帽击鼓助乐，祢衡竟当众裸身击鼓，以羞蜃曹操，扫他们的兴。曹操对之深以为恨，但曹操聪明，不愿杀祢衡而脏了自己的手。他把祢衡送给荆州牧刘表。不久，祢衡又因倨傲无礼而得罪了刘表。刘表也聪明，不杀祢衡，把他打发到江夏太守黄祖那里去。

祢衡在黄祖那里，仍是率性如前。一次，祢衡竟当众顶撞黄祖，骂他："死老头，你少啰嗦！"黄祖气极，一怒之下把他杀了。祢衡死时只有26岁。祢衡的杀身之灾，全因他的才气和性情所为。人有才情，本是天赐良物，正好周济人生。祢衡却相反，恃才傲物，因情害事，不知天下大于人才，权柄重于才情。最终唐突权贵，以身涉险，终被人杀。

这是极有个性、才情的人不得善终的一个典型事例。

从祢衡只知个人使性、不知顾念他人来看，祢衡的所谓才智是十分有限的。才智，除自身的审美和创造外，也包括对他人和环境的审视、知晓和防范，以致利用。而不是糊里糊涂地以一己之小暴突世界之大，最终横遭不测。

张扬是许多没有远见人的共性，他们本来就没有大志向也没有大目标，只是在虚荣心的驱使下向前奔跑，目的只是想博得众人的喝彩。所以众人的掌声一响便认为达到了人生目标，便想躺在掌声中生活，而他们往往会在人们的掌声中倒下。

只有那些有才华、有实力又肯踏踏实实地做好每一件事的人才会成就一番事业。达·芬奇说："微少的知识使人骄傲，丰富的知识使人谦逊，所以空心的禾秆高傲地举头向天，而充实的禾穗却低头向着大地，向着它们的母亲。"对于所有的人来说，心可以激昂，但是行为却应该收敛个性，低调行事。

**【狼性生存术】**

从根本上说，社会是削减个性的。跟他人在一起，要收敛个性，不要只图自己想说想干，好说好干。要多从他人角度，想想他人又会怎样想，他人又会怎样说，他人将欲怎样做，这样才不致四面树敌，让自己丧失于他人之灾的浪潮之中。记住，别人都站着的时候，你不要一个人坐着！

## 6. 好面子、好人缘、好关系

**【狼道语录】**人缘好，吃个饱。

"人缘"，其实就是指一个人的人际关系。一个人的人际关系状况是否良好，是否有好人缘，直接影响到工作、学习、生活顺畅与否，更关系到办事能不能顺利地达到目的。

前苏联小说家伏尼契在小说《牛虻》中，成功地塑造了青年革命者牛虻的形象。牛虻在漂泊天涯海角、经受各种可怕的折磨之后，侥幸参加了一支法国人组织的赴南美探险队。由于他被折磨得不像人样子了，脚也瘸了，在探险队里又是一个低人一等的翻译，所以几乎全队的人都对他持怀疑和鄙视的态度。

可到后来，牛虻赢得了全队人极大的信任和尊敬，彻底改变了大家对他的看法。他靠的是什么呢?

请看：有个队友只身离开营地，遇到一只美洲狮，正在他生命系于一发的时候，随其后悄悄保护他的牛虻挺身而出，击毙狮子，救出队友；牛虻在长期的流浪过程中得了一种危险的病，探险途中经常发作，但他以极大的毅力抑制着剧烈的病痛，强制自己不呻吟、不喊叫，以免使队友为他担忧；有两个对牛虻持有敌意的队友打死了土著居民的一只“神鹰”，惹起了土著人的震怒，他们集合起武装力量，要对探险队进行毁灭性的报复。危急时刻，牛虻不计前嫌，冒着生命危险前去和土著人谈判，靠着机智和勇敢达成了和解……就这样，牛虻成了大家心目中的头号英雄，成了全队所有人的好朋友。

富兰克林说：“成功的第一要素是懂得如何搞好人际关系。”一个人在社会上行走，要想做到无往不胜，首先得懂得处理好人际关系，那么怎样才能处理好人际关系呢?

（1）要有容人之量。

人际关系中，不免会发生矛盾，心存芥蒂，产生隔阂，个中情结，剪不断，理还乱，应当何以处之呢？现实中有两种处理方法：一种方法是“冤家路窄”，小肚鸡肠，耿耿于怀；另一种方法则是冤家宜解不宜结——“相逢一笑泯恩仇”。毫无疑问，在处理人际关系时，后一种态度是值得称道的。

（2）为人处世要有人情味。

人与人相处，应当减少“火药味”，增加人情味。表现自己固然没有错，但是若好胜心过强，表现过度，事事争先，抢尽他人的风头，就不好了。过度表现自己很容易引起其他人的嫉妒和憎恨，成为他人欲除之而后快的对象，从而使自己成为众矢之的。所以，身在职场中的人，要时刻牢记“枪打出头鸟”这句老话，牢记谦逊才是中国传统的美德。

（3）做人要厚道。

在处理人际关系时，不能待人苛刻，使小心眼。别人有了成功，不能眼红，不能嫉妒；别人有了问题，不能幸灾乐祸，落井下石，更不能给人“穿小鞋”。厚道就是心胸宽广，心存美好，心存善良；厚道就是将心比心，心情豁达；厚道可以化干戈为玉帛，化复杂为简单；厚道是为人处世的基础和前提，更是通向成功的捷径。

（4）要以诚待人。

古训云：“诚以待人、无物不格。”做人贵在坦诚，坦则是坦荡，诚则是真诚。不论是面对普通人还是朋友，都应该这样。更要有一些侠骨柔肠，光明磊落，襟怀坦荡，使人如沐春风，这样才能有个好人缘。

（5）要想人缘好，还要靠近“好人缘”。

在你选择朋友，建立人际关系网络时，最好能选择好人缘的人。而且能与这种人关系越密切越好。为什么呢？

首先，“近朱者赤，近墨者黑”这个道理大家都懂；其次，他会给你带来很多的好处：其一，好人缘的人他的朋友肯定不少，如果你与他成为关系密切的朋友，那么他的朋友自然也会成为你的朋友。这对于你迅速建立或扩大人际关系网具有巨大作用。其二，“好人缘”的人朋友众多，群众基础好，他的能量也就越大，有时你会感觉到，找这种人帮忙办一件事，要比找其他人容易得多，迅速得多。

**【狼性生存术】**

获得好人缘，要塑造良好的公众形象。最基本的就是要修好自身，建立良好的公众形象。就像有句话说的“一屋不扫，何以扫天下”。自己的形象没有塑造好，又怎么可能获得别人的尊重，获得好人缘呢。

## 7. “雪中送炭”胜于“锦上添花”

**【狼道语录】**与其锦上添花，不如雪中送炭。

人的一生不可能总是一帆风顺，难免会碰到失利受挫的情况，这时就可能需要别人的帮助。“雪中送炭”与“锦上添花”是两种不同的助人意识，而雪中送炭更能体现出一个人的高尚品德，更容易让人感动，让对方铭记在心。也正因为这份感动与记忆，有时雪中送炭会让你得到意想不到的收获。

震动天下的商业领袖、一代官商胡雪岩的发达可以说就是“雪中送炭”种下的善果。

胡雪岩出身贫寒，出道伊始，他只是信和钱庄的一名学徒。一年中秋，他奉老板之命去讨要欠款，结果拿到了原以为是死账的500两银子。

就在胡雪岩在茶楼里休息片刻的时候，他结交了文人王有龄，王有龄是一位有才干，有志向的人，他想出人头地，但苦于没有银子做“敲门砖”。尽管他们相识时间不长，彼此还没有深交，但是当胡雪岩了解到王有龄并非没有门路，而是没有钱时，竟主动将收到的500两债银拿出来送给了王有龄。胡雪岩说：“我愿倾家荡产，助你一臂之力。”

他的义举让王有龄感激涕零，他信誓旦旦地说：“我若是富贵了，绝不会忘记胡兄！”

其实，那500两银子是属于信和钱庄的，只不过暂时在胡雪岩这里保管而已。但是无论如何，雪中送炭的“义举”让他们二人的后半生都受益无穷。

危难之中见真情，困难之时显品德。如果你想助人，也有助人的能力，那么你首先应为正在挨冻的人们送些炭去，因为那正是迫切需要温暖的人们所渴盼的。无论从心理学的角度，或从排序的先后，无疑都是应当把“雪中送炭”搁在首位的。

假设你有100元钱，给了一个街头饥肠挂肚的流浪者，也许就救活了一条生命；而这100元，如果你给了一个亿万富翁，他眼皮也不会抬一下。

如果可以用一个数值衡量100元钱的作用，这100元钱如果给了前者，其作用假设是10000，那么如果给了后者，其作用也许就仅有1。如果从社会总效用来看，将这100元钱给了前者，社会总效用（即社会整体满足程度）就会增加10000个单位，而给了后者，社会总效用仅增加了1个单位。

显然，为求得社会福利最大程度的改进，这100元钱自然应该给前者。也因此“雪中送炭”的价值远超过“锦上添花”。

在生活中，很多人总是在别人不是很需要的时候拉上一把，以便使之锦上添花。但往往没想到，其实，锦上添花不如雪中送炭。

如果他人有求于你了，这说明他正等待着有人来相助，如果你应允了，那就必须及时相助。当他人口干舌燥之时，你奉上一杯清水这便胜过九天甘露。如果大雨过后，天气放晴，再送别人雨伞，就已经没有意义了。有时候在人家不得已的时候不用很费力地帮他一把，别人也会牢记在心，“投我以木瓜，报之以琼琚”。

我们内心都有一些需求，有紧迫的，有不重要的，而我们在急需的时候遇到别人的帮助，则内心感激不尽，甚至终生不忘。濒临饿死时送一只萝卜和富贵时送一座金山，就内心感受来说，完全不一样。你为他人雪中送炭，他人就会给你雨中送伞。因果报应屡试不爽。

**【狼性生存术】**

每个人活在这个世上，都不可能不有求于人，也不可能没有助人之时。当你打算帮助别人的时候，请记住这条规则：与其锦上添花，不如雪中送炭。

## 8，大家都是一条绳上的蚂蚱

**【狼道语录】**一荣俱荣，一损俱损。

许多时候，人们因为共同的利益走到了一起，结成了利益联盟。在这种情况下，只有大家心往一块想，劲往一处使，才能维护好大局，让自己的那部分利益有保证。否则，损害对方的利益，必然因为紧密的利害关系而让自己蒙受损失。

比如，处理好同事关系，就不能忽视这一点。

做任何一项工作，都要有一个主要负责人。之所以需要有一个主要负责人，是因为责任落实到某个人头上，便可极大地调动他的积极性，发挥他的主观能动性，使他将工作干得更好，同时也能极大地提高工作效率。另外，如果工作出现纰漏，上司也可以很容易地找到责任人，及时纠正错误。一项工作不可能有几个主要负责人，如果有，那也是很不合理的。因为一项工作有几个人负责，会产生相互扯皮的现象，从而会大大降低工作效率。一般的做法，是由其中一个人负主要责任，其他人协同配合，分工负责。

负主要责任的人，一般是对某项工作很内行的人，他对这项工作很了解，即使不是对每个细节都了如指掌，起码也能有个总体了解；或者这个人曾做过这项工作，很有经验。这些都是上司在布置工作任务时所要考虑的。

因此，如果上司给你和你的一位同事布置了一项任务，让你们共同去做，而且还要你的同事负主要责任，让你协助他的工作，那么你千万不要有什么想法，因为事情就是这样，不是由他负责，就是由你负责。

上司让你的同事负责，那就肯定有他的理由：或者是同事对这方面有较多的了解；或者是他较有经验；或者是他在上司面前较多地展露过才华；等等。总之，同事比你更适合担当大任，这不是因为上司偏心，也不是上司用人不当，而是出于对工作的考虑。

因此，你应该放下思想包袱，不要因为做了同事的助手而感到难为情或者心怀不满，你要与他紧密配合，尽力而为，尽量将工作做得圆满一些。

同事与你研究问题，你要知无不言，言无不尽，对于同事不正确的看法或决定，也要及时指出来加以讨论；同事交给你的任务，你要按时保质保量地完成，不要扯同事的“后腿”，更不能挖他的“墙角”。要知道你与他上了同一条船，那就只能同舟共济、有福同享、有难同当了。工作出了问题，不仅是同事的耻辱，也是你自己的耻辱，最起码人们会对你的工作能力提出疑问。你与同事是“一荣俱荣，一损俱损”，因此只有同舟共济，才能达成双赢。

生活就是一张网，一张由各种社会关系结成的网；每个人都是网上的一个点，每个人都通过其中的网络与其他的点发生关系，从而生活在这张关系网中。如果网破了，人就全完了。《红楼梦》里维系四大家族荣损的核心，就是一张典型的关系网，“一损俱损，一荣俱荣”。

“红楼梦”第56回《敏探春兴利除宿弊 时宝钗小惠全大体》中写到：探春想开源聚财，把大观园里的土地充分利用起来。园中的老妈妈闻讯后都很欢迎。这个说：“那一片竹子交给我，一年工夫，明年又是一片。除了家里吃的笋，一年还可以交些钱粮。”那个说：“那一片稻地交给我，一年中这些顽皮的大小雀鸟的粮食不必动官中钱银，我还可以交钱粮。”

老妈妈们为什么这么欢迎探春的开源政策呢？因为老妈妈们的个人利益在整体利益实现下也进一步取得了。正如探春所说：“老妈妈们也可借此小补，不枉年日在园中辛苦。”

关系网是人们生存不可或缺的“维生素”。人的生命如果没有维生素就会自然消亡，人的生存如果离开关系网也会无法维持。几乎没有人一生完全不利用关系网而生存下来的，大家都在一个网中，都是一条绳上的蚂蚱。

### 【狼性生存术】

人与人之间、同事之间，无形中都会形成一个“合作网”。在这个网中，关系错综复杂，一荣俱荣，一损俱损，大家都是栓在一根绳上的蚂蚱，所以在有困难之时应该彼此互助，这样才能共同前进。

# 第四章

## 祸从口出，谨言慎行
## ——嘴巴不只是用来吃饭，也决定着你的祸福

为人处世，成功与否，首先就取决于你“说”的本领！美国艺术家安迪·沃荷曾经告诉他的朋友：“我学会闭上嘴巴后，获得了更多的威望和影响力。”会说话，是本事；不说话，则是智慧。在复杂的社会环境里，“说”与“不说”都有很深的学问值得研究。

言多必失，祸从口出，说得越多，显得越平庸，说出蠢话或危险话的几率就越大。因此，有学问的人一般不乱讲话，只有那些胸无点墨又爱慕虚荣的人才喜欢信口开河，大发言论。“宁可把嘴巴闭起来，使人怀疑你浅薄，也不要一开口就让人证实你的浅薄。”

三思而言，三思而行，谨言慎行绝非易事，没有相当的历练和修养是难以做到的。要想说话少出漏子，务必要做到：一是多听少说；二是绝不轻言人事是非，三是话不说死，留有余地；四是不管真话假话都要说得理直气壮、真诚动人。

## 1. 舌头底下压死人

**【狼道语录】**舌头底下压死人，唾沫也能淹死人。

人生于世，总有许多被人议论的地方，没有任何人可以免遭他人议论，于是乎，民间就有了“谁人背后无人说？谁人背后不说人？”的定论。有人群的地方都会有左中右，所以在与人打交道时，不可避免地总会有人在背后的议论纷纷。

“舌头底下压死人，唾沫也能淹死人”就是对流言和谗言的最好写照。

古今中外，确实有不少人被流言所害，中国早期电影明星阮玲玉，因为不堪忍受流言蜚语而自尽。为什么流言有如此大的威力呢？

流言伤人是通过受害者的心理起作用的。流言给受害者造成严重的心理挫折，使人致病甚至致命。心理挫折是在人们的活动中，由于受到环境的阻碍或干扰而使其不能获得满足的一种情绪体验状态。

这种情绪体验包括以下几种：

（1）羞辱感：当事人因被传闻做了某种见不得人的事而备感羞辱；

（2）愤怒：因无端被中伤蒙受耻辱而感到愤怒不平；

（3）焦虑：因自尊心受到伤害而产生焦虑；

（4）恐惧：因当事人成了众矢之的，感到孤立无援，失去安全感，产生了被社会抛弃、被众人唾弃的恐惧感；

（5）绝望：当事人对自己失去信心，感到无法扭转被伤害、被攻击的处境，而陷于绝望。

流言就像一把利剑，伤人不浅；确实威力无穷啊！另外一种“谗言”，我们更要小心提防才是。当你不小心掉进了是非的漩涡，如何应对各种“谗言”呢？为此，掌握如下几个招数很有必要。

（1）捷足先登，先发制人

对于那些善于制造“小报告”的人正是抓住人们的思维和心理上的这一特点，想方设法地做到捷足先登、先发制人。而被“暗箭”伤害的人往往由于疏于防范，棋输后手，大多处于不利地位，有些人甚至连辩解的机会都不可得，白白地被人坑了一下。所以，针对这样的小人，我们也应先发制人，它的厉害之处在于比告黑状的人抢先了一步。

（2）不给小人以把柄

现实生活中，不给小人以把柄就等于远离了一切罪恶之源，避免了祸患的发生。俗话说：身正不怕影子歪。如果为人处事都能做到实事求是，口说老实话，身行老实事，襟怀坦荡，正直无私，做一个值得信赖、值得重用的人，那么奸诈之人就不敢有非分之心，谗言佞语之徒也难以抓住诬陷人的把柄。

（3）多去观察思考

眼见为实，耳听为虚，亲身体验加周密的思考判断，切不可人云亦云，捕风捉影地下结论，方可减少些冤情，让真理永存，真爱充满人间！

（4）给予坚决反击

采取“针锋相对”的对策防范和反击谗言最为关键之处是选准目标，并且针对滋事生非的奸人逆行，采取公开论战的方法，对其所散布的流言蜚语进行大胆揭露和坚决批驳，贬斥不可告人的卑劣行径。

（5）借助第三方的力量

利用第三者来对付谗言，可以给人们一种真实可靠的印象。

汉武帝是个能干的皇帝，但到晚年也变得糊涂起来，疑心极重，以为周围的人都要害他。当时一个名叫江充的无赖，为了自己私利，诬陷太子，制造了一起起冤假错案。

这种情况下，幸亏有一个叫令狐茂的山西上党人上书汉武帝，指出太子无辜，江充奸诈，并举出历史上种种事例，希望汉武帝不要听信谗言。这样才使汉武帝有所觉悟。不过，那时太子已被追捕的人杀害了。如果没有比较超脱的旁观者勇敢地介入，江充的谗言是很难被拆穿的。

对于这起冤假错案，汉武帝正是借助了令狐茂的力量才修正了自己的错误。

不管别人怎么议论你，你要始终保持一颗平静之心，用实际行动来证明你的优秀。不管风吹浪打，胜似闲庭信步，你会变得更加出色的。切记千万不要与诽谤你的人争执，这样只会使你形象受损，你应该始终保持一种迷人的风度，平静努力地做你所要做的事，流言自会消失。

【狼性生存术】

一定要能够跨越“舌头底下压死人”这道坎，否则，不仅一生会生活在沉重的压抑下，也会极大地限制自己的聪明才智，会使得自己主动丢弃许多机会，白白扼杀许多创意，不敢真实地表述自己的喜怒哀乐，把自己局限在别人期望的狭小生存空间中，在众人的指责声中无所适从，终生处在无尽的烦恼之中。

## 2. 不要谈论别人的短处

【狼道语录】当着矬子不说短话。

金无足赤，人无完人；凡人皆有其长处，亦必有其短处。在与人打交道时，说话要看对象，每个人身上都有“逆鳞”——不愿别人触及的隐私、缺憾、伤疤之类的，所以在与对方交谈中，要尽量了解、尊重对方。

如果我们有意无意触动了这些敏感的“逆鳞”，轻则使交谈话不投机，不欢而散；重则令对方动怒变脸，甚至招致祸害，用一句俗语来说，那就是：当着矮子别说短话，这是人际关系中必须遵循的规则。

比如，三国时期的刘备，相貌上有一大弱项，就是胡子稀少，这在古代被认为没有男子汉气概。

刘备第一次进西蜀时，为了讨好益州牧刘璋和他手下的官员，态度谦恭、说话低调，刘璋的臣属便飘飘然起来。

可当时，长着一把大胡子的张裕，偏要同刘备比胡子，“哪壶不开提哪壶”，并开起玩笑来：“长须美髯才够得上男子汉大丈夫，那些嘴上少毛的人，哪有大丈夫的气概啊？哈哈！”胡子稀疏的刘备讪讪地笑着，但很快恢复了谦和的姿态。

当时在刘璋的地盘上，刘备忍辱负重，不便发作，但半年后，刘备领兵打下益州，当上了蜀国之主。

刘备大权在握，还会有张裕的好果子吃吗？诚然，刘备后来有失君子风度，找了个借口，竟将那时“当着矮子说短话”的张裕杀了。但如果张裕说话不那样尖酸刻薄，何至于招来杀身之祸呢？

人生在世，各有所长，各有所短。人们之所以有忌讳，怕别人揭自己的短处，说到底是自尊心问题，怕脸面上过不去。所以，你若想获得朋友，就一定不要触动他们的短处。事实上，明确了不揭人短的要义，我们往往能左右逢源，人情练达。

对待他人的短处，不同的人使用不同方法：

（1）有的人在与他人的谈话中，尽量多谈及对方的长处，极力避免谈及对方的短处；

（2）也有的人专好无事生非，兴波助澜、有声有色地编撰别人的短处，逢人便夸大其词地谈论别人的短处；

（3）有的人虽无专说别人短处的嗜好，但平时却对此不加注意，偶尔也会不小心谈到别人的短处。

而用不同的方式对待别人的短处，所产生的效果也是截然不同的：

（1）避免谈及他人的短处，容易与他人建立起感情，形成融洽交谈气氛；

（2）好谈他人短处的人，最易刺伤他人的自尊心，打击他人某方面的积极性，还会引起他人的讨厌；

（3）不小心谈别人短处的人，虽无意刺伤他人，但很难想象人家怎样理解你的用意和对你所作出的反应，一般来说易引起别人的误解与不满。

由此可见，我们在与他人的交谈中，应该尽量避免谈论别人的短处。宇宙之大，谈话的资料取之不尽，用之不竭，我们何必一定要把别人的短处作为话题？

我们若仔细想想就会明白，我们所知道的关于别人的事情不一定就完全可靠，也许别人还有许多难言之隐非我们所详悉。若我们贸然拿听到的片面之辞宣扬出去，那么就容易颠倒是非、混淆黑白。我们若说出了什么话，就很难收回来了。当事后明白了事情真相，则必须设法收回去，找那些听过我们说此话的人作更正。

因此，若我们不是确切地知道某件事情的真相，切忌胡说八道。

另外，如果别人向我们谈起某人短处的时候，我们该何以应对呢？最好的办法是听了便罢，不要深信这种传言，不必将此记在心中，更不可做传声筒。而且还要提醒谈论别人短处的人是否对所谈的事情有所调查、确有把握。

人群相聚，都不免要找个话题闲聊。天上的星河，地上的花草；眼前的建筑，身后的山水；昨日的消息，今天的新闻，都是绝好的谈话内容。何必说东家长西家短，无事生非地议论人家的短处呢？好说人家短处是一种不道德的行为，我们必须克服。

**【狼性生存术】**

从关系学的角度来说，当着“矮子”，不仅不能说“短话”，而且要专门找“长话”来说，毫不吝啬地赞扬对方的长处和优点，巧解对方的心结。这样谈话才会投机，沟通才会顺畅，人际关系才会和谐温馨。

## 3. 没有不透风的墙

**【狼道语录】**要想人不知，除非己莫为。

我们看不见一棵树的根枝叶在暗中是如何吸收养料、输送养分、呼吸二氧化碳、进行光合作用的，但当看到开花、结果时我们就绝对相信这是根枝叶暗中的功劳；我们也看不见一壶凉水在炭火上是如何慢慢变热的，但当它沸腾时我们就相信它的温度是一点点升高的；我们更看不见电线里暗藏的电流，但当打开开关电灯亮起时，我们就知道它有电流的存在。

这正应了“纸里包不住火”、“没有不透风的墙”、“要想人不知，除非己莫为”这些俗话，道出一个共同的事实——暗中所做的都要在明处显露出来。

万物是如此，人也是这样，暗中所做的别人看不见，但它总会在明处表现出来。无论善恶好坏大小的事，也不论你智慧多高，都不能隐藏住，总会让它显露出来。

一些好算计人的小人，无不以为自己聪明、妙算，但因为用心险恶，都维持不了长久。设的计见不了人，是奸计；奸计不得人心，天人共愤，自己虽精心谋划，却未免心虚。有一丝透露就心惊肉跳。再秘密的事也还有透风的墙，人家一旦知道了，也就“夫人”赔了“兵”——折了。

王军在开发一个新项目，恰巧孙亮的厂子也在做。由于孙亮技术力量雄厚，他的项目比王军早一个月上市。

本来，与孙亮上同一个项目就让王军感到很窝火，没想到让对方抢了先机。想到这里，王军更是气上加气，于是匿名向质检部写了一封检举信，举报孙某的产品有质量问题。

结果，上面派人检查，弄得孙亮的工厂停产一个月，损失惨重。世上没有不透风的墙，孙亮很快知道是王军从中作梗，于是花重金买到了王军工厂的独家资料，发现其中的质量问题后，毅然把王军告到了检察院。

正当王军沾沾自喜时，没想到自己接到了检察院的通知信。经过检测，王军最终因产品不合格而不得不停产。这真是搬起石头砸自己的脚，王军赔了“夫人”又“折兵”，最终害人害己。

还有一些人总爱三五成群在一起说别人的长或短，他们说时总是想保密、不走露风声，但没有不透风的墙，总有一天他们所说的会被别人知道，被揭露出来。

而且经常在背后说别人坏话的人，肯定不会是受欢迎的人。因为凡是有点头脑的人，都会自然而然地这么想：“这次你在我面前说别人的坏话，下次你就有可能在别人面前说我的坏话。”这样一来，你在别人的印象中就不可能好到哪里去。在当今这个靠人脉成事的社会里，给人不好的印象是多么大的一个硬伤啊。

当别人对你说第三者的坏话时，无论你是否明白其中的原因，你都必须保证做到一点，那就是“入耳封存”，同时还得充分了解对方，如果发现对方是无缘无故，只是天生有背后说第三者坏话的习惯，那么你就得注意，在以后的应酬中有意识地疏远他。

【狼性生存术】

"宁在人前骂人，不在人后说人。"别人有缺点、有不足之处，你可以当面指出，令他改正，但是千万别当面不说，背后说个没完，牢记"天下没有不透风的墙"。

## 4. 有话千万好好说

【狼道语录】有话好好说。

日常工作中容易发生争执，有时搞得不欢而散，甚至使你与人结下芥蒂。人是有记忆的，发生了冲突或争吵之后无论怎样妥善地处理，总会在心理、感情上蒙上一层阴影，为日后的相处带来障碍。

所以在人际交往中，当我们遇到棘手的问题时，要冷静下来，有话好好说，问题自然就会得到解决。

不过，有些情绪化的人一遇到问题，常常接受不了他人的批评和建议，有时还怒气冲天、向人发脾气；或者，为了一点点小事情，责备、抱怨、骂骂咧咧，弄得没完没了；或者，一碰上困难，就牢骚满腹，怪话连篇。

下面的例子生动表现了在人际交往中控制情绪、有话好好说的作用。

张某曾是某企业的厂长。一年前，该企业举行了职工民主选举大会，张某以压倒性票数当选为厂长。走马上任后，他大刀阔斧，善于经营管理。一年后，企业利润和职工收入均增长了一倍。他一心扑在事业上，并接连荣获"优秀企业家"光荣称号。

正当张厂长雄心勃勃、努力干出更好的业绩、力争来年上一个新台阶的时候，他被全厂干部职工以集体罢免的方式，把他从厂长的职位上拉了下来。这是他做梦也没想到的事情。

张厂长的结局不是因为他假公济私、中饱私囊所致，而是因为他的情绪控制力极差。每当下属的工作不合其意时，动辄就以"我让你下课"来威胁对方。发怒时，他咆哮如雷，不能自制。而且，有时为了点小事，他动不动就猛拍桌子，以至于他的手曾被玻璃刺破过，桌上的玻璃板也换了好几块。下属最起码的尊重，在他激怒之下，瞬间荡然无存。

然而，张厂长之所以如此，是因为他头脑里充满了产量、利润这类东西。在他眼里，除了经济利益似乎没有情感，似乎忘却了人的尊严。常言道，众怒难犯。在这种情况下，厂里的中层领导自然就想到了狠招：以大家罢免的方式把他赶下台。这种结果也在情理之中。

张厂长不懂得自己的性格毛病和人的多种需要，以至于他下台之初还感到很委屈，这正是他的悲剧所在。

故事中的张某正是由于没有控制好自己的情绪，说话不知道尊重对方，最后遭到以集体罢免的方式，把他从厂长的位置上赶下台了。

说话是一门很深奥又很实用的学问，需要一些技巧，说话时，要注意具体的场合、不同的对象、特定的气氛，不能无所顾及。

（1）善于克制自己，有话好好说。

有一个调查表明：在承认自己容易与人争吵的人时绝大多数说自己个性太强，也就是不善于克制自己。

比如，在企业人际关系中，与同事交往时容易发生争执，如果不克制自己的情绪，想到什么说什么，怎么难听怎么说，这就会使日后的相处难上加难。最好的办法还是尽量避免它，实在没办法时也要冷静处理，把话说清楚。

（2）以商量的口气提出自己的意见和建议。

比如，同事之间有了不同的看法，最好以商量的口气提出自己的意见和建议，语言的得体是十分重要的。应该尽量避免“你从来也不怎么样……”、“你总是弄不好……”、”你根本不懂”这类绝对否定别人的消极话语。

（3）耐心、留神听对方的意见。

要学会听，耐心、留神听对方的意见，从中发现合理的成分并及时给予赞扬或同意。这不仅能使对方产生积极的心理反应，也给自己带来思考的机会。如果双方个性修养、文化修养都比较高的话，做到这些并非难事。

（4）善于理解、体谅别人。

有的人生性敏感；有的人恰恰遇到不顺心的事所以发泄怒气；也许对方正生病。这些都可能是造成态度和情绪反常或过激的原因。对此予以充分谅解，会得到相应的回报。

（5）心胸开阔是非常重要的。

谁能没有一点言谈上的失误和过错？别人无意间造成的过错应充分谅解，不必计较无关大局的小事情。法国作家布鲁依尔说过：“两个都不原谅对方细小过错的人不可能成为老朋友。”如果以老朋友的态度进行合作，许多冲突是可以避免的。

**【狼性生存术】**

说话是人生第一大难事。每个人的情绪犹如天气一样，有时好时坏的问题。情绪的表现形式往往体现在说话上，学会控制情绪，有话好好说是我们成功和快乐的要诀，而失控的情绪不仅会给你的人际关系带来一些遗憾，甚至严重的话还会影响到你的前途。

## 5. 给你的嘴巴上锁

**【狼道语录】**说出去的话，泼出去的水。

虽然每个人都知道说话，但话说得好的人却不多，说话并不见得比写文章容易，文章写好了可以修改，而一句话说出来了，要想修改是比较困难的。正所谓“说出去的话，泼出去的水”就是这个意思。

有一则流传已久的笑话，说的是一位工会主席召集五个委员开会。开会的时间早已过了，可是只来了三个人。他叹气说道：“唉，该来的没有来！”有个委员听了这话觉得很不自在，他想：莫非我是不该来的人？于是这个委员悄悄地走了。

工会主席见状，又叹道：“唉，不该走的走了！”剩下的两个委员听主席这么说，误认为他俩是该走而没有走的人，于是一气之下全走了。

可见，只因为说话不妥当，非但会议没开成，而且还得罪了人。工会主席用舌头给对方心里留下的阴影，恐怕短时间内难以平息。

在社会上混，既有智慧的较量也有心理的比拼。为了知己知彼，双方都会使出浑身解数刺探商情。所以，人们说每一句话都应该深思熟虑，有所保留，这样才能最大程度上维护自己的利益。

袒露之心如一封摊开在众人面前的信，会使你受人摆布。对人交心是要有选择的，因为你有了让人控制的把柄，会成为任人驱使的奴隶而不能自主。在现实生活中，不是所有的悄悄话都能长久悄悄下去。有以下三种话即便“悄悄地”也不能说：

（1）捕风捉影的话不要说

“捉贼要赃，拿奸要双”，这就要求我们说话办事要有真凭实据，如果我们向对方说的悄悄话，如风如影，纯属无稽之谈，那是很危险的，尤其是对一个人的隐私更是不可在私下信口开河，胡编乱造。

比如你对别人说某男与某女（均有家室）在街道的树荫下拥抱亲吻，那情景真比演电影还卖力。这话若被听者传出，当事人可能恨你骂你，伺机报复你，甚至当面要和你对质，要你说出个所以然来，你怎么说呢？你当时又没有摄像，又没有录音，怎么能够证明某男与某女曾有这种热烈的场景呢？只有掌嘴！不赔礼道歉行么？人家本有如此这般的举动，而你并无证据，这样的话属捕风捉影一类，是万万说不得的。

“人心难测”这话不一定对，但不无道理，我们说话也不能只图一时痛快而不计后果。

（2）违纪、泄密的话不要说

小至单位大至一个国家，在一定时期、一定范围内都有秘密，我们只能守口如瓶，不可泄露。

有的人轻薄、无纪律，私下把机密“悄悄”说出去了，弄得一传十，十传百，家喻户晓，有些心术不正的人如获至宝，拿去作为谋利的敲门砖，给单位乃至国家造成严重损失。即使诸如涉及人事变动的内部新闻，你也不要去向有关的人说悄悄话，万一中途有变，你如何去安抚别人呢？如果为此而闹出了矛盾谁负责呢？这种话说出去既害人又害己。

（3）披露悄悄话的话也不要说

须知这世上有些人很怪，情投意合时无话不说，无情不表；一旦关系疏淡，稍有薄待，便反目成仇，无情无义，甚至添油加醋，不惜借此陷害，从而达到他不可告人的目的。殊不知，这些抖出悄悄话的人也要吃亏的。

我们知道，悄悄话大多是在两人之间传播，试问，你一个人能够证明我有此一说吗？甚至对方出于愤怒会狠狠还击，跟编小说一样编出你的悄悄话，以十倍于你的兵力将你置于有口难辩的境地，纵然两败俱伤，也没有白白被你出卖。结果如何呢？你本是讨好卖乖，求名逐利，或发泄私愤，算计别人，不巧却被悄悄话所害。

所以，假使你听了悄悄话，也没有必要往外抖，任何人在这个世上都有一片自由的天地，还是讲究信义，以善良为本，何必让人反咬一口呢？

说出去的话泼出去的水，想收是收不回的，而祸从口出，所以，我们说话办事时一定要严把“嘴关”，该说的说，不该说的一定不要说。在当今这个纷杂繁冗的世界里，我们要处处小心，处处留意，不要让自己说的话成为外人打击我们的把柄。

**【狼性生存术】**

人们常说，眼睛是心灵的窗户。其实，嘴的功能亦不能忽视。嘴是心灵的大门。人们常对失言者说：“你嘴上缺个把门的。”中外古今的政治家、军事家，一言可以兴邦，一言可以丧国。对于一个人来说，不要移花接木，而应落地生根。

## 6. 别在酒桌上误事

**【狼道语录】**桌上三杯酒，事后两行泪。

在中国，想要办事，不会喝酒不行。场面上的事情，你必须应付到位，对方认为你够朋友，那么事情就好办了。但是，喝酒误事，也是一个不争的事实。

有不少人平常沉默寡言，三杯黄汤下肚就喋喋不休。有时候是唠唠叨叨地抱怨个没完，有时候是打架闹事……酒醒了之后又对自己这种举动深感后悔不已，就像只斗败了的公鸡。

像这些一喝了酒就胡闹的家伙，他们的自制力已经完全被酒给麻痹了，等到酒精的作用退去之后，根本就不记得自己说过或是做过什么。然而，被你的酒疯所骚扰的对方，可未必跟你一样醉得一塌糊涂，而且醒来什么事也不记得了。

《水浒传》中的宋江因杀了阎婆惜被发配江州，在浔阳楼上，因多喝了几杯酒，不觉沉醉，想到自己年过三旬，未能成就名利却被刺配江州，不能和家中老父兄弟相见，触目伤怀，感慨之下就题写了：

"自幼曾攻经史，长成亦有权谋。恰如猛虎卧荒丘，潜伏爪牙忍受。不幸刺文双颊，那堪配在江州。他年若得报冤仇，血染浔阳江口。心在山东身在吴，飘蓬江湖漫嗟吁。他时若遂凌云志，敢笑黄巢不丈夫。"

最后又大笔一挥署名"宋江"。以至后来被人以"反诗"做实此案，要砍他的头，逼于无奈，只好上了梁山。

俗话说："酒后吐真言。"你在发酒疯时所说的每一句话，对你而言也许是"醉话"，但在对方看来却是"肺腑之言"。酒醒了之后，你可以不必对自己酒后的行为负责任，但对方可不会忘记你所说过的话。

尤其是职场，上下级之间，千万不可小视"酒"的危害：

（1）酒后乱讲上司坏话

一些酒品不好的人会在喝醉酒的时候，大肆批评自己的上司，这些"醉话"一旦传到上司的耳朵里，最容易引起上司的痛恨。结果不是被上司叫来斥责一顿，就是被上司戴上"酒后乱性"的帽子，这下可是因小失大了。

（2）劝酒灌醉上司百害无益

一些人在和上司一起喝酒的时候，总是喜欢频频地向上司劝酒，非得把上司灌醉不可。

然而，上司喝得酩酊大醉之后，就需要有人照顾。如果你请计程车司机送上司回去，上司已经醉得不醒人事了，也不知道司机是不是会安全地把他送回家。如果你要自己送上司回去，背起他沉重的身体，还要费一番力气。

所以把上司灌醉了实在是百害而无一利。尤其是当你亲自照料醉得不醒人事的上司回家之后，有的上司事后会感谢你，但有的上司隔天根本就不记得这些了，不记得还好，就怕有的人反而会觉得这种事太丢脸，从此之后就刻意地回避你。

如果你认为让上司在你面前自暴其短，那么他日后就会对你另眼相待，那你可就大错特错了。对上司而言，你对他可是个危险人物，他不对你恨之入骨才怪呢。

（3）和酒量不佳的人喝酒更要小心

有些人酒量不好却很会劝酒，到最后你醉了他却清醒得很，正好可以利用你喝醉的时候来找寻可乘之机。白领们少不了与同事或上司酒桌上碰杯，无论怎样都要保持一份清醒，免得因贪杯误事。

现在社会，酒扮演着“情感润滑剂”的角色。当双方还很生疏的时候，往往三杯黄汤下肚就可以侃侃而谈。但是，你若想要利用酒来作为你的交际工具，那么你就得先具备干杯不醉的本事，以及好的酒品才行。可以喝一点，但是别因酒误事，这才是关键。

**【狼性生存术】**

一个真正有智慧的人，必然是在任何场合都保持清醒头脑，哪怕醉了，他也醉得清白，醉得有分寸。

## 7. 谁都有说违心话的时候

**【狼道语录】**违心话也是一种人情润滑剂。

台湾作家罗兰说：“我们几乎很难找到一个人能够成天只做自己喜欢做的事，过他自己想过的生活。”

许多时候，我们在做着自己并不想做的事，说着自己并不想说的话，甚至还很认真。因为慑于压力、屈于礼仪、局于制度、限于条件，我们进了不想进的门，陪了不想陪的客，送了不想送的礼，笑了不想笑的笑……所有这些都是常有的。

人都想自由自在，都想随心所欲，但是，世界从来不是看你的眼色行事的，倒是相反，我们每个人都在被动地做一些自己不想做的事。因为，我们不仅有自身还有环境，不仅有现在还有未来，不仅追求实现自我，还在追求安全、友爱和形象。奉献出自己的一部分心愿换取平静、换取尊严、换取良好的环境还是十分必要的，尽管你对这种自我背弃并不很乐意。

一对情侣，一个脆弱，一个诚实。忽然有一天诚实的一个得知脆弱的一个患了绝症，如果直言相告必然加速脆弱者的死亡。于是，他平生第一次编出一段“绝症可治，治愈不难”的谎言。

这可是一个最不愿说谎的人对一个最需要诚实的人说的谎啊，那滋味不是可想而知吗？

再说文革期间，每人每天都必须进行“早请示”、“中对照”、“晚汇报”，面对这充满迷信的一日三颂，每一个有思想的人无不晓得它的愚昧和可笑，内心当然激烈反对。但是，在那个大环境下，如果你真那样去反对，是要坐牢甚至杀头的。那么，你只有违心顺应。

顺应对一个麻木的人倒也无所谓，可对于一个清醒的人，那是怎样一种痛苦啊！所以，违心在多数情况下无异于折磨和受刑。

当然，并不是所有违心都有痛苦。

如果你的上司十分喜欢听好话，偏偏你又不得不指正一下他的差错，这时你开门见山直言要害当然既省时间也符合你痛快为人的个性，但是，那样无论是对单位还是本人都将很糟。

如果你试着先讲一通上司的成绩，再讲出存在问题和解决办法，尽管那些优点是勉强的，有些还不单属他一个人，然而，却使上司既改了差错又刮目看你，这不是两全其美吗？

就我们自身而言，也经常会遇到“不得已而为之”的事。

有位年轻人小时候很不想读书，迫于父母的强制和周围的压力，才不得不违心于书本之中。后来，他18岁考上计算机专业，毕业后分到一家化轻公司工作。公司只缺财会人员，经理要他改行为单位解难，他很爱自己的专业，出于无奈，服从了需要。谁知后来他在会计与电脑的交叉点上开发出了会计电算化技术，不仅专业未丢，还成了单位的技术骨干和后备干部。

可见，违心也有利己的时候，至少利于纠正主观偏见、克服个人膨胀和和谐全局。

随着现代社会文明的深化，如果你在交际中没有妥协、忍让和迁就的准备，那只能处于四面楚歌之中，纵使有三头六臂，也将牵制得你疲惫不堪而无法前进。而且这个世界上，我们不仅要自己高兴，同时也要大伙高兴，世界如果因为你的服从和委曲而有了风光，也不会少了你的那一份。

所以，虽然妥协、迁就都有“不得不”的那种心态，但仍不失为人际间的“润滑剂”，风光的推动力。

**【狼性生存术】**

为了群体和未来，我们都有过献身和忍受；为了增强目标方向的合作我们都不应以自己为中心；为了避开更大损失都有过委曲求全；为了争取人心甚至我们都有过“这样想却去那样做”的经历，都曾扮演过“两面派”。为了融洽和顺利，违心应当允许。

## 8. 不在背后乱嚼舌头

**【狼道语录】**宁在人前骂人，不在人后说人。

我们把背后说人坏话的行为叫做“嚼舌根子”，舌头长在自己的嘴里，经常与牙打交道，一时不慎咬到了舌头，这是稀松平常的事情。但我们遇到的情形往往是舌尖受苦，如果不是有意为之，恐怕谁也不会嚼到自己的舌头根子的。

我们嚼自己的舌头根子——如果能嚼到的话——受苦的是我们自己。而那些靠“嚼舌根子”以达到不可告人的目的的人，永远是要让别人受苦的。即使在“嚼”的时候也现出或痛心疾首或义愤填膺的样子，但那是做出来给听者看的。因为非如此则达不到诋毁别人的目的。

我们千万不要低估了“嚼舌根子”的破坏力。古今中外有多少大英雄，不是死在敌人的枪炮之下，而是毁在小人的舌根之下。比干毁在妲己的舌下，屈原毁在上官大夫的舌头之下，廉颇毁在郭开舌下，岳飞毁在秦桧舌下……我们可以列出长长的一串名单。

现在社会，也有很多因为背后“嚼舌头”而致性命堪忧的：

黑龙江来大连打工的刘阳与李立在大连湾三角地路边等活儿，二人闲聊时，李立提到附近一个话吧的女服务员很“风骚”，每次他到话吧时，总能看见她在“勾搭”不同的男人。不料，刘阳恰好是这名女服务员的丈夫，他对李立说："那个服务员是我老婆，你说话注意点。"没想到李立反而变本加厉，说了更多不堪入耳的话，刘阳再也忍不住，便和李立撕打起来。

李立的两个朋友见状便跑过来帮忙，刘阳见对方人多撒腿就跑，李立等三人在后面追，刘阳跑到妻子工作的话吧中，抄起一把尖刀，李立以为刘阳只是拿刀唬人，便没在意，可没想到的是刘阳突然一个箭步冲上来，朝李立的手臂和腹部连捅几刀。

这位李立就是因为背后"乱嚼舌根"，引发别人不满进而遭殴致伤的。

中国有句俗话："宁在人前骂人，不在人后说人。"这个意思就是说，别人有缺点有不足之处，你可以当面指出，令他改正，但是千万别当面不说，背后说个没完，这样的人不仅会令被说者讨厌，同样也会令听者讨厌。

在我们的日常生活中，背后说人坏话的人并非少数，有一句话叫做："谁人背后无人说，谁人背后不说人。"这话虽然说得有些绝对，却也说明了一个道理，那就是大多数人都多多少少地在背后说过别人，只是所说的是好话还是坏话就无从考证了。

不过有一点，经常在背后说别人坏话的人，肯定不会是受欢迎的人。因为凡是有点头脑的人，都会自然而然地这么想："这次你在我面前说别人的坏话，下次你就有可能在别人面前说我的坏话。"这样一来，你在别人的印象中就不可能好到哪里去。

当你当着对方把第三者说得一无是处的时候，你自己的形象在对方的心目中也同样已经一无是处了。所以我们在日常应酬中，尤其应该注意，尽可能不在交谈对象面前说第三者的坏话。如果别人有什么缺点，你可以寻找适当的机会当面向他提出，背后议论别人的方法绝不可取。

**【狼性生存术】**

别人对你说第三者的坏话时，无论你是否明白其中的原因，你都必须保证做到一点，那就是"入耳封存"，同时还得充分了解对方，如果发现对方是无缘无故，只是天生有背后说第三者坏话的习惯，那么你就得注意，在以后的应酬中有意识地疏远他。

# 第五章

## 人心难测，防患于未然

### ——防人之心不可无

世道险恶，人心难测。昨天还称兄道弟，今天就可能拔刀相向；上午还勾肩搭背，下午就可能形同路人，这在利益至上的社会中已经屡见不鲜了。与人打交道时，务必要谨慎小心，防止吃大亏，上某些人的当。与其说欺瞒他人不正当的行为太卑鄙，倒不如说吃亏上当的人太单纯、太大意。

“明枪易躲，暗箭难防”，这年头，不变成个八面玲珑，就会一不小心被扫地出门。有能力的人不怕没有咸鱼翻身的机会，但是你可知道，各个道场上的你来我往是有大学问的。“害人之心不可有，防人之心不可无”，这是每个人都要牢记的一点。

## 1. 防人之心不可无

**【狼道语录】**害人之心不可有，防人之心不可无。

中国古代大哲学家荀子在论人性时说："人之性恶，其善者伪也。"这句话的意思是说，人的本性如果看来是善的，那是他努力装扮成这样的，人性本来就是恶的。

人性究竟是善还是恶，绝非三言两语能够说清楚。但是在现实生活中，与人打交道时的确要谨慎小心，对人不妨考虑一些防范对策，预防万一，否则待事情发展到糟糕程度时就为时晚矣。

一般人都不喜欢谋略意识强烈的人，也就是心眼太多的人。然而，在现实社会里，欺骗、狡诈的人大有人在。大到国家之间的争端，小到个人之间的利害关系，这种欺诈无处不在。因此，与其说欺瞒他人不正当的行为太卑鄙，倒不如说吃亏上当的人太单纯、太大意。

> 一个学生去逛百货公司，临出门，突然有个女人，匆匆忙忙地跑来对她说："我的肚子痛，必须上厕所，可是我跟我先生约好，他就在门口的一辆白色的车子上等我，能不能麻烦您，告诉我先生一声。"说完并塞了两包东西给她："这也麻烦您交给他。"
>
> 学生还没走出门，就被百货公司的人抓住。她抱着两包没有付钱的贵重商品，吓得呆呆地站在那儿，因为人赃俱获，而百口难辩。至于那先前说肚子痛的妇人和所谓的白车，则消失了踪影。

接着，再让我们看看另外一则故事：

一位朋友单独旅行，在飞机上遇到一位投缘的乘客，两个人一起下机，提取行李，在通过海关之前，那新认识的朋友说：“我的行李真是太多了，能不能麻烦您帮我带一小件。”单独旅行的那位朋友，心想自己的东西反正不多，就一手接了过来。

接着，他被海关的人员，以携带毒品走私的罪名逮捕了。

他大声对着还在另一个关口接受检查的朋友喊，那人却说不认识他。他被架出了海关大厅，悲愤的呼喊声仍然从长廊尽头传入，大厅里的人都摇头，说：“罪有应得的贩毒者，过去不知道已经带进多少毒品了！”

那飞机上认识的朋友也叹气：“好险哪！我差点被栽了赃！”

人生从某种角度看也是一场战争。在这种战争中，为了求生存，必须要有慎重的生活方式和态度。这样才不至于上某些人的当，吃大亏。当然，并不需要自己去欺骗别人，但是，社会上鱼龙混杂，到处都是陷阱、圈套，必须小心提防。所谓“害人之心不可有，防人之心不可无”。

那我们该如何提防呢？

（1）阻却来敌。兵不厌诈，争夺利益时人心也不厌诈，因此对他人的协作也要有冷静客观的判断，凡异常的动作都有异常的用意，把这动作和自己所处的环境一并思考，便可以发现其中玄机。

（2）巩固城池。即让人摸不清你的底细，不随便露出自己性格上的弱点，不轻易显露自己的欲望和企图，不露锋芒，不得罪人，勿太坦诚……别人摸不清你的底细，自然不会随便利用你、陷害你。

（3）利害关系比较紧密的朋友。这种关系早晚会中断。比如在商业关系中，许多朋友只是生意场上的朋友，因此，当你飞黄腾达时，这些人都会奉承你，沾你的光。而当你一旦失势，这些人便会抛弃你，另攀高枝了。这种事在生意场和官场上都很常见。

（4）交友要慎重。现实生活中，有些人交朋友只知道利用别人，而自己却很少为别人做些事情。这种朋友关系，很难维持长久。尤其是那些有利害关系的朋友，交往时更要小心谨慎，保持距离。

人在江湖，要牢记一句话：人心最毒。正所谓“明枪易躲，暗箭难防”，别人要害你不会事先告诉你。例如有人为了升迁，不惜设下圈套打击其他竞争者；有人为了生存，不惜在利害关头出卖朋友；有人走投无路，狗急跳墙……因此，多一点防人之心，才容易让自己更安全。

【狼性生存术】

人性的复杂提醒我们，“害人之心不可有，防人之心不可无”，多留意一下身边的人，在处事的过程中多长几个心眼，就容易免遭伤害。做到这一点，你才能利用好自己编织的关系网走向成功，而不是自设陷阱，作茧自缚。

## 2. 小心藏在背后的刀子

【狼道语录】明枪易躲，暗箭难防。

这个世界并不光是充满着温馨怡人的亲情和友情，还有许多时间和场合充满着伪情和欺骗。小人无处不在，稍不留神就容易被其伤害，因此，平时要多长几个心眼，当心别人藏在背后的刀子。

一只鹿瞎了左眼。鹿走到海边，在那里吃草。它用好眼对着陆地，防备猎人袭击，用瞎眼对着大海，以为那边不会有什么危险。恰好有人坐船从旁边经过，看见这头鹿，一箭就射中了它。鹿倒下时自言自语地说：“我真倒霉，原以为陆地危险，严加防范，而去投靠大海，想不到遇上了更沉重的灾难。”

这则寓言提醒你在与人交往时，一定要睁大双眼，时刻提防。

在人际交往中，有许多人对你的态度很和顺，有说有笑，你甚至把他们当做了自己最亲近的人，把自己的所有情况，包括欢乐和悲伤，喜好和憎恶都毫无保留地告诉了他们。

其实，这些人往往并不会对你抱以真心，他们所有的一切都是一个圈套。直到你被他们打得落花流水，地位全无，一直沉浸在畅想之中的你才会如梦初醒。

话说大约两千年前，有一个叫做孙权的人和一个叫做刘备的人结成同盟，共同对抗曹操。俗称“孙刘联合，共抗曹操”。可是，忽然有一天，孙权看着刘备非常不爽，为什么呢？因为刘备打下了西川，实力急剧膨胀，让孙权感受到了威胁。其实刘备也没有要威胁孙权的意向，但刘备强大这件事情本身就是对孙权的威胁。

于是孙权就在自己的妹夫兼盟友刘备背后，悄悄的捅了一刀。捅的那叫一个惨，刘备损失了一半的军队、大将关羽，还有赖以起家的根据地荆州。刘备集团受此打击，实力大损，从此一蹶不振，再也没有翻身的机会了。

在商界，明里拉帮结派，互帮互助，暗地里却互相拆台使绊的现象此起彼伏。如果你想成为一个成功人士，那么你就要有能力洞察别人是不是对你明里赔笑、暗里动刀。

面对这种情况，你也许会无所适从，因为你无法确定哪一个是真的，哪一个是假的。但是，如果你真正地观察体验，识别他人骗人的伎俩，其实也很简单。

（1）观察衣着：说谎的人往往会不经意地扯衣服上并不存在的皱折，或弹并不存在的灰尘，这样可以避免与对方目光接触。观察其领带或项链也能分辨，说谎的人会不断地整理领带或项链。这一动作只能表示对方心里不安。

（2）观察嘴巴：人在说谎时大多会觉得嘴唇和喉咙发干，因此常用舌头舔自己的嘴唇和使劲地吞咽。

（3）观察手脚：人在说谎而感到不安时会用手指轻敲桌面或椅子扶手。脚轻敲地面也是一样的道理。

（4）观察眼睛：你的朋友在说谎时，眼光往往不敢与你对视，这是最强烈的暗示。

（5）观察腿部：人在说谎时，腿不断翘起又分开，分开又翘起，借此舒解心中的不安。

另外，防小人，当心藏在背后的刀子，还要注意以下几点：

（1）与小人打交道，如果有些东西你觉得实在忍不住，不吐不快，那么你要尽量找一个自己亲近的人诉说一番，比如你的父母、妻子甚至孩子。这会缓解你心中的郁结，减少情绪上的大起大落，也会更安全。

（2）现实生活中，如果你偶然得知有人总是在不经意之中向你所亲近的人打听一些有关你的消息，那么你最好疏远他们。

（3）生活中，有些人笑容并不是很自然，而像是从脸皮上挤出来的。有时你觉得并没有丝毫可笑的地方，而对方却能够笑起来，这种人也要适当地多加小心注意。

（4）仔细地回想一下，当你有意无意地想结束自己倾诉的时候，他是不是很巧妙地利用一些隐蔽性极强的问题重新打开你的话匣子呢？而且你随后所说的内容又恰恰是容易被别人利用的东西。

人心隔肚皮，在与人交往中需多个心眼，尤其是一些小人人品低下、手段卑劣，一旦你得罪或者激怒了小人，他们往往使用背后下刀的伎俩，让人防不胜防。

**【狼性生存术】**

当你春风得意的时候，你一定要保持谦卑姿态，不要过于张扬，要和蔼，要知道，越是这个时候越是容易得罪人的时候，在嫉妒心理的操纵下，一些小人情不自禁地会捅你刀子。

## 3. 并非每个人都能当密友

**【狼道语录】**一切有利益牵连的人都不可成为密友。

在人际交往中，社会复杂多变，我们接触的人也形形色色、贤愚不等。不可否认，大多数人能够遵循做人做事的一般原则，容易相处，与我们没有利益关联，可以成为我们的朋友、密友；但是，另外一些与我们有利益关联的人，比如同事，就不能成为我们的密友。

同事不能当密友，这么说，并非有意要大家在一个公司存心兴风作浪，而是不得不指出，晋升术中有个观念，关系颇大，非强调不可。除非你打算在公司草草度日，求个太平无事，否则就不要把同事当做你的亲密朋友。

对一名雄心勃勃的白领来说——你必须雄心勃勃不可，否则人生还有什么意义———独占鳌头是你日日追求的目标。所以你该知道，应把天天碰面的同事当做“亦友亦敌”的道理。

办公室内微波不兴，看似诸事太平，但若给这种现象骗了，有一天你会发现同事中的谁，忽然间早你一步爬上高位，或当起你的上司来了。

这就是冷酷的现实———你把事情想得太简单、把人看得太单纯的结果。

同事之间本为点头之交，并无碍于公事的进行。但你要是傻乎乎地把每位同事都当做心事可以尽说的刎颈之交，谁能保证他不心狠手辣，来个踏着你的身躯往上爬？因为你把一切都抖了出来，他拣了个“知彼”的便宜，在晋升的竞争道上，自然要占上风。

“知己”只能在其他地区或另一个企业里寻找。因为彼此没有利害关系，纯真的友谊容易建立。

不知“亦友亦敌”的微妙道理，只想在同一个企业里交密友，对其他地区、社团则漠然视之———这就是一般人的通病。

再好的朋友，如果同时争一个职位，当败下阵来时，还能够心怀坦荡、向胜利者衷心致贺吗？这种人千万人中怕也找不出一个。何况人心隔肚皮，为了个人的前途，扯同事后腿———比如，背后耍权术，这种人越来越多了。

所以，把同事当做竞争对象，步步设防，时时戒备，处事如履薄冰，不授人话柄。这样眼看四方，走步大方，你才不会吃闷亏。

为了同事的背叛而把同事恨得牙痒痒的人，只能怪自己太天真。

拔下头筹、抢人先机的事，可不是小孩子过家家，你必须全力以赴，更要记住：晋升的世界是很冷酷的。

同事，竞争对手，一切与我们有利益关联的人都不可成为我们的密友，那么那些与我们没有利益关联的人中什么样的人才可以结交为密友呢？

值得让人珍惜，可以信赖的人，懂得感恩和回报的人，讲义气守信用有良心的人，能够与你同甘共苦共患难的人，在你最困难的时候最需要帮助的时候能够主动站出来为你说话的人，给你安慰、为你做事，给你帮忙、为你解除烦恼的人，所有这样的人，才能成为我们真正的朋友，真正的密友。

### 【狼性生存术】

“知人知面不知心”，谁也不知道与我们相处的人到底是君子还是小人。许多人正是因为被对方的外表迷惑把小人当成了君子，结果挨了痛苦的一刀。在没有搞清对方的真面目之前，我们是不能把他们作为密友来对待的。

## 4. 办事要多长个心眼

【狼道语录】出门在外不容易，做人做事要多长几个心眼。

人生一世，无外乎两件事：一件是做人，一件是做事。一个人在做事之前必须学会做人，做人就必须要多长个“心眼”，有“心眼”的人活的轻松，工作起来也会一帆风顺，没有“心眼”的人四处碰壁吃亏上当，活的很累，事业一无所获。

如今社会人情与商务往来中，“利字在中间，诚信撇两边”的现象俯拾皆是，人与人之间一旦产生矛盾，心理的隔阂长期难以消融，人情薄如纸，人心隔肚皮，心墙越来越多，更有某些表面上的“正人君子”，背地里突施冷箭，对于这类人，处处都要留个心眼。

> 李伟在大学期间领取第一份家教工作报酬时，对方给了他500元钱，由于是第一次赚钱，他心里很是兴奋，拿过钱转身就走。在回校的路上，想用此钱为室友们买一些礼物，一起分享第一次花自己赚来钱的滋味，在商店中却被老板告之是假币。李伟当时的心情很难受，责怪自己粗心大意被人骗了，找对方理论人家也不承认。

生活就是一个万花筒，透过筒孔，我们可以看到自己的身躯，看到别人的形象，看到无处不在的机会和陷阱。人生如棋局，机会如棋子。所以我们不能像卒子过河般亦步亦趋，还要让卒子各显神通；不但要在你的心眼中把握好每个棋子的潜能，还要做生活的有心人，唯有此，你才能处处取得先机，事事赢得胜算。你才能出手不凡，卓尔不群。

一些刚踏入社会工作不久、涉世未深的年轻人，常常会被别人利用而不自知，在现实中，这种情况并不少见。为了避免这种事情的发生，应该怎样多留一个心眼呢？

（1）要分清责任界限。别人一时有难，伸出你的援助之手拉他一把，确实是应该的。但要把这样做的后果想清楚，不能什么事都无条件地承担，不管他是什么人。

（2）不分忠奸被人当枪使。在人生道路上，不管干什么事，都要与各种人相处，尤其是涉世不深的年轻人，更要善于辨别忠奸，能从自己身边人的言行举动中辨出真伪。否则，被虚假的现象所迷惑，良莠不分，就会无意中被别有用心的人所利用，那时将悔之莫及。

（3）不要乱管闲事。管闲事与管所应当管的事最大的差别在于对方愿意接受的程度有所不同。在现实生活中，许多人是被盲目的“热情”所驱使，根本不知道他们该管什么，不该管什么，他们的“热情”便常常为人们所避之唯恐不及了。

（4）此外，不是所有的进攻都是显而易见的。有些同事慷慨地接受能取得显著成绩的项目，以此使自己成为不可缺少的人。或者他们有目的地提供帮助，以便从新手那里夺取大权。对付的策略应像作家乌尔里希德纳说的那样：“对别人提供的帮助要多加思考，并向对方表示以后再谈。”

在做人做事的时候一定要多留一个心眼，不要被别人当“枪”使。更不要在一些本不该去管的事上去管闲事，拿自己当枪使。如果你能过去这个坎，在这件事上办得如鱼得水，游刃自如，足可以让你幸福平安一生。

**【狼性生存术】**

林子大了，什么鸟都有；社会复杂了，什么样的人都有。颠倒黑白、混淆是非者有之；阳奉阴违、两面三刀者有之；有明枪也有暗箭；有心黑脸厚者的多端诡计，也有盈盈笑脸背后的许多陷阱。

因此，要想在社会上混饭吃，人就要学会在复杂多变的环境中保护自己，在人际交往中多长个“心眼”，少一点棱角，多一些圆融通达，在各种场合下都能应付自如，左右逢源。

## 5. 做个识别奸人的高手

**【狼道语录】**明辨忠奸，不变应万变。

背信弃义、卖主求荣、鬼魅嘴脸、男盗女娼、笑里藏刀、六亲不认、阳奉阴违，用任何一个成语形容奸人都不为过。这里不是为了罗列成语，我想说的是，奸人脸上也没刻字，你有识别奸人的能力吗？

（1）口蜜腹剑，准是坏蛋

唐玄宗（李隆基）的兵部尚书李林甫，论才艺，也还不错，一手字画都很好。但他做官却不真正地去办事，而是一味迁就和迎合玄宗的意旨。不但如此，他还用些不正当的方法结交玄宗亲信的宦官和妃子。因此，他很得玄宗的宠信，一直在朝中做了19年的官。

李林甫和一般人接触，也总是在外表上表现出和人很友好，非常合作，嘴里说尽所有可以说的好听的、善意的话。可是实际上，他的性情和他的表面态度完全相反，他竟是一个非常狡猾阴险，常常出坏主意来害人的人。

但是，虽然坏人有时可以达到他害人的目的，逞奸狡于一时，日子久了，人家就发现了他的这种伪装，于是，大家便在背地里说他“口有蜜、腹有剑”。

随着市场经济的日臻繁荣，随着现代思潮日益泛滥，导致人们的精神面貌和价值取向发生着根本的改变。像李林甫这样口是心非、口蜜腹剑的人很多。这种两面人在大家面前假装讲义气、够朋友，但是私底下却揭人隐私、到处造谣。

口蜜腹剑的人即使装出十分善良的样子，聪明的人也会知道他们是口蜜腹剑的人，这种人又称“笑面虎”，“明是一盆火，暗是一把刀。”当你遇到这种人的时候，最好的应对方式是微笑着打哈哈面对这种人，敬而远之，能避就避，能躲就躲。

（2）笑里藏刀，小心设防

战国时期，秦国为了对外扩张，必须夺取地势险要的黄河崤山一带，派公孙鞅为大将，率兵攻打魏国。公孙鞅率大军直抵魏国吴城城下。这吴城原是魏国名将吴起苦心经营之地，地势险要，工事坚固，正面进攻恐难奏效。

公孙鞅苦苦思索攻城之计。他探到魏国守将是与自己曾经有过交往的公子昂，心中大喜。他马上修书一封，主动与公子昂套近乎，说道：虽然我们俩现在各为其主，但考虑到我们过去的交情，还是两国罢兵，订立和约为好。念旧之情，溢于言表。

他还约定时间谈议和大事。信送出后，公孙鞅还摆出主动撤兵的姿态，命令秦军前锋立即撤回。公子昂看罢来信，又见秦军退兵，非常高兴，马上回信表示赞同。

公孙鞅见公子昂已钻入了圈套，暗地在会谈之地设下埋伏。会谈那天，公子昂带了300名随从到达约定地点，见公孙鞅带的随从更少，而且全部没带兵器，更加相信对方的诚意。

会谈气氛十分融洽，两人重叙昔日友情，表达双方交好的诚意。公孙鞅还摆宴款待公子昂。公子昂兴冲冲入席，还未坐定，忽听一声号令，伏兵从四面包围过来，公子昂和300名随从反应不及，全部被擒。

公孙鞅利用被俘的随从，敲开了吴城城门，占领了吴城。魏国只得割让西河一带，向秦求和。秦国用公孙鞅笑里藏刀计轻取崤山一带。

人心难测，你不得不小心提防身边的人，小心那种“笑里藏刀”的人害你于无形之中。

笑里藏刀的“笑”，是伪装的善意，是设诱、讨好、略施小惠，目的是先予后取。先诱人上钩，然后原形毕露。

（3）识破惺惺作态的小人

有些人在对自己有用的人面前，见人低一辈。明明年龄相仿，却叫对方“伯伯”或“叔叔”，有时在上司面前不易太直露，则见到上司的老婆叫“阿姨”，见到上司的子女叫“亲妹妹，亲弟弟”，来一个迂回包抄。

唐朝有个人名叫安禄山，年龄与杨贵妃的爹差不多，却称这位唐玄宗的爱妃为“干妈”，直乐得这位皇帝老儿心花怒放，委他以重任。结果正是这位口称“父皇万岁”的人起兵反唐，端了唐玄宗的老窝，险些让他丢了大唐江山。

奸人总是披着“仁慈”的外衣，让你防不胜防。擅长于惺惺作态巴结的小人，很容易讨得主子的欢心，那些善于惺惺作态的人，他的心里必定有不可告人的目的，他们表面上对你好，巴结你，其实只是想利用你达到成功或者是升职的目的。

还有一种人表面上对你好，甚至把你当亲人，其实越是这样的人，越是要加以提防，千万不可轻信他们的“美言善语”，他们这样做的目的，无外乎是对你有所企图，也必定是对你不利的。天上不会掉陷饼，世上也不会有人无缘无故地对你好的（除了你的父母）。

社会生活充满了复杂性，有时候其险恶程度远远超出我们的想象。所以有所防备、明辨忠奸，才能以不变应万变。

【狼性生存术】

人生在世，难免会遇到一些奸人小人。这时候，你要多一个心眼，多提防奸人，用智慧识破他们的伎俩，实在不行就见机行事，附和他。总之，要多一些心眼不掉入陷阱。

## 6. 提防身边的小人

【狼道语录】小心使得万年船，处处留意身边小人。

每个地方都有小人，通常，小人做人处事不太厚道，常以不良手段达到目的。与小人相处，稍不谨慎就会吃大亏。学会分辨小人，非常重要。

世界上最难的事情是与人打交道。尤其是和小人打交道，更是一种智慧。一个人想有所作为，必须学会和小人打交道，否则就有被伤害的危险，那就得不偿失了。

郭子仪对付小人很有一套：

> 如果有一些心术不正的小人要去见郭子仪，纵然来人的地位很卑微（郭子仪那时已封王），他也一定见，而且一定很端庄地穿上礼服接见来人。有很多人觉得奇怪，问他："许多达官贵人来见你，你都很随便，为什么这些小人物来见你，你却这样认真？"郭子仪回答道："这些人心术不正又很聪明，还很会巴结，不能得罪，万一他将来做了大官，得了志，我们得罪他，他怀恨在心会报复。"

那么，怎样和小人打交道，处处提防小人呢？

（1）和小人保持距离

保持平淡的表面关系，千万不要亲密如友，因为小人口蜜腹剑，翻脸无情，让你措手不及，吃不完兜着走。

（2）防备过河拆桥的人

有些人从来不懂什么情义，有求于人时卑躬屈膝；无求于人时撞个满怀眼皮也不抬一下，甚至过河拆桥，忘恩负义。与人交往的时候，对这些人要严加防范。

（3）说话谨慎，客套寒暄即可

如果你批评或谈别人隐私，绝对变成他们兴风作浪的把柄，或是作为日后报复你的筹码；如果他们批评或谈别人隐私，你要立刻中止，一句都不要听，因为无论如何，他们绝对会嫁祸给你。

（4）不与人结怨

首先，要充分认识到与人结怨的危害性。如果为了一些小事经常和他人发生矛盾，甚至结怨，那么就会给自己四面树敌，与他人产生隔阂、影响团结。这样就会失去他人的支持、理解和信任，对我们日后的成功大大不利。

（5）懂得忍让

遇到被误解时学会忍让。被他人误解，特别是当自己作出善意的举动却招来恶言恶语，怎能不令人生气呢！但是能忍则忍，我们应该学会以广阔的胸襟包容对方的缺点，使自己成为一个心胸开阔、忍耐力强的人。

（6）不要有利益瓜葛

小人善于交际搞小圈圈，看起来很热闹有很多好处，但是你千万不要靠他们获得利益，因为，他们必定要求加倍回报，你肯定因小失大，得不偿失。

（7）该反击时不手软

与小人打交道，要刚柔并济，在必要的时候必须迅猛出手，还以颜色。只有懂得亮剑的人，才能让对方知道你的厉害，从而收敛自己过分的言行，有所顾忌。

社会上有句流行语“人在江湖漂，哪有不挨刀”，意思讲的就是在这个刀光剑影的复杂社会中，随时都可能被人算计。所以，为了不挨刀，我们就要时时刻刻提防身边的人，尤其是小人。

## 【狼性生存术】

为什么有的人总是吃亏上当，轻易被他人蒙蔽，这不能用善良来解释，只能用缺乏见识来回答。人性的复杂提醒我们：“害人之心不可有，防人之心不可无”，多留意一下身边的小人，在处事的过程中多长几个心眼，就容易免遭伤害。做到这一点，你才能利用好自己编织的关系网走向成功，而不是自设陷阱，作茧自缚。

## 7. 不把小人作为你的敌人

**【狼道语录】**宁得罪君子，不得罪小人。

小人似乎是这样一个群体：他们看不见，摸不着，恍恍惚惚、影影绰绰，他们是躲在阴暗角落里的一群龌龊的老鼠。小人既阴又险，阴在外表，险在内心。小人心理复杂、行为诡秘。

由于小人“小”，往往引不起人们的重视，但是，小人的杀伤力却是巨大的，他们所造成的危害也是深远的。古今中外，有不少文臣武将、先贤圣哲惨死在小人手里。小人的阴险、狠毒比猛虎还要可怕。

战国时赵国名将廉颇、李牧曾南征北战，为赵国立过汗马功劳。可让赵王身边的宠臣郭开、韩仓等人一玩手脚，反而四处碰壁，大祸临头。一个仓皇逃命，一个流亡异国；

燕国名将乐毅，统帅五国联军伐齐，攻克城池70余座，几乎将齐国灭亡，为燕一洗历史耻辱，功勋盖世，却架不住燕惠王身边的小人。小人们一挑拨，一捣乱，不要说功，连命都差点丢了，无奈只好逃亡到赵国；

还有曹魏名将邓艾，立下平蜀第一功，主帅钟会感觉很没面子，妒火中烧，便给邓艾安了个谋反的罪名诛之。

现实生活中，小人做事做人不守正道，以邪恶的手段来达到目的，所以不要嫉“小人”如仇，不与他们斗气，否则麻烦就大了。

仇视小人固然足以显出你的正义，但在人性丛林里，这并不是保身之道，反而凸显了你的正义的不切实际，因为你的正义公然暴露了这些小人的无耻、不义。再坏的人也不愿意被人批评”很坏”，总要披一件伪善的外衣，这是人性，而你特意凸显的正义，却照出了小人的原形，这不是故意和他们过不去吗？

总之，若能当面应付过去，且就糊涂一把，您要暗暗告诫自己：不到万不得已，小人是千万不要冒犯的！

工作、生活中，你有没有碰到过“小人”？如果碰到了，怎么应付？如果不小心得罪了又如何周旋？是容忍、谦让吗？这似乎更加助长小人的气焰。但事实上多数人都会本着“宁愿得罪一个君子，不愿得罪一个小人”的原则忍气吞声。

（1）采用阿Q式的精神胜利法。其要旨首先就是视小人为一笔财富。当然，精神胜利法的目的仅仅是调整您的心态，这之后更为重要的或许是：您应该充分利用好这笔财富，并将这笔财富融入你的气质与生命中，去“做”，去努力，去实践，向着你的目标不断前进。

（2）即使你放下原则，以其之道还治其人之身，受到指责的仍然是你，自己也难逃他人言论之攻击。对付小人，以牙还牙的方式行之不通！唯一的办法就只有敬而远之！

（3）因人施计。人除了有共性之外，更多的是具有个性，不同的性格有不同的缺陷，有不同的把柄可以被利用。

总之，别和小人斗气，其实，小人是一笔财富，我们所需要的，仅仅是更加开阔的视野，更加努力的决心和一种居高临下的气质。一个人可以和正人君子共同享受功劳，也不妨在某些时候给那些小人分些讥嘲。

**【狼性生存术】**

现实生活中，和小人保持距离就行了，不必嫉恶如仇地和他们划清界限，他们也是需要自尊和面子的！何况你也不可能完全“消灭”小人，因为小人是一种人性现象，而人性是亘古存在的，因此不如和他们保持一种“生态”上的平衡。

## 8. 察言观色，想人之想

**【狼道语录】**察言观色，想人之想。

人性深处，总有一些共性的东西需要我们去察觉。唯有此，你才能在建立人脉的过程中走进对方的心，发展新关系。察言观色是一切人情往来中操纵自如的基本技术。不会察言观色，等于不知风向便去转动舵柄，一切都无从谈起，弄不好还会在小风浪中翻了船。

一个举人经过三科，又参加候选，得了一个山东某县县令的职位。第一次去拜见上司，想不出该说什么话。

沉默了一会，忽然问道："大人尊姓？"这位上司很吃惊，勉强说了姓某。县令低头想了很久，说："大人的姓，百家姓中所没有。"上司更加惊异，说："我是旗人，贵县不知道吗？"县令又站起来说："大人在哪一旗？"上司说："正红旗。"县令说："正黄旗最好，大人怎么不在正黄旗呢？"上司勃然大怒，问："贵县是哪一省的人？"县令说："广西。"上司说："广东最好，你为什么不在广东？"

县令吃了一惊，这才发现上司满脸怒气，赶快走了出去。第二天，上司令他回去，任学校教职。究其原因，便是不会察言观色。

我们如能真的在交际中察言观色，随机应变，也是一种本领。比如清朝的巨贪和珅，就是深谙此道的高手。抛开他本人的品行好坏不说，我们不能不承认，他的沟通技巧、察言观色的本领确实已经登峰造极了。

和珅"少贫无籍，为文生员"，到了乾隆四十年（1775年）才被擢升为御前侍卫。此后，他深得乾隆的宠信，一路高升，盘踞在军机大臣的位置上长达20多年。

能够成为乾隆眼前的大红人，和珅靠的就是感情细腻、善于观察、长于揣摩。凭借这一点，他在官场上左右逢源。

众所周知，乾隆皇帝喜欢吟诗作赋。为此，和珅下功夫收集乾隆的诗作，并对其用典、诗（词）风、喜用的词句了解得一清二楚，结果得到了乾隆的另眼相待。

和珅对乾隆的脾气、爱好、生活习惯、思考方法了如指掌，充分做到了想乾隆之所想，为乾隆之所为。这与一般的曲意迎奉、阿谀献媚不同，因为和珅往往能将心比心，所以他的许多迎奉行为没有那么低俗和赤裸裸，显得更加真切。

有一次，乾隆出游，中途忽然命令停下轿子。大家都很着急，不知道该怎么办。和珅知道了这种情况，立即找来一个瓦盆，递进轿子里。等这位皇帝撒完尿，才继续前行。其他人如梦初醒，对和珅佩服地五体投地。

和珅就是凭着一套察言观色的本事、精明老练的言谈才赢得乾隆的信任，最终飞黄腾达，权倾朝野。

做一个察言观色的高手，并不是庸俗的溜须拍马，而是一门实实在在的高深学问，是处理好人际关系、发展人脉网络的利器。为此，你需要把握好下面几点：

（1）善解人意

在日常生活中，察言观色，揣摩人心，必须做到“善解人意”，能够“想对方之所想，急对方之所急”。比如，别人说了上半句话，你要准确无误地说出下半句话；此外，你还要善于替对方着想，甚至连对方想不到的地方也能想到，让人有“心有灵犀一点通”的感觉。

（2）良性互动

察言观色，需要在双方之间形成某种互动，从而让对方流露出自己的偏好、意见。这样一来，你才能更全面地“认识”接触的对象。比如，营业员要学会对顾客多进行赞美，让其拥有一个良好的心境。如果顾客是一对情侣，为了促成销售，你就要设法赞美那位女士。因为在购物时，男士一般会听从女士的意见。

（3）痛陈利害

美国精神医生米亚兹博士，在自己的著作《如何观察他人的眼光》中引述了许多实例，说明察言观色及说服他人之道。比如，他曾游说一位即将抛弃丈夫、儿女投奔情夫怀抱的少妇。在谈话中，他根本不提丈夫和儿女之事，只是旁敲侧击地将“离家出走绝非明智之举”的观念，灌输至少妇的脑海，从而使她幡然醒悟，悬崖勒马。显然，把利害关系说清、说透，才能引导对方做出正确选择。

事实上，中国人在与人交往的时候最讲究察言观色了，这就是体察对方的个人好恶以对症下药。察言观色不是谋划，也并非是算计，仅是办事搞定关系的一种手段。

**【狼性生存术】**

人际交往中，对他人的言语、表情、手势、动作以及看似不经意的行为有较为敏锐细致的观察，是掌握对方意图的先决条件，测得风向才能使舵。

# 第六章

## 世道轮回，祸福相依

### 三十年河东，三十年河西

人生的奇妙之处就在于，它会随着时间的变化呈现出不同的风景。身居高位的贵人早上还是一个公卿，可能到了晚上就会变成一个平民；有人穷困了一辈子，到头来咸鱼翻身。面对诸多让人大跌眼镜的事，与人交往还是不要太势利。

“三十年河东，三十年河西”，世道轮回，命运风水轮流转，永远不要对落难之人落井下石，也永远不要瞧不起现在不起眼的人，因为你永远不知道下一秒谁在河东，谁在河西。但往往有一些人，不懂这个道理，他们只会攀龙附凤，不屑答理贫苦普通人，缺乏人情味，这样的人是不可能有大作为的。

## 1. 三十年河东，三十年河西

**【狼道语录】**风水轮流转，三十年河东，三十年河西。

沧桑人间，世事无常，三十年河东，三十年河西。人人都不可能一帆风顺，英雄落难，能人潦倒，这都是极常见的事。但我们要牢记：能人志士终会一飞冲天、一鸣惊人。我们要想获得巨大的利益，就应该懂得现在就开始进行人力的投资。

某大型船厂的副老总，因为揭露企业的经济问题而被董事长罗列了一些莫须有的罪名，被停职审查达一年多。在此期间，先前趋炎附势、笑脸相迎的各类中下层管理人员一个个都躲避他，生怕沾上他的晦气。只有二车间副主任大刘常拎一瓶二锅头去看望他，陪他喝酒聊天，为副老总的遭遇鸣不平，这令副老总极为感动。

一年后，董事长东窗事发，身陷囹圄，副老总官复原职。顿时门庭若市，厂里各级管理人员纷纷拎着大包小包来祝贺，唯独大刘仍是拎一瓶二锅头。但这瓶二锅头，却只有副老总能掂出分量。

副老总官复原职后不久升任董事长。几个月后，默默无闻的大刘连连晋升，成为负责生产的副老总。

不疏远落魄的落难能人，人生“三十年河东，三十年河西”，命运风水轮流转，终有一天，落难的人必会重见天日，从一定程度上讲，落难能人也是助你在商场、职场上长袖善舞的人脉支柱。

但往往有一些人，不懂这个道理，“有事有人，无事无人”，过于势力，只会攀龙附凤，不屑答理贫苦普通人，缺乏人情味，长远看来，这样的人是不能有大的作为发展的，他违背了人情世故的基本准则。

王东和张晓是多年的好朋友，他们不但是高中三年的同学，而且进入了同一所大学。毕业后，两个人在同一座城市工作，可能因为忙碌，大家的联络少了一些。

在一次同学聚会上，王东开着车过来，原来他升职了，在公司地位显赫，而张晓不过还是一名公司的普通职员。当时，张晓走过来主动问候王东，并表示祝贺，但是王东态度漠然。此后，两个人关系疏远了很多。

有一天，张晓忽然接到王东的电话，寻求帮助。出于朋友一场，张晓尽心尽力地帮了王东一把。然而，事后王东的老毛病又犯了，又疏远了张晓。将心比心，张晓有一种被利用的感觉。

在毕业十年典礼上，张晓见到了好久不联系的王晓，他没有了往日的威风，精神状态也不好。原来，王东待人处事太功利，身边的朋友越来越少，这反过来影响到他的事业，所以这几年一直走下坡路。

而张晓则因为在公司中兢兢业业，对待同事也是尽心尽力，成为了公司行政副总。王东想要跳槽到张晓公司，想拜托张晓帮忙，而这一次，张晓态度漠然，转身走开了。

世事沧桑，复杂多变，起起伏伏，实难预料。我们不能只是对一些身份显赫的人巴结逢迎，而对一时落难的人远离打压，三十年河东，三十年河西，要想得到回报，首先做人情投资。

**【狼性生存术】**

人在江湖，如果你认为对方是个落难能人，就应及时接纳、多多交往；或者乘机进以忠告，指出其所有的缺点，勉励其改过行善。如果自己有能力，更应给予其适当的协助，甚至施与物质上的救济。而物质上的救济，不要等他开口，应随时主动。

## 2. 得意的时候，也是最危险的时候

【狼道语录】满招损，谦受益。

人生得意须尽欢。遇到好事的时候，享受成功的喜悦、掌声，内心产生一丝轻狂是自然的事情。然而凡事过犹不及，得意之时，如果马上表现出神采飞扬的样子，这样的人，在待人处事时，必定成为他人眼中不受欢迎的对象。

在荣誉面前保持平和，才会有更大的进步，也不会影响到别人，特别是没有成就的人的感情。

有一次，一位先生约了几个朋友来家里吃饭，这些朋友彼此都是熟识的。他们聚拢来主要是想借着热闹的气氛，让一位目前正陷低潮的朋友心情好一些。

这位朋友不久前因经营不善关闭了公司，妻子也因为不堪生活的压力，正与他谈离婚的事，内外交迫，他实在痛苦极了。

来吃饭的朋友都知道这位朋友目前的遭遇，大家都避免去谈与事业有关的事，可是其中一位朋友因为目前赚了很多钱，酒一下肚，忍不住就开始谈他的赚钱本领和花钱功夫，那种得意的神情，在场的人看了都有些不舒服。那位失意的朋友低头不语，脸色非常难看，一会儿去上厕所，一会儿去洗脸，后来他提早离开了。

一出门，他愤愤地说："老吴会赚钱也不必在我面前说得那么神气。"

人人都会经历人生的低谷，人人都会遇上不如意的时候，这时，在失意的人面前炫耀自己的得意之处，无异于把针一根根地插在别人心上。既伤害了别人，对自己也没有什么好处。

一般来说，失意的人较少攻击性，郁郁寡欢是最普遍的心态，但别以为他们只是如此。听你谈论了你的得意后，他们普遍会有一种心理——怀恨。这是一种钻到心底深处的对你的不满，你说得口沫横飞，却不知不觉

已在失意者心中埋下一颗炸弹。

失意者对你的怀恨不会立刻显现出来，因为他无力显现，但他会透过各种方式来泄恨，例如说你坏话、扯你后腿、故意与你为敌，主要目的则是——看你得意到几时，疏远你，避免和你碰面，以免再听到你的得意事，于是你不知不觉就失去了朋友。

得意之时少说话，而且态度要更加地谦逊，谦逊不仅是待人成功的要素，与内心的平静也是紧密相连的。我们越不在众人面前显示自己，就越容易获得内心的宁静，这样就容易引起别人的认同，得到别人的支持。

爱因斯坦由于创立了相对论而声名大震。据说，有一次，他9岁的小儿子问他："爸爸，你怎么变得那么出名？你到底做了什么呀！"爱因斯坦说："当一只瞎眼甲虫在一根弯曲的树枝上爬行的时候，它看不见树枝是弯的。我碰巧看出了那甲虫所没有看出的事情。"

在日常生活中，人们更留心那些内向、自信、不随时随地表现自己的正确与成绩的人。大部分人都喜欢那些不自夸、谦逊的人，他们总把自己藏在内心，而不是表现为自我主义。

正如俄国科学家巴甫洛夫所谆谆告诫的："决不要陷于骄傲。因为一骄傲，你们就会在应该同意的场合固执起来；因为一骄傲，你们就会拒绝别人的忠告和友谊的帮助；因为一骄傲，你们就会丧失客观方面的准绳。"

## 【狼性生存术】

遇到高兴的事情，人们喜欢倾听赞美的言辞，但是面对外在的夸奖，我们要保持冷静思考，不能恃宠而骄，最后断送美好的发展前程。我们常常说"捧杀"一个人，这是有现实依据的。因为在夸耀中，当事人会变得骄傲自满，很容易裹足不前、自取灭亡。所以为人处事要力戒骄奢。

## 3. 别瞧不起现在看起来很俗的人

【狼道语录】不要瞧不起那些现在看起来很俗的人，若干年后他们或许就是最不俗的人！

永远不要瞧不起那些现在看起来很俗的人，若干年后他们或许就是最不俗的人！也许，现在的你处于一个优越的位置，很多人都不如你，在你眼中，他们是那样的俗不可耐、平庸之极！

正所谓“肥辛甘非真味，真味只是淡；神奇卓异非至人，至人只是常。”大鱼大肉并非真正的美味，真正的美味只是粗茶淡饭；超凡脱俗的人，算不上世间真正的聪明人，真正的聪明人，可能就是那些看起来很俗的人。

但请你收敛起清高孤傲的心，因为若干年后，你或许会发现一切都改变了，那些看起来很“俗”的人个个都成了大人物，而自己很可能还在原地踏步。

王飞毕业于一所名声显赫的医科大学，大学期间学业卓越，毕业后分配到一家三甲医院做临床医生，出色的业务能力让他在医院内获得了口碑。半年不到，王飞已经可以独立处理疑难病症。按照科主任的说法，只要王飞就这样兢兢业业，未来的学科带头人就是他。王飞也以“一代名医”自诩，逢人便讲述自己那些惊心动魄的抢救过程。

渐渐的，王飞发现，医院的同事开始疏远他，年终评先进，科主任甚至都没有给他一个提名。面对这样的“不平等待遇”，王飞非常愤怒，常常宣称“没有我的话，这个科室早垮了”云云，仿佛离开了他的诊疗，患者就没法顺利治愈一样。

孰料，王飞遭遇了一次小误诊，一时之间，全院上下都在讨论这件事情。在随后的全院会诊讨论中，王飞怒不可遏，不停驳斥其他专家对该病例的诊疗建议，仿佛受到了莫大的委屈和伤害。最后，还是院长出面平息了这场风波。

此后的几年过去了，王飞的工作变得心不在焉，处处怀疑他人瞧不起自己、和自己作对。每次岗位轮转，他都是烫手山芋，最后不得不靠抓阄来决定他的去留。“真是想不通，我这样优秀的人才，却受到这些俗人的挑挑拣拣和羞辱？”

纵才高八斗，却感觉备受坎坷，王飞没有想到根本原因的就是王飞骨子里存在那点不合时宜的“孤高自傲”。

现代社会，智者的清高孤傲早被打击得七零八落了，因为在当今社会，想找几个有能力甚至在某方面是天才的人根本不费什么事，当大家都是能人的时候，就不要奢求自己还能清高孤傲起来了。才华横溢而又年轻帅气的成功人士大有人在。

所以，如果你是一个才华横溢的人，就不要以自己那点微不足道的“本钱”孤高自傲了，因为这可能正是你失败的原因。

世界上几乎所有具备完美人格和高尚品德的人，都是在不动声色中实现着自己的理想。

一代思想大师孟子拥有无穷的智慧。尽管如此，他仍是平凡依旧，看起来跟一个老农没什么区别。一次，齐国的一个人与孟子相遇，问孟子说：“国王总打发人去探视先生，想必您一定有什么与别人不同的地方吧？”孟子回答说：“我能有什么与别人不同的地方呢？即使尧舜禹也同一般人一样啊！”

每个人都是大同小异，我们没必要把自己搞得过于鹤立鸡群、清高孤傲，这样做的后果只有被世人孤立，从而无人与你交朋友，真正变成孤家寡人。

《菜根谭》中有这样的话：“士君子之涉世，于人不可轻为喜怒，喜怒轻，则心腹肝胆皆为人所窥；于物不可重为爱憎，爱憎重，则意气精神悉为物所制。”意思就是告诉我们要让自己表现得与一个常人无异，哪怕你身怀绝技以及兴趣爱好都很突出，也要做出一副混混沌沌的俗人模样。这才是悟透世间三味的聪明人！

从今天开始，千万不要因自己的那点优点而对人“另眼相待”，否则只能让你成为一个自负的孤独者，被排斥在众人之外。长此以往，你的人脉就会被自己束缚，出现沟通的障碍，所经营的事业自然也是进展缓慢。

因此，你一定要清醒地认识到——我跟人一样，人跟我一样，圣人和我也没什么不同。一个人只有在平凡之中保持纯真本性，进而才能显出英雄本色。

【狼性生存术】

在这个社会上，没有谁比谁高雅，每个人都是俗人。生活在滚滚红尘之中，即使是神仙下凡也注定无法躲开世俗的追击！说到底，我们都是常人，即使身居高位，即使拥有万贯家财，即使声名远播，即使众人仰慕……我们都应该记住自己本来就是一个世俗之人，没什么了不起。

## 4. 学会辨证地看待得失

【狼道语录】祸兮福之所倚，福兮祸之所伏。

生活中，人都是欢喜得，不欢喜失，但是“塞翁失马，焉知非福。”有句话说：失之桑榆，收之东隅。所以《佛光菜根谭》说：有得有失的人生是非常自然的。有时候，失去了金银财宝，但得到了一家人的安全；失之固然可悲，得之也能可喜。有的人得了一些酒肉朋友、冤家债主，失去了道义之交、有情有义之友；如此得失，也甚感不值。

“好事”与“坏事”，“祸”与“福”，“得”与“失”是互相依存，可以互相转化的。从辨证的角度来看，坏事可以引出好的结果，好事也可以引出坏的结果。因此，遇到问题的时候，不能单纯从好坏上给出最后的评价，而要善于把握事情的发展趋势，进行总体的研判。

有一对磨豆腐的老夫妻，每天起早摸黑，经营他们的小生意。虽然挣钱不多，但生活稳定，家庭和谐美满。在他们隔壁住着一家富翁。富翁见一对穷夫妻过得那样快活，自己却不快活，感到很难受，在心里说：叫你明天笑不出声。

是夜，富翁将一块金子扔进隔壁院中。第二天早晨，夫妻俩发现院中有一块金子，异常兴奋。但接下来，如何花费那块金子，却是个难题。当个富翁吧，金子太少；购置地产，改造房屋，金子远远不够；放在家中，又怕被人偷了去。夫妻俩商量来商量去，始终拿不出最佳方案开销那块金子。夫妻俩就这样守着那块金子发愁，屋里从此没了笑声。

生活就是这样，有所得就有所失。得到了金子，失去了快乐。得失之间未有定论。

有一些人斤斤计较得失，其实是私欲在作怪。欲望是非常可怕的，欲壑难填、得陇望蜀，这山望着那山高。古人说："贪如火，不遏则燎原，欲如水，不遏则滔天"。人如果受欲望操纵，"心为形役"，那将是万劫不复的。

就拿当今社会而言，人们面对的选择与诱惑越来越多。在这样的环境下，光得不失、贪大求全却成了一些人的流行病：做学问的总想搞出大而全的"体系"，做生意的惟恐遗漏任何一个赚钱的机会，就连吃喝宴请也要讲究"十全大补"。但是，又有多少人会想到人的时间、精力是有限的，一味地贪大求全、患得患失，什么好处都想得到，最后难免顾此失彼，失去更多。

多少人就这样在岁月的长河里成了"得"的俘虏。有不少原本和谐美满的家庭，因意外小富而弄得夫妻不和，儿女不才，这样的事并不鲜见；更有一些官场得志者，为得到更多的金钱、荣誉、地位，不惜伸手试火，鱼肉百姓，为所欲为。一朝东窗事发，在逃避"失"的坎坷路上跌倒了，从此再也没有爬起！甚至丢了呜呼小命。

对得和失，有时你无法掂量出谁是谁非、孰重孰轻。你失去了繁华的灯红酒绿，就获得了自由与惬意；你得到了名人的声誉和财产，就失去了做普通人的淡泊与欢愉。你在得到一部分的同时必然会失去另一部分。那么如何正视人生的得失呢？

（1）对于得失，态度要坦然

所谓坦然，就是生活所赐予你的，要好好珍惜，不属于你的，就不要自寻烦恼，此其一；其二，就是得失皆宜。得而可喜，喜而不狂；失而不忧，忧而不虑。这种态度，比那种患得患失、斤斤计较的态度要开朗，比那种得不喜，失不忧的淡然态度要积极，要有热情。因为患得患失是不理智的，得失不计是不现实的。该得则得，当舍则舍，才能坦然地面对得与失，找到生活的意义。这样的得失观才是比较客观而又乐观的。

（2）对于得失，认识要分明

在生活中，有的得不是想得就能得的，有的失不是想失就可失去的；有的得是不能得的，有的失是不应失的。谁得到了不应得到的，就会失去应该拥有的。当嗜取者取得不义之财的同时，就失去了不应失去的廉正。因此，当得者得之，当失者失之。

（3）对于得失，取舍要明智

必须权衡其价值、意义的大小，才能在取舍得失的过程中把握准确，明白该得到什么，不该得到什么；该失去什么，不该失去什么。比如，为了熊掌，可以失去鱼；为了所热爱的事业，可以失去消遣娱乐；为了纯真的爱情，可以失去诱人的金钱；为了科学与真理，可以失去利禄乃至生命。但是，绝不能为了得到金钱而失去爱情，为了保全性命而失去气节，为了取得个人功名而失去人格，为了个人利益而失去集体乃至国家和民族的利益。

世界万物都是相生相克，孕育而生的，得失也是如此。老子的《道德经》中有句传世名言：“祸兮，福之所倚；福兮，祸之所伏。”祸福相生，这是中国古代生存哲学的基本理念。从灾祸中吸取教训，可以得到幸福：从幸福中丧失警惕，或许潜伏着灾祸。因此，人生不必那么在意得到多少，又失去多少。

**【狼性生存术】**

塞翁失马，焉知非福。只要调整心态、换个角度看待得与失，凡事就可能拿得起放得下。明白了这一点，人生才能做到投入而淡出，才能超脱自然、恬淡生活。看透得失的道理，才能做到荣辱不惊，闲看庭前花开花落，漫观天上云卷云舒。

## 5. 别忘了给冷庙烧香

**【狼道语录】**冷庙热庙都烧香，冷庙烧香事半功倍。

生活中有这么一种人：今天你是处长，他就围在你的周围；明天你自己出外做买卖，脱离了官场，同样的一个人在街上碰见你，却故作不认识你，他觉得你没有结交的价值了，准确地说就是没有利用价值了。

他想不到你几年之后由于生财有道，加上素质品格的到位，成了人大代表了，甚至几年之后又更换了职位，这时，他见到你又会恢复到以往的状态，他会说："以前我就觉得凭你的能力，作一个处长简直是大才小用，怎么样怎么样，让我说中了吧。"生活中就是有这种"势力"的人。

这跟烧香有类比意义。一般人烧香都要到最为鼎盛的庙宇去，冷庙往往是无人问津，无论这冷庙的神灵是否也神通广大，他们只相信世俗的认定。当然，这已构成了一种成功的选择，可是，趋炎附势总是不好的，一味地向当权当红的人们靠拢，自然会极大地伤害自我人格。而且，同样世俗地讲，神明再厉害也得照顾到所有的信徒，这样，你的福荫就会被分得若干分之一，似乎不如向冷庙靠拢。

冷庙的神灵平时受冷落，你的一柱香就会让他们心存感激，把难得一用的神通变幻出来保佑你，特别是当冷庙变成热庙的时候，他还会想起曾经的你，纵是再忙再紧张，他也不会忘了你。神灵没有你那么势利，所以在适当的时候多到冷庙看看，当人家都摩肩接踵地去挤"热庙"的时候，你可以从现实的层面去考虑，也可以从道德的意义来衡量，无论从任何角度来看，冷庙都是一种情感和道义上的选择。

而且，人们往往是"平时不烧香，临时抱佛脚"。神灵们都成了你利用的工具，实在是让人难以接受，你的心中大概也没有热庙的存在，只要遇到难事的时候，才想起庙的价值和意义。其实，任何顶礼膜拜都是一种信仰，这种信仰是日积月累的追求，不是形式上的真诚。在这个意义上讲，你要找好自己的"冷庙"，从而酝酿出属于时代的香火，这是一个不停地发展的过程，走得稳做得扎实。

（1）太势利的人没有好人缘

一个人发达的时候，大家都去跪拜，并不稀奇。可贵的是，昔日的红人落难了，你还惦记着他、帮助他。这种仗义的举动不但让当事人感动，也会让大家知道你不是一个势利的人。这样一来，不但冷庙的那尊神感激你，身边的人也会认同你，你的人缘就来了。

（2）世事变化无常，是庙都要烧香

世事变化无常，今天的红人有可能在明天失势，今天的凡夫俗子也可能在明天发达。所以，只要对方是一尊庙神，就应该去拜拜，才能让你的福荫变得更大。

（3）给冷庙烧香事半功倍

你的相识之中，有没有怀才不遇的人？如果有，这就是冷庙，这个朋友是个有灵的菩萨，应该与热庙一样看待，时常送去实惠。虽然他不会还礼，一旦他日后否极泰来，他第一要还的人情账，当然是你的。他有还账能力时，即使你不去讨，他也会自动还你。即使他仍在坎坷中，请求他帮你办事儿，他一定会尽力去完成，且不惜乞援于人，以达到你的目的，而实现还人情账的心愿。所以冷庙烧香，是有利而稳健的人情投资。

【狼性生存术】

冷庙热庙都烧香，遇事好求人。其实，“冷庙烧香”并不是很难办的事情。生活中，无论做什么事情，遇到什么人，不妨灵活点，经常帮助别人一把，别人也会牢记在心，当你有事时，就很容易得到帮助。从现在起，多注意一下你周围的朋友，若有值得上香的冷庙，千万别错过了才好。

## 6. 忽视小人物会栽跟头

【狼道语录】绊人的桩子不在高。

当下社会是复杂的，社会的复杂关键还是人的复杂，正是不同类型的人组成了这个复杂的社会。要想看清这个社会，就先要看清眼前的芸芸众生。有人为了看清不同面目的人，他们把人进行了分类：大人物和小人物。

手握权杖的高官、腰缠万贯的富豪、家喻户晓的明星大腕是大人物。这些人更多是离普通人很远，通常是“高不可攀”的。

另一种是我们容易忽视的一个群体，也就是这样一批人：他们不是高官，也不是巨贾，更不会是炙手可热的大明星，他们叫做小人物；他们没有权势，没有万贯家财，没有远大的理想；它们不会使你飞黄腾达；更不会有歹毒的心肠。

这些小人物，他们有缺点，但缺点不大；他们有优点但又不明显。他们也能滋生出伟大的人格，在平凡中能帮我们书写出精彩的人生。但好多人不知道，正是这样的人才是社会的主体。

如果你懂得与这些小人物周旋，懂得尊重和重视他们的话，他们就会拼死命为你效劳。不过，如果你对其予以小看、轻视，甚至羞辱、欺凌，招致对方不满，在平常你不会发现他多重要，但是当你真正撞上南墙，再也无法回头的时候，你就会明白——原来绿叶的后面可能是毒刺！



陶艺是一家公司的销售管理人员，凭着自己的智慧和胆略，他为公司的产品打开国内市场立下了丰功伟绩。踌躇满志的陶艺，以为销售部经理一职非自己莫属。然而他却没有被升职。

本来公司董事会要提拔他为主管销售的总经理，但在提名时遭到人事部门的强烈反对，理由是各部门对他的负面意见太多，比如不懂人情世故、不善于和同事交往、骄傲自大……让这样一个不懂人际关系的人进入公司的决策层是不适宜的。销售总经理一职由他人担任了，陶艺只好拱手交出自己创建并培养成熟的国内市场。这就好比自己亲手种下的果树结的果子被别人摘走一样，陶艺非常痛苦和不解。

他不明白公司为什么会这样对待自己。自己到底错在哪里？后来还是一个同情他的朋友破解了他的疑惑：他的问题是忽视了身边的小人物。

有一次，他出去为公司办理业务，需要一批货款，在紧要关头却迟迟不见公司的汇票，使得业务活动“泡汤“，令他很难堪。实际上是一个出纳员给他穿了一次小鞋。因为他平时对这个出纳员不冷不热，根本没有把他放在眼里。

还有一次他在外办事，需要公司派人来协助，却不料人还在路上就被撤回去了，原来是一些资格较老的人觉得他很“狂妄”、“目中无人”，在工作上从不与他们交流……所以想尽办法拖他的后腿，让他的工作无法展开。

尽管陶艺工作业绩辉煌，但他忽视了人际关系的重要性。那些他不熟悉的、不放在眼里的小人物，在关键时刻坏了他的大事。阻碍了他在公司的发展和成功。在无可奈何的情况下，陶艺只好伤心地离开了公司。

水能载舟，亦能覆舟。小人物能在合适的时间、合适的地点、合适的时机做好事，也能在不合适的时间、不合适的地点、不合适的时机坏你的事。所以，要善待“小人物”。

**【狼性生存术】**

作为一个平凡的人，我们只能置身于“小人物”之中，“小人物”是我们生存的基础，“小人物”可以成为我们信息的源泉，他们同我们交流，给我们支持、帮助；他们是我们工作、生活的伙伴，也是我们不被“冷箭”射中要害的一道屏障。

## 7. 苦难是成功者的垫脚石

【狼道语录】苦难是人生的一块垫脚石，对于强者是笔财富，对于弱者却是万丈深渊。

人的一生没有谁是平平坦坦的，一帆风顺是我们善良的祝愿，但有谁能平步青云而终老一生。我们每个人都不可避免地要经历改变命运的一个大砍——失学、失业、失恋、失去亲人、失去财富、失去健康……

假如人生没有磨难，其本身就是一种灾难。如果长期生活在一顺百顺、无忧无虑的环境中，淘汰不了劣者，筛选不出强者，人类就不会进步，社会也不会向前发展。而我们每个人认真审视自己的内心，总会欣然发现，点燃自己灵魂之光的，往往正是一些当时被视为磨难和困苦的境遇或事件。一个完美的人生，真的需要历练。

台湾作家林清玄写过一个故事：

有一年上帝看见农夫种的麦子果实累累，感到很开心。农夫见到上帝却说：“50年来我没有一天停止祈祷，祈祷年年不要有风雨、冰雹，不要有干旱、虫灾。可无论我怎样祈祷总不能如愿。”农夫突然吻着上帝的脚道：“全能的主啊！您可不可以明年允诺我的请求，只要一年的时间，不要大风雨、不要烈日干旱、不要有虫灾？”上帝说：“好吧，明年一定如你所愿。”

第二年，因为没有狂风暴雨、烈日与虫灾，农夫的田里果然结出许多麦穗，比往年的多了一倍，农夫兴奋不已。可等到秋天的时候，农夫发现麦穗竟全是瘪瘪的，没有什么好籽粒。农夫含泪问上帝：“这是怎么回事？”上帝告诉他：“因为你的麦穗避开了所有的考验，才变成这样。”

一粒麦子，尚离不开风雨、干旱、烈日、虫灾等挫折的考验，对于一个人更是如此。所以，从某种意义上不得不说：“苦难”是上帝馈赠给人类最好的礼物！

有一个女孩，很小的时候就梦想着，成为一名出色的滑雪运动员。然而，不幸的是她竟患上了骨癌，为了保住生命，她被迫锯掉了右脚。后来，癌症蔓延，她先后又失去了乳房及子宫。接二连三的厄运不断地降临到她的头上，却从来没有使她放弃心中的梦想，她一直都告诫自己："我要为自己的生命负责！决不轻言放弃，我要向逆境挑战！"

她没有被病魔打倒。相反，她以顽强的生命斗志和无比的勇气，排除万难，终于为自己创下了多项世界纪录，其中包括夺取了1988年冬奥会的冠军，并在美国滑雪锦标赛中赢得了29枚金牌。甚至在后来，她还成为了攀登险峰的高手。

她就是美国运动史上极具传奇色彩的著名滑雪运动员—戴安娜·高登。

林肯在22岁时做生意挫败，23岁竞选州议员失败，24岁做生意再次失败，31岁竞选选举人团失败，34岁竞选国会议员失败，46岁竞选参议员失败，47岁竞选副总统失败，49岁竞选参议员再次失败，但在51岁那年，他终于当选为美国总统，并被美国公众认为是美国历史上最伟大的总统之一。

过多的失败与苦难并没有让林肯丧失前进的动力，林肯的成功只是在于他始终保持了乐观的心态，尽快地忘记自己所遭遇的苦难，很快从失败的阴影中走了出来。

苦难是我们人生路上的一道风景，聪明的人懂得不让它驻足在自己的眼里，而是继续去追求其他亮丽的风景，那么人的心情就会变得越来越舒畅，脚步也会变得更加的欢快。在成功者眼里，那些接踵而至的苦难并不能滞留他们的脚步，苦难更是一种激发他们前进的助推剂。这些成功者，他们能够咀嚼苦难，所以最终战胜了苦难。

### 【狼性生存术】

苦难是人生之树上一颗奇异的果实，不懂得它的人，一尝便知其苦；懂得它的人则知道，只有细细地咀嚼，才能尝到那苦后的甜。我们应坚强面对苦难，通过奋斗最终战胜苦难，让它真正成为人生中值得拥有的财富！

## 8. 祸患在不经意间降临

【狼道语录】患生于所忽，祸起于细微；防微杜渐。

在西方，流传着这样一首民谣：

丢失一个钉子，坏了一只蹄铁；
坏了一只蹄铁，折了一匹战马；
折了一匹战马，伤了一位骑士；
伤了一位骑士，输了一场战斗；
输了一场战斗，亡了一个帝国。

马蹄铁上一个钉子是否会丢失，本是初始条件的十分微小的变化，但其“长期”效应却是一个帝国存与亡的根本差别。这就是军事和政治领域中的所谓“蝴蝶效应”。

“蝴蝶效应”是气象学家洛伦兹1963年提出来的，说的是一只南美洲亚马逊河流域热带雨林中的蝴蝶，偶尔扇动几下翅膀，可能在两周后引起美国得克萨斯州的一场龙卷风。其原因在于：蝴蝶翅膀的运动，导致其身边的空气系统发生变化，并引起微弱气流的产生，而微弱气流的产生又会引起它四周空气或其他系统产生相应的变化，由此引起连锁反应，最后发生不可预知的结果。就比如我们做一件事情，一次不适当的处理很可能引发后续整个问题连锁性的退败。

似乎是有点不可思议，但是确实能够造成这样的恶果。明智的人无论做什么事情一定要防微杜渐，对于可能出现或者已经出现的各种问题应保持一种谨慎的态度，从各方面避免因为“蝴蝶效应”所带来的影响，减少因为小事处理不当所造成的不良后果。

少正卯是一位学富才高的贤者，与孔子同一时代。他甚至几次有压倒孔子、压走其入门弟子之势。后来孔子作了鲁国的司寇，便杀死了少正卯。于是孔子的弟子子贡进见说："少正卯乃鲁国有名望之人，你杀掉他，岂不是很大的失误吗？"

孔子答："人有五种大恶，但盗贼不属其列。一是行为邪僻而顽固不化；二是内心通变而阴狠毒辣；三是窥人隐私而无所不晓；四是言辞虚伪而巧佞辨饰；五是顺适逆流而冠冕堂皇。这五条，若有一条对上号，就不见容于当权君子，今少正卯兼而有之，此乃小人中之枭雄，当诛之。"

少正卯能够利用时机，煽动孔门弟子背师弃贤，如此之人能与之共事于朝廷吗？孔子之所以杀了他，不仅因为少正卯能够一时巧言乱政，并且也是为了提醒后人提高警惕，以防小人以学术"杀人"。

有时候，事情虽然还没真正发生，迹象其实已经显露。如果不能从初期的迹象去掌握即将发生的事实，就会像无知的雀鸟，筑巢所在的柴薪已经冒起烟火，还悠哉悠哉不知躲避防范，这是非常危险的。而有智慧的人则不然，只要见到一点迹象，就能判断出事情未来的发展，而采取合宜的行动。

一般来说，忧患的来临必有其征兆；如果不预先设法消除，将后悔莫及。这种防患未然的做法，正是明哲保身的借鉴。

春秋时，秦武王派甘茂攻韩国的宜阳（公元前三〇八年），甘茂担心会遭人诬陷毁谤，于是对武王说："以前，曾参住在费的时候，鲁国也有个叫曾参的杀了人，人家告诉曾参的母亲说：'曾参杀人了。'他的母亲说：'我的儿子才不会杀人。'继续自在的织布。不久，另一个人又告诉她说：'曾参杀人了。'他的母亲依旧自在的织布。不久，又有第三个人向她说：'曾参杀人了。'他的母亲立刻丢下梭，离开织机逃走了。"

"以曾参的贤明，和他母亲的信任，有三个人接连的疑惑，他的母亲都怀疑害怕了。我去攻韩国时，若小人进谗言则无处容身，请主公明察。"

这就是"深谋远虑"、"老谋深算"，是重要的上策观点，是处理当前与将来长远关系的至高准则。封建时代，很多大臣就是在这个题目上做文章，充分显示出他们的聪明才智。

"患生于所忽，祸起于细微。"祸患的发生大多是因为事情初期的怠惰和松懈。就好像有人患病一样，开始病情轻微，对身体好像没多大影响，就自以为体质好能抵御得了，因而抱着无大碍的心理，结果往往因为延误了治疗而酿成重病甚至丧身，后悔时已经迟了。“有病早治，无病防身”，我们应随时保持警惕，防微杜渐。

【狼性生存术】

细观很多事故的发生，无一不是由最初的最简单的小事发展而来。千里之堤，溃于蚁穴，一点点小失误也会引起很大的效应。避免产生“蝴蝶效应”的最佳策略就是防微杜渐，不要等事情发生了再去弥补，那时就为时晚矣。

## 9. 少一个敌人，多一条出路

【狼道语录】少个敌人，多个朋友，多条路。

一个人在社会上生存，要想获得更好的发展，一定要有很多的朋友，获得更多的人际资源和帮助。有了朋友的帮助，就会有更多选择，多一个朋友就多一条路。反言之，少一个敌人，也相当于多一个朋友，多一条出路。

在生活中与朋友、同事难免有些小误会，也许因为很小的事情就会闹得不愉快，进而互相之间不说话。等到自己反思一下，其实就是很小的事情，没有必要、没有理由闹得这样，想和好但是又放不下面子，便马马虎虎地让这件事顺其自然。

这样，在不知不觉中为自己留下了一个敌人，也许说的有点严重，不能说是敌人，但是你们之间的关系绝对徘徊在同事朋友与敌人之间，随着时间的积累也许就成了敌人。

仇恨不只会造成敌对，还会加重生活的不安与忧虑，既不利人也不利己。相反，退一步你会发现海阔天空。只要我们主动伸出和解之手，化解彼此心中的疙瘩，我们可能就会减少一个敌人，而增加一个肝胆相照的好朋友。机会总是藏在最不起眼的地方。

在一个偏远的山村，张姓与李姓两家是三代世仇，两户人家一碰面，经常演出全武行。

有一天傍晚，老张与老李从市集里出来，碰巧在返村的路上遇见了。两个仇人一碰面，倒没有开打，不过，也各自保持距离，互相不答理对方。两人一前一后走在小路上，相距约有几米之远。

天色已经相当暗了，是个乌云蔽月的夜晚，走着走着，突然老张听见前面的老李“啊呀”一声惊叫。原来是他掉进溪沟里了。

老张看见后，连忙赶了过去，心想：“无论如何总是条人命，怎么能见死不救呢？”老张看见老李在溪沟里浮浮沉沉，双手在水面上不断挣扎着。这时，急中生智的老张连忙折下一段柳枝，迅速将枝梢递到老李的手中。

老李被救上岸后，感激地说了一声“谢谢”。然而猛一抬头才发现，原来救自己的人居然是仇家老张。老李怀疑地问：“你为什么要救我？”老张说：“为了报恩。”老李一听，更为疑惑：“报恩？恩从何来？”老张说：“因为你救了我啊！”老李丈二金刚摸不着头脑，不解地问：“咦？我什么时候救过你啦？”

老张笑着说：“刚刚啊！因为今夜在这条路上，只有我们两个人一前一后行走。刚才你遇险时，倘不是你那一声‘啊呀’，第二个坠入溪沟里的人肯定是我了。所以，我哪有知恩不报的道理呢？因此，真要说感谢的话，当先由我说啊！”

此刻，月亮从乌云里露出脸来，在月光的照射下，地面上映着老张与老李的影子，当年曾互相打斗过的双手，如今却是紧握在一块儿。

林肯总统对政敌素以宽容著称，后来终于引起一位议员的不满，议员说：“你不应该试图和那些人交朋友，而应该消灭他们。”林肯微笑着回答：“当他们变成我的朋友，难道我不正是在消灭我的敌人吗？”一语中的，多一些宽容，公开的对手或许就是我们潜在的朋友。

朋友和敌人是一个演变的过程，就像一切事物的演变一样，从量变到质变，可以变成朋友，也可以变成敌人。美国的科学家曾经研究论定，海洋的每一头海豚，随时随地都在琢磨着谁是朋友谁是敌人，如果是朋友，那么就得拉拢住，反之，就要趋避之。海豚如是，人类也不例外。特别在利益的面前，没有永远的朋友，也没有永远的敌人。

### 【狼性生存术】

林肯说：“不论人们怎样仇视我，只要他们肯给我一个略说几句话的机会，我就可以把他们征服，跟他们化敌为友！”少个敌人，多个朋友，多条路，希望你们能化每个敌人为朋友，朋友是一股成功的动力！

# 中篇 狼性韬略

狼这种野生动物，在地球上已经生存了100多万年。他们在山野、荒原、树林、草原栖息，凭借敏锐的嗅觉、机智的头脑、矫健的四肢在大地上穿行，具备了超强的适应能力，掌握了高超的猎捕技术。

同理，一个人要想混出个名堂，在残酷的竞争中分得一杯羹，也要懂一点儿“混”的韬略，从而得到自己想要的一切。中国社会里的人情世故绵延几千年，是老祖宗们用鲜血和智慧写下来的忠告，关于藏露、方圆、舍得、进退、中庸、忍耐、糊涂，真可谓字字珠玑、振聋发聩。

# 第七章

## 藏匿锋芒，韬光养晦
### ——聪明人要懂得自我保护

做事可以高调，但是做人一定要低调。放低姿态，在低调中修炼自己，并且寻求机会，在不显山、不露水之中，成就宏图伟业；在无人关注的情况下，一飞冲天，一鸣惊人，不骄不狂，豁达从容；在藏匿中养精蓄锐，从而实现胜人一筹的突变。这才是“狼性”手腕。

做个聪明人很好，但是要学会真正的聪明，而不是耍小聪明。有的人自以为掌握一点儿本事，就在人前卖弄，忘乎所以。这恰恰是招灾引祸的根源。真正聪明的人会显露出愚的一面，那主要是深藏不露，不到火候时不轻易使用“聪明”，貌似浑厚为的是让别人不眼红。

## 1. 别卖弄自己的聪明

【狼道语录】小聪明不是处世成功的南山捷径。

聪明是一笔财富，关键在于怎么使用。真正聪明的人会使用自己的聪明，那主要是深藏不露，不到火候时不要轻易使用，一定要貌似浑厚，让人家不眼红。

爱耍小聪明的人，他们自以为掌握一点本事，就生怕别人不知道，无论在什么人面前都想“露两手”。总想表现自己，对一切都满不在乎，头脑膨胀，忘乎所以。这恰恰是招灾引祸的根源。无论是从政还是经商，是做学问还是治家务农，都要杜绝这一点。

《庄子·杂篇》中有一则寓言：吴王乘船渡过长江，登上一座猴山。猴子们看见国王率领大队人马上山来了，都惊叫着逃进丛林，躲藏在树丛茂密的地方。有一只猴子却从容自得，抓耳摸脑，在吴王面前窜上跳下，故意卖弄技巧。

吴王很讨厌这只猴子的轻浮，便张弓搭箭，向它射去。这只猴子存心要显露本事，因此，当吴王的箭射来时它就敏捷地跃起身，一把抓住飞箭。吴王转过身去，示意随从们一齐放箭，箭如雨下，不可躲闪，那猴子终于被乱箭射死。

看来过分发挥自己的聪明，必将招致祸患。中国人的聪明是举世公认的，但总有一些人把这份聪明不恰当地用在不该用的地方，求得眼前的、一时的利益，结果往往却是收小利而获大患，所谓得不偿失。

苏轼曾赋诗云："人人养子盼聪明，我被聪明误一生，但愿我儿愚且鲁，无灾无难到公卿。"话虽有些戏谑，却是由衷的人生感悟，其间包含的是一种大智慧。所以古人说"巧诈莫若拙诚"，小聪明里常常埋藏大祸患，不如做老实人，干老实事，有时看似走得慢些，但却能走得长远。

"聪明"是相对的，是对某一具体的事物、具体的人而言的。你在这个人面前很聪明，而在另一个人面前很可能就不怎么样。所以，聪明还是不"聪明"并不是什么做人的资本，如果一味地卖弄自己的小聪明，只能使别人对你敬而远之。

由此可看出，待人处事中收敛自己的聪明之处是一种技巧。那么怎样避免聪明过分的外露，给自己招来麻烦呢？不妨从以下三方面注意：

（1）要在生活枝节问题上学会"随众"，萧规曹随，跟着别人的步履前进。

（2）不要让人感觉你比他人更聪明。如果别人有过错，无论你采取什么方式指出别人的错误：一个蔑视的眼神儿，一种不满的腔调，一个不耐烦的手势，都可能带来难堪的后果。

（3）贵办法不贵主张，换一句话说，就是多一点具体措施，少一些高谈阔论。

待人处世时切记不要把别人都看成是一无所知的人。其实，我们周围的人和你一样，都各有主张。多数人都不喜欢采纳别人尤其是下属的主张，因为这往往会被认为有失身份，有损体面。如果我们把同事都看成是庸才，只有自己有真知灼见，于是在一个团体内过多发表主张，结果被采纳的百分比恐怕是最低的。而且很可能是最先被淘汰出局的人。

### 【狼性生存术】

真正的聪明不需要卖弄，时间会证明一切的，"是金子总是要发光的"。学会收敛锋芒、韬光养晦，才能在与人共事时留下较大的回旋余地，这是一种必要的自我保护，也是让旁人敬佩的一种内在气质。

## 2. 喜怒不要表露在脸上

【狼道语录】喜怒不形于色。

有些人，最喜欢把喜怒哀乐全部写在脸上，当别人得罪这种人时，他马上表现得很不高兴；而有高兴的事儿时，欢喜之情则全部写在脸上。这样的人在待人处事时，不容易马上赢得别人的心。

自古以来，凡是成功者很少有因外界的事物而亦喜亦忧的。当然，人有时会高兴，有时候不免忧愁，但千万不要被情绪所左右。有高兴的事儿，表现在脸上无妨，但悲哀的事儿就不要表现出来。因为将一切都表现在表面上更会促使情绪的变化，而不能忍受悲哀。如把忿恨表现在脸上，恨也会加倍。因此，特别是在待人处事时，对这方面都尽量不形于色。

当你有不愉快的事，突然被别人看到，并因你不形于色感到奇怪，会觉得：这个人遇到这种情况仍脸色不变，究竟此人是怎样的一个人呢？而无法透知你的底细。

当你被大家认定是不会随便改变脸色的人，他人可能早已在心里对你敬畏三分。无论别人如何骂你、嘲讽你、冷淡你，你都能默默忍受，连眉头都不皱一下，这种修养需要有相当的自信才可做到。

当你失意或得意时，都能泰然自若，不表现出不悦之色或骄矜之色，旁人看来，会觉得你很了不起。

“喜怒不形于色”，亦即尽量压抑个人的感情，而以冷静客观的态度来应付事情，有这种本领的人，才能在与人相处的过程中让人受用，在处事的时候恰到好处。这样的人去经商、任事，往往能把事情处理得很妥当，是干大事的不二人选。

这种性格至少有两大优点：

（1）当组织内部遭遇困难时，如果你露出不安的表情或慌乱的态度，便会影响到全体员工，一旦根基动摇，就会带来崩溃。这种情形下，如果能保持若无其事的冷静态度，最能安抚民心。

（2）在对外交涉谈判时，应该具有从容镇定、成竹在胸的泱泱大风。如果把持不住露出感情，如同自掀底牌一般，容易被对方控制，而屈居下风。

要在社会中安身立命，如果太轻易暴露自己的情感则容易受到伤害，人应该学会保护自己。不同的人有不同对人对事的态度，掌握一定权力的人，把自己的喜怒经常流露给下级，下级则会投其所好，而掩盖事物真正的本质。普通人过于直率地表露自己的情感，则显得为人肤浅，也容易开罪于人。所以要忍耐住自己的情绪，不要过多地暴露出来。

**【狼性生存术】**

喜怒于形，不仅容易受到伤害，也把自己的喜好等告知他人，成为他人把柄，也显示自己没有城府。要善于调控自己的情绪，不要将自己的喜怒轻易地外放，只有这样才能在与人相处中保持一个从容自若的形象，能够很好地保护自己。

## 3. 不可跟别人随便交心

**【狼道语录】**“知心”不是美德，而是灾祸的种子。

“相交满天下，知心有几人？”这是人们对待人处世中朋友易交、知己难寻的慨叹。以这句话来看，待人“知心”为最高境界，其实这是根本做不到的。

在一本书中曾这样写道：每个人都有不欲为人窥见的隐私，人的内心也有一个不欲为人所知的隐秘堡垒，在这个堡垒里，他是主人，有至高无上的权威，一旦这个堡垒被攻破，再也没有隐秘，他便会发生失去隐蔽物、暴露在众人面前和缺乏安全感的慌乱；而为了重建这个堡垒，他会离开攻破他内心堡垒的力量，甚至施以报复，消灭那个力量，以保持堡垒不再被侵犯。

三国时代的杨修就因为太聪明了，很会揣摩曹操的心思，按道理，曹操应说“知我者，杨修也”，可是他却把杨修杀了。其原因就是杨修把自己知道的一切都说了出来，让曹操失去了安全感！试问，一个人如果心里面在想些什么你都知道得一清二楚，你想他会不会学曹操？

在现代社会，人们的疑心越来越重，不希望自己的内心被别人看穿，也不希望知道更多别人的内心。假若强要知心，便会引起对方的反感，启动他的防卫系统。这对人与人之间的交往自然是有负面的影响。因此，必须要提醒你：万一你具有某种灵慧，很容易知别人之心，那么你千万别自以为聪明，向对方表现你的知心术。

游击战的最高原则是“保存自己，消灭敌人”。许多力争上游的白领，很注意将对手打倒，却不善于保存自己，这是不足取的。一方面要友好竞争，一方面要在众人的竞争中保存自己，在势孤力弱的情况下，就要夹紧尾巴，千万不要露出要搏、要向上爬的样子，成为众矢之的。

人际关系如此复杂多变，不能再随便施展你的单纯，将完全的自己暴露给任何人。那么，应该怎样面对这复杂的环境呢？

（1）在公司里不可随便交心

做一个“公司人”，社交活动不免与公司有关。下班之后，与同事一起喝杯酒，聊聊天，不但有助日常工作，还可能知道与公司有关的消息，因此，公司所办的各种聚会自然要参加，与同事及上司打一两场“社交麻将”也有必要，但有一点要记着：不可随便交心。

同事之间，只有在大家放弃了相互竞争，或明知竞争也无用的情况下，才会有友谊的存在。如果交出真心，动了真感情，只会自寻烦恼。

比如说，甲与乙是同事，而且是好朋友，只有一个升级的机会。如甲升了级，乙没有升，乙怎样想呢？乙如继续与甲友好，免不了会被人认为趋炎附势；甲主动对乙友好，也不自然。

（2）孤军作战，得注意保存自己

蓝领与白领不同的地方之一是蓝领向上流动性不大，升迁的机会不多。因此，蓝领工人打的是正规战术，集体讨价还价。而白领阶层则大有个别拼搏的机会，获得升迁是单打独斗的结果。

因而白领之间不但没有蓝领的同志感情，往往还互相猜忌，尔虞我诈。

在现实中，任何一个单位都不是真空般一尘不染，正人君子有之，奸佞小人亦有之；既有坦途，也有暗礁。在复杂的环境下，不注意说话的内容、分寸、方式和对象，往往容易招惹是非，授人以柄，甚至祸从口出。

俗话说，人不为己，天诛地灭。人只有先求安身立命，适应环境，然后才能设法改造环境，顺利地走上成功之道。因此，说话小心些，为人谨慎些，对避开生活的误区，使自己置身于进可攻、退可守的有利位置，牢牢地把握人生的主动权，无疑是有益的。

**【狼性生存术】**

在复杂的环境中，“知人知面不知心”，与别人交流时切勿把自己毫无保留的暴露，不能不分时机地与他人交心，一定要切记：“知心”不是美德，而是灾祸的种子！

## 4. 在低调中修炼自己

**【狼道语录】** 为人处事要低调。

放低姿态，能够在低调中修炼自己，并且寻求机会，在不显山、不露水之中成就宏图伟业；能够在无人关注的情况下，一飞冲天，一鸣惊人，不骄不狂，豁达从容；能够在藏匿中养精蓄锐，从而实现胜人一筹的突变。

大丈夫要学会相时而动，趋利避祸，这样才不至于被人算计，遗恨终生。所以很多时候，自己明明有才能、有见地、有抱负，但是一定不可表现出来，要表现得很低调。

有一位图书情报专业毕业的硕士研究生，分到上海的一家研究所工作，从事标准化文献的分类编目工作。他认为自己是学这个专业的，自以为比那些原班人马懂得多。刚上班时，领导摆出一副“请提意见”的派头，这种气度让他受宠若惊，于是工作伊始，他便提出了不少意见，上至单位领导的工作作风与方法，下至单位的工作程序、机制与发展规划，都一一列出了现存的问题与弊端，提出了周详的改进意见，领导表面点头称是，同事也不反驳。可结果呢，不但没有一点儿改变，他反倒成了一个处处惹人嫌的人，被单位掌握实权的某个领导视为狂妄、骄傲乃至神经病，一年多竟没有安排他具体作什么事。他只好炒领导的鱿鱼，跳槽走了。临走时，领导拍着他的肩头："太可惜了！我真不想让你走，我还准备培养你当我的接班人哩！"那位研究生一边玩味着"太可惜"三个字，一边苦笑着离开了。

涉世未深的研究生虽然精神可嘉，但却未能体会适时弯腰做人的道理。有一句至理名言，叫做"只能你去适应这个社会，不能让这个社会适应你"，你纵然有再大的抱负和才华，也只能先隐藏和掩盖起来，夹起尾巴做人，隐忍处世，等到时机成熟的时候，再一展自己的才华和报负，这是为人处世的一个准则，也是做人要有"心机"的一种表现。

生活中很多人都很要强，追求卓越，因而经常锋芒毕露，不自觉地就会抬高自己，怎样做到保持低姿态呢，这需要一个很好的心态。

（1）在姿态上要低调

在低调中修炼自己：低调做人无论在官场、商场还是政治军事斗争中都是一种进可攻、退可守，看似平淡，实则高深的处世谋略。

谦卑处世人常在：懂得谦卑的人，必将得到人们的尊重，受到世人的敬仰。

大智若愚，实乃养晦之术：表面上甘为愚钝、甘当弱者的低调做人，实际上是精于算计的隐蔽，它鼓励人们不求争先、不露真相，让自己明明白白过一生。

平和待人留余地：用平和的心态去对待人和事。

羽翼不丰时，要懂得让步：低调做人，往往是赢取对手的资助、最后不断走向强盛、伸展势力再反过来使对手屈服的一条有用的妙计。

为对手叫好是一种智慧：为对手叫好，是一种谋略，能做到放低姿态为对手叫好的人，那他在做人做事上必定会成功。

（2）在心态上要低调

做人不要恃才傲物：当你取得成绩时，你要感谢他人、与人分享、为人谦卑，这正好让他人吃下了一颗定心丸。

容人之过，方显大家本色：大度睿智的低调做人，这种态度会使人没齿难忘，终生感激。

做人要圆融通达，不要锋芒毕露：功成名就需要一种谦逊的态度，自觉地在名利场中做看客，开拓广阔心境。

不要太把自己当回事：不要把自己太当回事，才不会产生自满心理，才能不断地充实、完善自己，缔造完善人生。

知足者常乐：生活中如能降低一些标准，退一步想一想，就能知足常乐。

只有这样在姿态和心态上保持低姿态，才能被人乐见，积累一个好人缘，更好地赢得善意的机会。

【狼性生存术】

低调做人是一种人生的哲学，也是弱势图强、险中求进的做事策略，更是赢得人生、成就事业的低调姿态。低头的同时，却在暗中前进；处于弱势，却并非真弱，只是为了减少阻力，避开障碍，这不失为一种睿智的做人之道。

## 5. 有距离才安全

【狼道语录】和他人保持“有氧距离”。

《富爸爸，穷爸爸》的作者罗伯特·靖崎曾说过：“我富有的父亲说：如果你想做一名成功的生意人，人际关系是你最重要的技巧。他还说：如果你想在生意中成功，你应该不懈地学习和提高自己的人际关系技巧。”因此，人际关系其实是每个人职业生涯中最为重要的课题，良好的人际关系是舒心工作与安心生活的必要条件。

人际关系密切程度通常是表现在人际距离上的。双方关系亲密，相互间距离就近；双方关系疏远，相互间距离就远。与新同事新朋友初次相处，彼此不熟识、不了解，关系刚刚形成，距离自然是较大的。你若生硬地去与人亲近，则有违交际规律，对方不仅不会作出友好表示，还会产生反感情绪。这种适得其反的效果，会把你置于被动地位。

保持适当的距离，能给对方冷静地观察你认识你的机会。你们会在逐步熟悉和了解中，实现思想的沟通，情感的交融。你们的关系慢慢亲密了，彼此的距离就会悄然隐去。保持距离重在适当，掌握在对方认可接受的范围内，并能有效地促使双方互相吸引。

在和别人的交往过程中，我们都应该给对方的心留下一小片空间，我们没有权利侵犯别人的隐私。也不是不热情，而是给自己留一点缓和的余地，以免过热招致别人的反感。要把自己的热心用对地方，你终究不是别人，别人也不是你。

人际关系这个东西，处理得好其实也是一种过人的能力。但是事实上还是有很多人会带着有色眼镜来看待这种“能力”的。这一点在职场上尤为突出。

明明是你辛辛苦苦跑出来的客户，是你费尽口舌签下来的单子，是你努力打拼得到了职位的提升、加薪，但是却很有可能因为和上司关系亲密，就被人看作是“靠拍上司的马屁换来的”。

业务部的杨菁是个很能干的女孩子，去年还成了全公司的销售状元，由此深受总经理陈小姐的赏识。杨菁活泼大方，性格外向，所以陈小姐和她很谈得来。陈小姐经常在工作上帮助杨菁，杨菁业务能力大有提高。第二年年底，杨菁被陈小姐任命做销售部主管。由于要花一些精力做管理，杨菁的销售业绩有所下降。一天她和陈小姐一起吃饭，隔壁房间传出几个同事熟悉的声音：“看，杨菁现在卖不出东西了吧！这都怪陈小姐用人不当。”“杨菁本来就没有管理能力嘛，也许是陈小姐看在她天天陪吃饭逛街的份上，给了她这么个安慰奖。”“哟，是吗？真不要Face……”杨菁和陈小姐面面相觑，两人再无半点食欲。

这个故事告诉我们：提职，加薪，尽管这些都是靠你实实在在的努力和人所共睹的业绩换来的，但是，因为你和上司不一般的关系，就会被别人说成“一切皆靠拍马屁得来”，你说窝火不窝火？

到底要和上司保持什么样的距离？我们不妨把这个刚刚好的分寸称之为“有氧距离”，既若即若离又不离不弃，在需要的时候你随时在侧，不需要的时候则适时隐形，明白自己的身份，做到宠辱不惊，不卑不亢，有理有利有节，给双方的距离以充分的氧气，彼此能自由呼吸却又不会相隔太远。

（1）减少单独在一起的时间。比如吃饭、逛街、去俱乐部、一起回家等。

（2）减少开玩笑的机会和次数。频繁的玩笑会让别人以为你们的关系已是非常亲密。

（3）不要牵扯到上司的生活里，如果他经常需要你帮忙做一些私事，最好还是找个站得住脚的理由，巧妙回绝为佳。

（4）不要在上司的办公室里一谈就是半天，哪怕是为了工作，以免给他人留下“你是他的心腹”的印象。其实你不妨用报告或E－mail的形式汇报工作和提出建议。

（5）千万不要和异性上司有被认为不清不白关系的行为。

人与人之间都应该保持一定的距离，远远近近自己定，原则是让自己愉快，别人轻松。亲人之间，距离是尊重；爱人之间，距离是美丽；朋友之间，距离是爱护；同事之间，距离是友好；陌生人之间，距离是礼貌。

**【狼性生存术】**

都说距离产生美，这种美不只存在于恋人之间，还存在于与你相处的任何一个人之间。太过亲密和透明的关系，会造成很多尴尬的场面，把握好与他人的心理尺度才能与人更好地交往，赢得一个好人缘。

## 6. 功高震主是大忌

**【狼道语录】**让上司高你一筹。

对于许多聪明人来说，人生的最大害处不在外部，而在自己。一旦做出一番事业，就难免要居功自傲，而这样做的下场往往比无所作为的人更惨。所以，一个有修养的人应该知道居功之害。

古人很早就意识到，不论任何好事，都要守住自己的本分，绝对不可以功高震主，否则轻的招致他人怒恨，重的甚至惹来杀身之祸。

在中国历史上，有一种非常奇怪的现象：有大功于社稷者为了消除帝王的猜忌，常常采用自泼脏水、把自己搞臭的方式，以图躲避灾祸，保全自己。

比如秦国的王翦。公元前225年，他统帅几乎秦国全部军队向楚国发动灭国性攻击时，竟向嬴政要求赏赐大量良田美宅，以表示对子孙家财的眷恋；

比如西汉的萧何。西汉初期，英布造反，刘邦御驾亲征，萧何留守后方。为消除刘邦的戒心，萧何大量购置田宅，发放高利贷，以示志仅富家之翁；

比如隋朝末期的李渊。为了消除隋炀帝的猜忌，李渊纵酒无度，大肆收受贿赂，做出一副目光短浅毫无雄心壮志的庸人姿态，以期韬光养晦。

中国有句古语“枪打出头鸟”，中国的古训也说“谦受益，满招损”，这里“打出头鸟”和“损”人者都是那些有能力扶植和打击别人的人。在中国社会中你如果不谦虚就会遭到别人的嫉妒，群起而攻者有之，暗地中损人者有之，所以说“木秀于林，风必摧之”，“直木先伐，甘井先竭”，“山突起则丘陵妒”。

现代社会，当聚光灯都照在成功的部属身上时，领导者如果胸襟不够宽广，就会产生不易平衡的心理压力。有些领导者甚至会排挤即将出头的部属，因为他认为成功的部属让自己丧失“光环”，这便成为另一种“功高震主”的来源。

“功高震主”除了领导者的因素外，还有部属本身的原因。能干的部属往往也有以自我为中心的心态，尤其当他对组织有重大贡献的时候。高度以自我为中心的人，会认为组织没有他不行，在言行当中流露了这种倾向，而威胁到上司的地位。即使没有实际上威胁到上司的权威，也会在上司的心理上产生压力。

看来“功高震主”确实对员工本身是一种考验，怎样避免这种情况的发生，以求自保，有一些技巧：

（1）要守法：遵守法令，严格地约束自己，在一个组织里，注意按照规则办事。

（2）不参与：不把自己的私利参与在自己所执掌的权力中去。

（3）不长久：位置越高，权力越高，怀疑猜忌的人越多，不可不防，不可不早做撤退的打算。

（4）不胜任：不要居功自傲，要时时谦让，功成身退，可得善始善终。

（5）多请教：在做事之前一定要主动向你的上司请教，探听他的意见，这样在办事时就有所凭借，既能保全自己，又显示了自己的谦虚。

**【狼性生存术】**

历史上有很多因为功高震主而遭遇危机的人，在现在这个竞争激烈的时代，要遵循前人的教训，维护上司的权威，在做任何事情的时候，都要让上司高你一筹，这样可以很好的保护自己。



## 7. 彻底消除对方的戒心

【狼道语录】破除戒备心理。

在现实生活中，人与人之间普遍存在一种戒备心理。只有克服这一障碍，才能为建立良好关系打下基础。无论是大学毕业还是其他任何刚来到新工作环境的人，在工作的初始阶段都会碰到这样的情况：同事对自己存有一种本能的心理戒备防线。

这是由于陌生感而产生的心理“禁区”，必须尽快设法予以消除才行。否则的话，会影响你与同事的关系。

消除这个禁区的方法，就是取得大家的信任。

西汉三杰之一的陈平，有一次只身逃亡，船上的艄公看见他身带宝剑，知道是个军官，就觊觎他的钱财，陈平怕他由于误会而害自己性命，就故意脱了衣服光着膀子帮他摇橹，艄公见他除了一把剑之外，身无分文，也就不多费手脚了。

陈平曾为刘邦六出奇谋，功劳很大，这种让别人“洞烛”自己的小计只能算儿戏。即使仅仅出于安全的考虑，以伪装的面目出现也不一定就是最佳方法，有时倒还是把自己和盘托出，让别人透彻地了解自己更加有效。

唐朝中兴名臣郭子仪也是一名很能消除对方戒心、赢得他人信任的人。在他功成名就之后，一直保持这样一种全无城府、一无遮拦的情状。

郭子仪是平定安史之乱的首功之臣，被封为汾阳王，堂堂王府每天总门户大开，任人出入，不闻不问。一次，属下的一位将军离京赴职，前来告辞，适逢他的夫人和爱女正在梳妆，只见她们差使郭子仪拿毛巾、端洗脸水，同使唤仆人丫环没有什么两样。将军走后，郭子仪的几个儿子都深感羞愧，一齐来劝谏父亲以后分个内外，郭子仪就是不听，孩子们急了，哭着劝父亲自重。

郭子仪却笑着对他们讲其中的道理："朝廷给我的爵禄已经很高了，再往前没有什么可追求的了，但往后退，也没有什么可仗恃的。如果我一直修筑高墙，关闭门户，和朝廷的探子不相往来，那么万一有人与我结下怨仇，诬谄我有二心，再加上那些妒贤嫉能之辈在中间加油添醋，造成确有其事的样子，那么我全家九族都会粉身碎骨，到时候后悔就来不及了。现在我坦荡无邪，四门洞开，即使有人想以谗言诋毁我，也找不到任何借口来加罪于我。"

几个儿子听了，深深佩服，一齐拜倒在地。

郭子仪被唐朝史臣裴洎称为"权倾天下而朝不忌，功盖一世而上不疑"。这不能不归之于他的这份厚黑功夫。

信任是一切好感的基础，它会将美好的色彩洒在你的身上。要想得到信任，必须在以下四个方面进行努力：

（1）诚恳而不虚伪。与同事相处时，无论你是否与他存在事实上的竞争关系，一定都要做到坦诚陈述己见、以诚相待。

（2）随和而不固执。随和的人，有人生的快乐，有众多的朋友，对同事和领导都不拘束不苛求，这样反而更容易让领导欣赏自己，让同事赞美自己。

（3）自信而不自卑。为了让别人信任你，请先相信你自己。

（4）热情而不冷漠。一是热爱自己的工作，二是热情地关心和帮助自己的同事。

以上方法的核心就是了解原因，对症下药。最根本的就是让对方放松警惕，巧加诱导。要想让别人放松警惕，就要记住一句话：人只有在争取达到和保持与他人一致的过程中才会产生放心的感觉。

### 【狼性生存术】

在工作中，处于竞争的状态，要想破除对方的戒心不是件容易的事，不过，信任是可以培养的。在慢慢的接触交流当中，交出自己的真诚，是被乐见的事情。只有消除他人对你的戒心，才能在你困难或者喜悦的时候，得到朋友的关怀。

## 8. 别泄露自己的隐私

【狼道语录】保护自己，保护隐私。

隐私权是文明人的精神性人身要素，隐私权不受侵犯是文明人的基本需要。不注重隐私、泄露隐私会导致不堪设想的后果。

曾听一位朋友说过，某厂的一位职工，因他的女同事反复在办公室谈论其婚姻感情隐私，他遂恼羞成怒，将其杀害后转至洗漱间分尸。

连云港某地有一起荒唐案件：

> 妻子为了报复女同事泄露自己隐私之仇，竟协助丈夫将她强奸，还拍摄了强奸过程的视频。
>
> 范梅梅和姜晓燕是同一单位的同事，平时姐妹情深，关系甚好，经常在一起吃饭、购物，两人在一起也毫无隐私可言，有什么事情都藏不住，可以说彼此是知根知底的。
>
> 姜晓燕在网上与范梅梅的丈夫许辉QQ聊天时，无意中将范梅梅有外遇的事告诉了他。许辉大为恼火，立即找来妻子大闹一顿，并拿刀威胁妻子认错。自知理亏的范梅梅痛哭流涕，连连道歉。
>
> 范梅梅将所有的愤怒都撒向姜晓燕，责怪她不该多嘴泄密，并声称回单位后要打她一顿出出气。余气未消的许辉却提出要强奸姜晓燕的荒唐提议，范梅梅一开始死活不同意，但慑于丈夫的威胁和自己有错在先，她还是答应了。

在我国，很多人并没有养成保护自己隐私的习惯，尤其在职场中，诸如“男不问收入，女不问年龄”等职场隐私保护的基本准则，也经常在同事的寒暄中被打破。与此同时，一些职场人士对自己的隐私也并不避讳。

因此职场中个人隐私很容易造成泄露，无关痛痒的小隐私无大碍，但是涉及一些伤及自尊或者影响正常生活的隐私，则会给当事人造成无法挽回的恶劣影响乃至威胁到生命安全，比如上文中的两则示例。

那么，职场中如何保护好自己的隐私，不泄露自己的隐私呢？

如果你有喜欢窥探隐私的同事，那你可得当心了。窥探隐私的同事好奇心极强，喜欢偷看你的机密卷宗，或探听你的私事，就像你的机密或隐私应该由大家来分享似的；要不然，就是觉得自己有权知道其他人不该了解的事。

窥探隐私的同事属于那种粗暴无礼的同事，四处探听，好管闲事，他极少认识到自己提出的问题多么没有分寸，也不知道自己的一举一动有多么令人讨厌。

做研究时好奇心极强令人钦佩。可是这类同事却像是在为“全国秘闻报”准备特写一样对你穷追不舍，偏要打破沙锅问到底。

还有的人想方设法满足自己的好奇心，提出粗暴放肆的问题还不够，他们甚至会在你出去时，坐在你办公室里翻阅你的文件。

同窥探隐私的同事共处，你没有义务回答任何关于个人隐私的询问。为了避免口气生硬，拒绝时，你可以告诉对方，涉及个人秘密的问题自己不便回答。

返回办公室时，如果发现有人在看你的文件，你可以礼貌地加以制止，比如微笑着问对方：“喂，找什么呢？用不用我帮忙？”

无礼的同事脸皮很厚，他不会意识到自己的行为在使你恼火，这就如同穿小鞋使脚上打了泡，最终会使你被迫退出比赛。

你不必忍气吞声，也不必大发雷霆挥手打掉桌子上的文件。你可以开诚布公，彬彬有礼地拒绝任何冒犯言行。

（1）让他自己去琢磨。装出无可奉告或天机不可泄露的样子，然后让他猜去吧。

（2）即使有人问起，你也不必回答。简单说明泄露出去的不妥当之处。如果你能面带微笑地解释的话，你甚至可以反问对方想知道的理由。

总之，加强隐私权保护，有利于保护我们的安宁与安全感，提高办事效率。给人们留出个人空间充分发展个性，免受他人非法侵扰，有利于社会的和谐发展。因此，我们在平时的工作和生活中，一定要加强隐私保护意识，重在防范。

【狼性生存术】

在复杂的社会环境中，人们有不同的利益所在，有不同的价值追求。也就是说，每个人都有自己的隐私，都有自己的私人利益。许多时候，你要保护好自己的利益，别让人清楚你所有的隐私，否则你将失去容身之地。

# 第八章

## 外圆内方，得心应手
### ——大事讲原则，小事讲风格

洪应明的《菜根谭》中有这样的话：“处治世宜方，处乱世当圆，处叔季之世当方圆并用。”人在美好的社会环境下，都是愿意方正处世的，但是如果身逢乱世，只能圆滑地处世，世道不好不坏，反而最纠结：外圆内方，两面三刀。

方为体，圆为用。方是以不变应万变，圆是以万变应不变。方圆兼备，足可建其功立其业，无往而不利。与人相处坚持“外圆内方”，其中“内方”是指做人做事要有原则、对待自己要严格；“外圆”是指做人做事要懂得变通、待人要宽容。

## 1. 柔极则刚，刚极则柔

【狼道语录】掌握“以柔克刚”的大智慧。

列子说，天下有常胜的方法，有不常胜的方法。常胜的的方法是柔弱，不常胜的方法是刚强。这两方面都容易明白，而人们却不去明白它们。

上古时代的谚语说：刚强的人认为任何事物都不能胜过自己；柔弱的人认为任何事物都可能胜过自己。认为不能胜过自己的，待到与自己相差无几时，那就危险了。认为可能胜过自己的，就不会有危险出现。用这种方法能取得胜利，用这种方法能应付天下的各种情形。这叫做不想取得胜利而自然取得胜利，不想应付各种事情而自然可以应付各种事情。

“以柔克刚”语出诸葛亮《将苑·将刚》：“善将者，其刚不可折，其柔不可卷，故以弱制强，以柔制刚。”这是一种避开敌之锋芒，用温和的手段取胜的计谋。它的意思即为：好的将帅应该具备的性格是刚强、刚烈，但不固执己见，温和、柔顺但不软弱无力，即通常所说的刚柔相济，才能以弱胜强，以柔克刚。

掌握“以柔克刚”的斗争谋略是一种大智慧，能够变“不可能”为“可能”。

有一次，明武宗朱厚照到南方巡视，提督江彬跟随在左右保驾护航。实际上，江彬早就有了谋反的野心，他身边都是身材魁伟、虎背熊腰的西北壮汉。这时候，兵部尚书乔宇看出了江彬要图谋不轨，立刻在江南地区挑选了一百多个矮小精悍的武林高手跟随在皇帝左右。

为了避免冲突，乔宇向江彬提出一个要求，即让江南拳师与西北壮汉进行比武。江彬骄横跋扈，自然答应了。但是，西北壮汉在与江南拳师较量的过程中屡战屡败，立刻少了嚣张的气焰，而江彬也收敛了自己的轻狂，篡位的企图也逐渐消退了。

乔宇让西北壮汉遭到失败，所用的就是“以柔克刚”的策略。他没有硬碰硬，而是通过比赛和较量的方式让江彬意识到自己的力量弱小，以微小的代价避免了更大的损失。

对“以柔克刚”的思想，我们可以从太极拳里体会到。太极拳处处讲柔化，强调要避免这种不必要或不利于己的冲突。一个人如果只知退避不会追击，那么就没有掌握刚柔相济、以柔克刚的道理。

以柔克刚是一种有效的为人处事方式和斗争策略，可以帮助我们化解眼前的难题。比如，在企业管理中，当下属产生抱怨时，领导人就可以安慰对方，然后倾听他的诉说，接着调查清楚事情的原委，进而采取有针对性的措施，就达到了以柔克刚的效果。

（1）善于放下架子主动与对方沟通。面对性格各异的人，面对那些软硬不吃的人，我们可以放下架子与对方交谈，了解事实真相，这样就能获得有价值的信息，最后采取行动解决问题。

（2）掌握柔性的为人处事技巧。我们在工作中会遇到千差万别的情况，这要求我们能够掌握各种柔的、软的、温和的方式与人交流和沟通，从而变被动为主动，达到后发制人的目的。

以柔克刚它体现在特定的场合和特定的人物的迂回。好比走路，经常可以遇到各种障碍，对横在面前的大石头，是搬开它？绕着走？还是爬过去？只有权衡比较，才能得出结论。这样才能胸有成竹地一一绕过它们，快速前进。

### 【狼性生存术】

在团队关系上，无论是领导人，还是普通员工，与身边的人打交道，必须给自己留出回旋的余地，否则就是自掘坟墓。我们在生活中会遇到千差万别的情况，这就要求我们能够掌握各种柔的、软的、温和的方式与人交流和沟通，从而变被动为主动，达到后发制人的目的。

## 2. 不妨屈就一下对方

【狼道语录】适时向对手投降。

在现实生活中，人与人的冲突常常是不可避免的。在与他人的争斗中，能够做到在合适的时候主动向自己的对手投降，让他人做英雄，这才是待人处事的上策。

生活在世，人总会因为这样或那样的原因，大大小小的敌人，动怒、叫真、较劲。如果针对生命悠关的事情，原则性事情，倒还情有可原，说得过去。若为那些非原则性问题，寻常小事而大动干戈，殊死相争，则毫无意义了。

在实际工作中同事之间的相互“得罪”，往往是由于相互不了解以致产生误会，而误会出现以后又不及时消除，过于坚持自己的“尊严”，不愿使自己去“伤心”所造成的。

在某一公司的一次会议上，财务主管王某对生产主管张某发言中的有些观点提出了不同的意见，王某比张某年轻几岁，他是本着向同事学习的目的来说这番话的，言辞虽然有些激烈，但态度还是诚恳的。但王某的话却引起了张某的误解，在他看来，这是王某有意找茬寻事，同自己过不去，因此在会上他来了个“沉默是金”，对王某“商榷”式的发言未置一词，会下也未再交换意见。而王某看到张某的态度，则以为他仗着自己资格老，摆架子，卖关子，看不起人，不讲道德，等等。二人别别扭扭了很长时间，直到最后由他们的上司出面才解决了问题。

其实，如果王某和张某其中有一人大度一些，诚心诚意地解释一番，哪怕随意地开几句玩笑，幽默一下，问题可能就要简单得多，结果可能也会好得多。但由于俩人谁也不愿意“屈就”，谁也不愿放下“架子”，谁也不谙熟“交际”的招术，出现“得罪”局面就是自然的了。

面对工作中的磕磕碰碰，放弃对抗，“向对手投降”，是避免不愉快的一种优良方式。在工作当中，同事之间应多理解，多从工作上着想，心胸放宽一些，多来往，多交谈。

向对手投降，不是弱小和怯懦者所做的事情；向对手投降，是强者与对手斗争的另一种选择。在整个后现代文化中，单方面撤离战场是众多实力人物和集团普遍采用的斗争方式和策略。消解敌人或敌意，注重自我发展和自我主张，胜过打击敌人或消灭敌人。

细想想，人生在世几十年何必要事事计较呢？以一颗宽容的心去对待身边的每个人，在遇到矛盾纠纷时，先缓和情绪，微笑地将事情大事化小，小事化了。为了做到这一点，不妨拥有这样的心态：

（1）不要太在乎名与利。再高的名再厚的利，终必随着生命的凋谢而消失，因此对名与利，尽力就好，不必太过在意。

（2）不要太在乎得与失。世事多变化，得而复失，失而复得，没有恒常，反正一切都要失去，不如抱着“得之我幸，失之我命”的心情。

（3）不要太计较人的是是非非。不管谁先谁后，都要到达生命的终站，为是非而争斗徒伤元气，在生命的尽头回首一看，那些争斗犹如一滴小水滴，殊无意义。

拥有这样淡然的心境，凡事不要斤斤计较，在矛盾将要产生时向对手低下头，会让两个人的关系由紧张趋向缓和。

**【狼性生存术】**

与人相处，由于利害的冲突和恩怨的纠葛，指责和谩骂免不了会发生，甚至会大打出手。这时最好的方法是保持淡然的心境，在必要的时候不妨屈就一下对方，这样不仅使矛盾淡化下来，而且还显示了自己的风度，以求得双方关系的和谐状态。

## 3. 变通让你左右逢源

**【狼道语录】**随机应变，灵活变通。

“不以规矩，不成方圆”，这是古代的一句名言，是告诉我们规矩的重要性，可是如果过于刻板，认为规矩只能立而不能改变，则是大错特错了。我们身边很多人，都缺少那种改变的勇气和胆量。

周围的世界始终处于不断变化的状态中，所以做事的时候最忌讳僵化的思维，如果总是按照以往的经验处理问题，忽略眼前事物的不同之处，就会难以取得圆满的结果。我们需要明确，有时将自己的思考模式或方向巧妙地加个转弯，往往可以收到意想不到的效果。

所谓变通之法，通俗点讲就是在处理各种事物时要善于变化和选择，而不是墨守和拘泥。甚至逢大势不践小诺，处大事不拘小礼，从而达到变则通，通则灵，灵则达，达则成的理想效果。

随机应变，灵活变通是一种智慧，这种智慧让人受益匪浅。

一次，圣地亚哥的艾尔·柯齐酒店准备增加电梯，以便应对客流高峰。很快，酒店邀请到了工程师、建筑师来商量对策。大家经过周密的分析判断，决定在每层楼打一个大洞，然后地下室多装一个马达。

但是这样一来，会使酒店里到处尘土飞扬，严重干扰了客人，会使酒店的声誉和服务受到严重影响。当酒店领导和专家在楼道里商讨对策时，恰巧被一位正在扫地的清洁工听到。他走过来对领导说："每层都钻洞会使酒店变得乱七八糟，而尘土清扫起来又是很麻烦的。"

工程师无奈地说："那怎么办，难道把酒店关闭一段时间吗？"酒店的领导着急了："关不得，这样一来顾客会认为我们倒闭了，会严重影响酒店的生意。还是一边动工，一边继续营业吧。"

清洁工忽然大声说："如果是我，会有一种简便的方法安装电梯，能省去不少麻烦。"工程师和酒店领导疑惑地看着他，表示出了轻视和怀疑。清洁工又大声说到："我会把它装在酒店外头。"工程师与酒店领导面面相觑，不禁为这个绝妙的点子吃惊。而这就是近代建筑史上室外的电梯，它开启了一个新时代。

规则是掌握在我们自己手里的。虽然规则是约定俗成的，但并不是没有别的方法和方式，如果不知道改变，只一味的遵守规则，是注定要落在别人后面的。可见，学会变通，是做人做事之诀窍。那么要怎样掌握变通的诀窍呢？

（1）学会变通要审时度势、打破常规。一是要有一个良好的心态，即静与空；二是学会换位思考；三是要打破常规。

（2）学会变通要借助外力为我所用。借助别人的力量，自己就可以变得强大起来。

（3）要有勇气应对变化。勇气是人的一种非凡力量，它虽然不能具体地去处理某一个问题，克服某一种困难，但这种精神和心态却能唤醒你心中的潜能，帮助你应对一切变化和困难。

（4）要有信心开发潜能。人的天性里有一种倾向：如果将自己想象成什么样子，就真会成为什么样子。

（5）要善于改变自己的思维定势。

实践证明，不管你是觉察到还是没有觉察到，不管你是愿意还是不愿意，每个人时时刻刻都在寻求变通。所不同的是，善于变通的人越变越好，而不善于变通的人却是越变越差。掌握了变通的艺术，就会应对各种变化，在变化中寻找到机会，在变化中获取利益。

**【狼性生存术】**

现在这个社会，可以说是瞬息万变，如果墨守成规，恐怕迟早要被淘汰。以前，我们接受的教育是很传统的，不仅扼杀了不少人的创造力，也抹杀了我们的棱角和个性。而聪明的人能很快地适应现在的环境，用变通之法寻求更好的成功。

## 4. 以弱示众，转弱为强

**【狼道语录】**后发制人，弱者不弱。

“木秀于林，风必摧之”，树大容易招风，而小草尽管柔弱，却很少引起他人注意，所以能够平和地享受阳光雨露的滋润。我们在为人处事的过程中也要善于表现出自己柔弱的一面，这样就可以麻痹竞争对手，使自己获得喘息和发展的机会，甚至发动突然进攻取得胜利。

赤壁之战以后，东吴反复要求刘备归还荆州，但是有关羽把守，最终无计可施。荆州处于东吴上游，严重威胁到吴国的安全，所以孙权一心要占有它。后来，关羽北上攻打樊城，给吕蒙夺取荆州提供了绝好的机会。

吕蒙表面上对关羽修好，十分珍惜双方的和平关系，暗地里想办法夺取荆州。于是，他上书孙权说，请求带兵回到建业，然后以养病为名麻痹关羽。就这样，孙权公开下诏允诺吕蒙回建业养病，暗中跟他谋议袭取荆州的具体办法。然后，吕蒙推荐陆逊代他把守陆口，这样就不会引起关羽的猜忌。

陆逊到达陆口以后，采取了“卑而骄之”的示弱策略，使关羽对东吴失去防备之心。他在写给关羽的信中说，祝贺关将军在樊城取得胜利，并表示东吴也很为之高兴；接着对关羽大加赞颂，最后还自称晚辈书生才疏学浅，并指望将军指教。关羽看完信，发现陆逊对自己既敬佩又谦卑，于是没有了江东的忧虑。

不久，关羽就调后备兵到樊城。陆逊收到消息后，立即起兵准备占领荆州。吕蒙带领人马到了寻阳，让精兵藏在船里，让穿着白衣的士兵摇橹，化装成商人，昼夜兼程赶到关羽设立在江边的烽火台旁，摧毁了关羽的报信设施。就这样，东吴占领了荆州。

通过示弱取得成功，往往见于军事斗争中，这是一种反败为胜的策略。在激烈竞争的社会中，我们会面对各个方面的竞争，在自己的实力不足时，可以通过示弱求得自保；当正面竞争难以成功时，可以通过示弱麻痹对方。

在交际中，要善于选择示弱的内容。

（1）地位高的人在地位低的人面前不妨展示自己的学历，表明自己实在是个平凡之人。

（2）成功者在别人面前多说自己失败的纪录，现实的烦恼，给人以“成功不易”、“成功者并非万事大吉”的感觉。

（3）对眼下经济状况不如自己的人，可以适当诉说自己的苦衷：诸如健康欠佳、子女学业不妙以及工作中诸多困难，让对方感到“他家也有一本难念的经”。

（4）某些专业上有一技之长的人，最好宣布自己对其他领域一窍不通，袒露自己日常生活中如何闹过笑话、受过窘等。

（5）至于那些完全因客观条件或偶然机遇侥幸获得名利的人，更应该直言不讳地承认自己是“瞎猫碰上死老鼠”。

示弱有时还要表现在行动上。自己在事业已处于有利地位，获得了一定的成功，在小的方面，即使完全有条件和别人竞争，也要尽量回避退让。也就是说，平时小名小利应淡薄些，疏远些，因为你的成功已经成了某些人嫉妒的目标，不可以再为一点微名小利惹火烧身，应当分出一部分名利给那些暂时处于弱势中的人。

可见，懂得示弱才能后发制人。示弱可以是个别接触时推心置腹的交谈，幽默的自嘲，也可以是在大庭广众之下，有意以己之短，补人之长。

【狼性生存术】

与人相处，有时候“硬碰硬”取得的效果未必会很好，在适当的时候采用“示弱”的办法，会给别人创造一个良好的人际关系环境。只有懂得在合适的时候示弱，才能积蓄力量，最后转弱为强。

## 5. 与他人相处要以诚为本

【狼道语录】打动人心是本事。

人与人之间和国与国之间是一样的道理，你活，人家也得活。现实生活中的三教九流，无论是对手还是非对手，无论是同行还是冤家，无论是喜欢还是不喜欢，我们必须跟他们共处。即使是最激烈的竞争，前提也只能是共处，而不是幻想着对手哪天突然人间蒸发。

竞争与合作的关系像手心手背一样，是同一体中的两个方面。在由多元素组成的社会环境中，最常接触的非同事关系莫属。

同事坐在一起时可以谈天说地、欢声笑语，可往往就在这亲密、融洽的关系中藏着密布的阴霾。尤其是站在一条起跑线上的同事，当个人利益受到伤害时，就会变成笑里藏刀的对手。“同行是冤家，同事是对手”。这被奉为同事关系的真经，让同事们成了“熟悉的陌生人”。

你是不是有过这样的情形：刚刚来到新的工作岗位，你感到战战兢兢，如履薄冰。可是一些资深的职员，却对你不理不睬，并且在很多事情上，故意同你作对，你又无可奈何。这时你的头脑一定要清楚，他们是你的同事，如果你想事事都进行得顺利，必须学习怎样尊重别人，你必须跟他们很好地合作。

同事间的交往，是仅次于家庭成员的交往和接触的。可以说除家庭之外，在我们的社会关系中最重要的关系就是同事关系了。我们每个人都希望自己能在单位这个大集体中创造出和谐友好的同事关系，因为同事间的关系是一种互相依存、通力合作的工作关系。因此，与同事和平共处要做到以下几点：

（1）谦逊是金，谨言慎行，泛泛地了解同事的简历，适时求教，较多地了解工作程序。至于自己，可在以后的交往中让同事逐步了解。这样，则会给新单位的同事留下一个沉稳谦逊的第一印象。

（2）敬而远之，不要频繁接触上司。

（3）热心助人，主动帮助正在忙碌的同事做些力所能及的工作。如果插不上手，则可以静下心读些业务书籍、资料。这样可以获得大多数同事的好感，认为你是个既有眼力又乐于助人的人。

（4）与人为善，不要充当告密者。

（5）爽快大方，不要拒绝同事的请求。

（6）权衡大局，不要把功绩包揽给自己。

（7）一视同仁，不要与某一同事过分亲密。

有位哲人说，世上有三种人：一种人离生活太近，不免陷入利害冲突；一种人离生活太远，往往又成了不食人间烟火的隐士；还有一种人与生活保持一种恰当的距离，这种人就是豁达的人。追求生活而不苛求，宽容大度而不自私狭隘。只有这样，才能够与同事保持融洽的关系。

### 【狼性生存术】

与同事相处，应以诚为本，当他需要你的意见时，你不要使劲给他戴高帽，发出无意义的称赞；当他遇到任何工作上的疑难时，你要尽心尽力予以援手，而不是冷眼旁观，甚至落井下石；当他无意中冒犯了你，又忘记跟你说声对不起时，你要抱着“大人不记小人过”的心情，真心真意原谅他，日后他有求于你时，要毫不犹豫地帮助他。只有这样和平地与人相处才能让他人为你所动，和你交换同样的真诚。

## 6. 该低头时就低头

**【狼道语录】**有时也要“畏”强权。

在待人处世时，为争一时之气而拼个你死我活，是大忌，因为这于己于事又有何益呢？泰山压顶，先弯一下腰又何妨？折断了就永远断了，而弯一下腰还有挺起的机会。

老百姓有一句俗语，叫做“人在屋檐下，不得不低头”。意思是说人在权势、机会不如别人的时候，不能不低头退让，但对于这种情况，不同的人可能会采取不同的态度。有志进取者，将此当作磨炼自己的机会，借此取得休养生息的时间，以图将来东山再起，而绝不一味地消极乃至消沉；那些经不起困难和挫折的人，往往将此看作是事业的尽头，或是畏缩不前，不愿想法克服眼前的困难，只是一味地怨天尤人、听天由命。

假如你和对手或上司产生了冲突，论力量，你是鸡蛋，而对方是石头，你怎么办？是像头脑简单的拼命三郎那样以卵击石，白白地送命呢？还是避其锋芒，等自己也变成石头，变成比对方更大的石头再有所图谋呢？选择前者还是后者，就可以从中看出你是不是会为人处世。

有时在一个公司里，碰到一个自己十分讨厌但又不得不与其打交道的同事，这真是件不幸的事。这时候可以采取敬而远之的策略，表面上对其十分尊敬，但没有必要对其大献殷勤，随便敷衍过去就行了。不过，还是要忍耐，等待有利时机，扮演好“喜在脸，厌在心”的角色，不能被其觉察出来。

布兰达是一家航空公司的人事部门主管，几年来她一直缺乏足够的资金来完成一些她认为是很重要的项目。她的主要绊脚石是预算部主管托德，他控制她的预算用途，并规定她如何使用资金。而如果某个部门主管是他的好友，他就没有那么严格。

当布兰达向她的上司抱怨此事时，上司却不屑一顾。他说：

"布兰达，你必须学会能解决自己的问题。"

有一次有关妇女的研讨会上，玛丽建议布兰达和托德建立友谊。她却极不以为然，"我不能忍受那家伙。他是个仗势欺人的恶霸。"

玛丽指出人品与工作是两码事。"托德也许是个恶霸"，玛丽解释说，"但你要想得到你完成计划所需的经费，你就得需要他。"

布兰达很不情愿地答应一试。三个月以后玛丽碰见她，发觉她开始领会棒球的规则了。"我开始对托德友善了"，她说"，我帮助他解决了一项棘手的人事问题，有几回我甚至和他一起共进午餐。他不是那种我愿花很多时间陪的人，但他能站在我这一边，会使问题容易解决。"

在实际交往中，我们肯定会碰到一些性格怪异、孤僻的人，对这些人，我们即使施展了浑身的解数，也无法跟他们接近，或者性格怎么也合不来，或者是猜不透他们的脾气，不知道什么时候就冒犯了他们。在这种情况下，与其软磨硬泡，还不如敬而远之，该低头时就低头。

当进入别人的势力范围时，会受到很多有意无意的排斥。这种情形在所有人的一生当中几乎都出现过，除非你有自己的一片天空，是个强人，不用靠别人来过日子。可是你能保证一辈子都可以如此自由自在，不用在人"屋檐"下避避风雨吗？所以，在人屋檐下的心态就有必要好好做些调整了。人在屋檐下，有时要低头的好处有这样几条：

第一，不会因为不情愿低头而碰破了头。

第二，不会因为自尊自大而招嫉恨以致成为被人打击的目标。

第三，不会因为沉不住气而执意要把"屋檐"拆了。要知道，不管拆得掉拆不掉，你总是要付出代价的。

第四，为不忍屈就而离开"屋檐"下。离开不是不可以，但是要去哪里必须考虑，而且离开后想再回来就不容易了。

第五，在"屋檐"下待久了，甚至有可能成为屋内的人。

总而言之，"低头"的目的是为了让自己与现实环境有一种和谐的关系，把二者的抵触和摩擦降至最低；是为了保存自己的能量，好走更长远的路；是为了把不利环境转化成有利环境。

【狼性生存术】

一个人要想洞察世事，练达人情，就必须时刻记住低头。低头也是做人的姿态。在该低头时低头是一种气度，也是一种成大事者的隐忍态度。低头是为了不碰头，不摔跟头。低头做人、低头处事，能够避免生活中的诸多麻烦。

## 7，抹掉自己的棱角

【狼道语录】做人要“外圆内方”。

有人说过：社会是一条溪流，在你刚刚踏入的时候，你还是一块四面锋利，棱角分明的石头。渐渐地，你被各式各样的遭遇冲刷，研磨平整，最后变成了一块极其圆滑的鹅卵石。

我们生存的社会不是真空的，它很复杂，是一个不折不扣的大染缸。生存于世间，就好像踏入了人生的战场。在工作和生活中我们难免会结识形形色色的人，遇到各种各样的挫折、磨难与失败，面对这些打击、磨砺和曲折我们一定要有一个良好的心态才能立于不败之地！这需要我们做人要学会“内方外圆”。

铜钱所启示我们做人的道理就是要外圆内方。方，方方正正，有棱有角，就是做人的正气，具备优秀的品质，指一个人做人做事有自己的主张和原则，不被人左右。圆，圆滑世故，融通老成，指一个人做人做事要讲究技巧，处世老练、圆通，既不超人前也不落人后，或者该前则前，该后则后，能够认清时务，使自己进退自如，游刃有余。

香港著名歌星邝美云，曾参加香港小姐竞选，获得第三名。在竞选期间，记者提了一个刁钻的问题，“你读书时成绩不好，你是否很笨？”

这个问题很棘手，可邝美云的回答却发人深思。她是这样回答的：“你们注意到没有，读书时成绩一流的人毕业后干什么？可能当工程师、律师、医生；而成绩二流的干什么呢？他们中很多人却当了那些工程师、律师、医生的老板。”

成绩一流的打工，成绩二流的却当老板。回忆我大学、中学、甚至小学的同学，那些最有名、最有钱的的确都是成绩二流，甚至三流的同学，而那些成绩一流的同学走上社会后却往往并不出众。为何如此？就是因为一流的同学过分专心于专业知识，忽略了做人的“圆”；而成绩二流甚至三流的同学却在与人交往中掌握了处世之道。

一个人的成功主要依靠什么？你不妨观察一下周围的人。那些成功的经理、厂长，甚至专业性很强的工程师、律师、医生，他们的成功是否因为他们的专业技术都是最好的呢？答案是否定的。他们的成功往往在很大程度上是因为他们善于为人处世，会有效说话，推销自己。正如幸福的家庭并不一定是妻子貌美如花，丈夫英俊潇洒。幸福的家庭正在于双方彼此尊重体谅，关系融洽和谐。

“方正”是好事。可是，俗话说，水至清无鱼，人至察无徒，铁至刚则易折，人至方则易伤。 带着棱角做人做事，就是要他人主动来适应自己，这对对方来说是个额外的负担。棱角意味着对他人的硌、顶、碰等，总会有意无意地让别人不舒服，而圆润的外表则易于让人接受。中国人讲究“外圆内方”，这不是空洞的口号，更不是过时的观念，而是前人总结出的普遍适用的真知灼见。“外圆”已无需再过多解释，“内方”则是待已以严，“有劲儿向自己使”，从自私的角度而言，这样还能让自己进步。结果是“外圆”使自己行事顺利、易于获得帮助；“内方”又使自己不断地得到加强。难道做人做事不应该是这样的么？

方，是做人之本，是堂堂正正做人的脊梁。人仅仅依靠 “方”是不够的，一个人如果过分方方正正，有棱有角，就像生铁一样，一拗就容易断，必将碰得头破血流。如果一个人有一点刺，别人会称赞他有个性，追捧他；如果一个人有一些刺，那么别人会说他另类，甚至不合群，懒得理他；如果他有很多刺，那他就是个刺猬了。一个人立于世上，棱角过于分明，态度过于强硬，只能使自己受到更多的伤害。

**【狼性生存术】**

棱角分明的人在新的环境里容易处处碰壁。能够做到“外圆内方”的人，才能在为人处事上游刃有余。学会在复杂的社会环境中磨掉自己太过锋利的棱角，学会与人和平相处，这是做事能够得心应手的良方。

# 第九章

## 有舍有得，大舍大得
### ——有一种胜利叫撤退，有一种失败叫占领

于“舍得”中见智慧，在“舍得”后感悟人生！“舍得”不仅是生活中的哲学，也是人们为人处世的大智慧，更是一种境界。舍得，有舍必有得，有得必有失。小舍小得，大舍大得，有舍有得，不舍不得。这都是东方禅意中精彩的华丽篇章，也是狼性生存术中的高深学问。

在复杂的人际关系中，懂得取舍的要害，是成就大事的根基。“有一种胜利叫撤退，有一种失败叫占领”，也许等你参透了这句话的含义，也就懂得了“舍”与“得”的要领。

## 1. 万事让人先，自己当配角

【狼道语录】甘当配角才有大作为。

在一些特别场合中，有些聪明人，主动将主角的位置让给别人，而自己心甘情愿当配角。这并不是失败，甚至可以说这是一种策略性的胜出，他让出的只是一个主角的虚名，而赢得的却是真正的实惠。

在很多历史人物中，他们就懂得当配角的智慧，聪明的刘备就是一个。

刘备邀请诸葛亮出山，听人说诸葛亮“每常自比管仲、乐毅”，当时的名士司马徽则赞之为：“可比兴周800年之姜子牙，旺汉400年之张子房。”这样，刘备心中有了底。一顾茅庐，诸葛亮避而不见，张飞耍脾气：“量一村夫何必兄长自去，可使人唤来便了。”当刘备二顾茅庐，诸葛亮又避而不见，连一直极为持重老成的关羽也耐不住了。可刘备留下一书，以表诚意；三顾茅庐，诸葛亮故意仰卧草堂迟迟不起，让刘备等三人拱立阶下几个时辰，最后才欣然出山，“定三分隆中决策”，开创“两朝开济老臣心”的伟业。刘备的“诚心”终于感动了诸葛亮，真可谓“精诚所至，金石为开”。

人都需要被尊重，特别是一些已经有了较高社会地位、有所建树的能人学者，往往自然或不自然地表现出一些清高或傲气。但是为了事业，为了有所成就，与他们交往时，就必须礼让三分，让他们成为事情的中心。一旦你的诚心感动了他们，他们会加倍地信赖你，也会用各种形式来报答你。不要说你有什么小困难，就是天塌下来，他们也会同你一起顶。

万事让人先，自己甘愿当配角。一个领导如果能做到这一点，他的部下将会努力地工作，甘愿献出一切。而如果你持无所谓的态度，即使他们与你合作，也可能心猿意马，把事情搞糟。

社交场合，我们习惯一一介绍来宾，这时你恰当地把他们自以为见长的优点介绍一下，他们一定会从心里感激你。工作有所成绩时，你先说这项工作是谁先提议的，再说谁在工作中有过特别贡献。如果你能把每个人的贡献都记在心里，时常挂在嘴边，大家也会以为你是一个值得信赖的朋友。会议上、沙龙里、共事时，你都把朋友放在受到大家关注的位置，这既符舍人人需要尊重的本性，也在别人心中树立起了你宽厚的形象。

在熟悉的朋友中，假如你还敢于承认自己的弱点，同时说这件事某某人是有特别研究的，这是突出对方的一种方法。不要以为这样会降低自己的身份。其实，人人都有不懂、不会的方面，而你此刻借暴露自己的短处抬高对方，不但不损害你的形象，同时，又为朋友增加了一个大显身手的机会。

在职场亦是这个道理。每个人都会有自己的职业理想，都想一展宏图，但是一飞冲天、一鸣惊人是不太实际的。初入职场，如果一开始就想抢做龙头，非但不切实际，反而是在给自己脚下放绊脚石，会增加自己适应期的困难。初入职场，要有甘当配角的气度。都知道当主角唱大戏过瘾，但作为新人，缺乏经验，羽翼未丰，虚心做个小配角，才能为自己赢得时机，待厚积而后方能薄发。

有主角当然就有配角。无论是谁，都要有甘当配角的勇气和气度。这是一种谦虚的态度，更是一种合作的精神。只有甘于做配角，勇于当配角，把配角当好了，才能为自己铺设一条通向成功的道路。

## 【狼性生存术】

“配角”，很平凡、很普通、很不起眼，甚至对有些人来说是大材小用，“英雄无用武之地”。但是，我们都要明白，绿叶是扶持红花的营养液。一个出色的配角常常更能抓住人们的眼球，吸引观众的注意，为整个舞台带来意想不到的惊喜。

## 2. 好东西不要一个人独吞

【狼道语录】学会与他人分享美好。

人与人之间的相处，很多时候并不是单项选择题——有你没他，而是多项选择，可以双赢。有些人不明白，他们只知道鱼死网破，不是你死就是我活。为争名夺利打得头破血流、同归于尽的例子，经常在我们身边上演。这种人不会体悟到在必要时让一步，反而能给自己带来更大的好处。

有个年轻公务员，毕业于名校，才华横溢，走到哪儿都带着一股指点江山、舍我其谁的气势。他觉得别人都如无用蝼蚁，不配跟自己比。“我的能力最强，所以理应得到最多。”他总是这么想，得到好处不与同事分享，事事都独占头功。

结果怎么样呢？部门里的同事联起手来结成同盟，跟这位“优秀人才”较劲，合力拆他墙角、拖他后腿，处处给他麻烦，任你多么大公无私、尽职尽责，我等就是不配合。一个人处在这种环境下，要想做成点事情，那真是比登天还难！

最后，这位年轻人的工作当然做不好，走到哪儿都碰壁，一身才华困在腹中无法施展，甚至没处诉苦！于是，领导痛责，同事不怜，他在每个人面前都没落下好印象。到这地步，单位分给他的那把椅子就该收回去了。

有句话说：“世界上没有永远的朋友，也没有永远的敌人，只有永远的利益。”这句话表明国与国之间、人与人之间交往的根本问题其实就是利益分配。懂得利益分配，其实就悟透了人性的本质、社会的真相。

能够与人分享其实是件乐事，那些把快乐和美好自己享用的人，往往是孤独落寞的，体会不到真正的快乐。有这样一个有意思的故事：

有一位犹太教的长老，酷爱打高尔夫球。

在一个安息日，他觉得手痒，很想去挥杆，但犹太教规定信徒在安息日必须休息，什么事都不能做。

这位长老却终于忍不住，决定偷偷去高尔夫球场，想着打九个洞就好了。

由于安息日犹太教徒都不会出门，球场上一个人也没有，因此长老觉得不会有人知道他违反规定。然而，当长老在打第二洞时，却被天使发现了，天使到上帝面前告状，说某某长老不守教义，居然在安息日出门打高尔夫球。

上帝听了，就跟天使说，会好好惩罚这个长老。

第三个洞开始，长老打出超完美的成绩，几乎都是一杆进洞。

长老兴奋不已，到打第七个洞时，天使又跑去找上帝："上帝呀，你不是要惩罚长老吗？为何还不见有惩罚？"

上帝说："我已经在惩罚他了。"

直到打完第九个洞，长老都是一杆进洞。

因为打得太神乎其神了，于是长老决定再打九个洞。

天使又去找上帝了："到底惩罚在哪里？"

上帝只是笑而不答。

打完十八洞，成绩比任何一位世界级的高尔夫球手都优秀，把长老乐坏了。

天使很疑惑地问上帝："这就是你对长老的惩罚吗？"

上帝说："正是，你想想，他有这么惊人的成绩，以及兴奋的心情，却不能跟任何人说，这不是最好的惩罚吗？"

这个小故事生动地描绘了懂得把美好与人分享是件多么快乐的事。

"独乐乐不如众乐乐"，当你成功的时候，别把功劳全归结在自己身上，和他人分享，不仅你开心了，别人也会开心，这样在遇到困难的时候他们才更加愿意帮助你。即使你凭一己之力得来的成果，也不可独占功劳。让那些曾经帮助过你的人一起来分享这份荣耀。

我们不妨从与同事的相处中留意一些与他人分享的细节：

（1）分享可以说的"小秘密"

私事在工作之余顺便聊聊，可以让大家增进了解，加深感情，你主动跟别人说些私事，别人也会向你说，有时还可以互相帮帮忙。要知道，信任是建立在相互了解的基础之上的。

（2）分享办公室外的"happy time"

要定期与同事分享轻松时光，和大家一起"疯"，可以在不经意间让同事们接受和喜欢自己的另一面，大家的感情也就会不知不觉融洽起来了。

（3）分享同事间相互的帮助

要求别人的帮助，也尽可能地帮助别人。要知道，良好的人际关系是以互相帮助为前提的。

（4）分享同事的小吃

同事有什么高兴事，买点东西请客，对此，你应该积极参与，千万不要冷冷坐在旁边一声不吭，表现出一副不稀罕的神态。时间一长，人家当然有理由说你清高和傲慢，觉得你难以相处。

大方地分享功劳，会让你的人际关系更加和谐，在工作过程中也会更加顺利，不要斤斤计较，放长线才能钓大鱼。

【狼性生存术】

要懂得与他人分享身边美好的东西，好东西不要一人独吞，如果自己一味卖弄、夸耀，反而会落得邀功之嫌，当然，同时也会觉得十分无趣。大大方方地与他人分享功劳，一方面可以做个顺水人情，另一方面别人也会认为你很懂得搞好人际关系，而给你更高的评价。

## 3. 既能顺流而下，也能激流勇进

【狼道语录】把镜头让给上司。

鲁迅先生曾经说过：中国人其实是死要面子活受罪。实际上，不仅中国人如此，古今中外没有哪个人不是如此，在人性上都有这种相通之处。处于上司职位的人，在下属面前更是这样。

上司都有着很强的尊严感。行使权力，发布命令，使事情向着自己所预想的目标发展，会给他带来这种感觉。对于上司来说，侵犯尊严等于是对自己的污辱和蔑视，是绝对不能被容忍、更不能被谅解的。

龚遂是汉宣帝时代一名能干的官吏。当时渤海一带灾害连年，百姓不堪忍受饥饿，纷纷聚众造反，当地官员镇压无效，束手无策，宣帝派年已七十余岁的龚遂去任渤海太守。

龚遂单车简从到任，安抚百姓，与民休息，鼓励农民垦田种桑，规定农家每口种一株榆树，一百棵茭白，五十棵葱，一畦韭菜，养两口母猪，五只鸡，对于那些心存戒备，依然带剑的人，他劝喻道："干吗不把剑卖了去买头牛？"经过几年治理，渤海一带社会安定，百姓安居乐业，温饱有余，龚遂名声大振。

于是，汉宣帝召他还朝，他有一个属吏王先生，请求随他一同去长安，说："我对你会有好处的！"其他属吏却不同意，说："这个人，一天到晚喝得醉醺醺的，又好说大话，还是别带他去为好！"龚遂说："他想去就让他去吧！"

到了长安后，这位王先生终日还是沉溺在醉乡之中，也不见龚遂。可有一天，当他听说皇帝要召见龚遂时，便对看门人说："去将我的主人叫到我的住处来，我有话要对他说！"

一副醉汉狂徒的嘴脸，龚遂也不计较，还真来了。王先生问："天子如果问大人如何治理渤海，大人当如何回答？"

龚遂说："我就说任用贤才，使人各尽其能，严格执法，赏罚分明。"

王先生连连摆头道："不好！不好！这么说岂不是自夸其功吗？请大人这么回答：这不是小臣的功劳，而是天子的神灵威武所感化！"龚遂接受了他的建议，按他的话回答了汉宣帝，宣帝果然十分高兴，便将龚遂留在身边，任以显要而又轻闲的官职。

作臣下的，最忌讳自表其功，自矜其能，凡是这种人，十有九个要遭到猜忌而没有好下场。

作为下属，绝对不能跟上司抢镜头。如果你与上司的交往中总是咄咄逼人，不知道给上司留面子，就会引起上司的反感。更有甚者，把本该属于上司的光辉硬往自己脸上贴，完全忘了自己的身份，老做一些"越位"的事，抢上司的"镜头"。这样的人，恐怕很快就会被上司"炒了鱿鱼"。

常言道："退一步海阔天空，忍一时风平流静。"还是十分有道理的。因此，在与上司共事的时候，如何能够采取以退为进的策略，给上司留面子呢？主要应当注意以下几点：

（1）在日常工作中，应该时时处处表现出对上司应有的尊重。

（2）无论上司是对是错，你都要先听他说，然后再婉转地表达自己的见解。

学会这样“退却”，上司心里就会对你有好感。因而，一旦有晋升机会时，上司自然会优先想到你。

【狼性生存术】

人们常说“吃小亏占大便宜”这句话，并且大多奉行不二。殊不知，“以退为进”正是这种策略的巧妙运用。而且，在你“退”时，也根本没有吃什么亏，兴许许多大便宜照占不误。学会把镜头让给上司，这样自己的工作才能更加顺畅，升职的机会也会悄然而至。

## 4. 要学会吃亏

【狼道语录】好汉要吃眼前亏。

俗话说：“好汉不吃眼前亏。”可在现实生活中，有时吃点小亏反而能占到大便宜。因为眼前亏不吃，可能要吃更大的亏！这或许是一种玄妙的处世哲学。但要想过得平安，不出意外，有时就要学会吃得眼前亏。

汉朝开国名将韩信是“好汉要吃眼前亏”的最佳典型，乡里恶少要他爬过他们的胯下，不爬就要揍他，韩信二话不说，爬了。如果不爬呢？恐怕一顿拳打脚踢，韩信不死也丢半条命，哪来日后的统领雄兵，叱咤风云？他吃眼前亏，为的就是保住有用之躯，留得青山在，不怕没柴烧。

“好汉要吃眼前亏”的目的是以吃“眼前亏”来换取其他的利益，是为了“存在”和更高远的目标，如果因为不吃眼前亏而蒙受更大的损失或灾难，甚至把命都弄丢了，哪能说未来和理想？

我们每个人都不愿意吃亏，但是都想占便宜，那么让谁去吃亏呢？所以我们做人要有一定的素养，要约束自己。可要与人打交道就不可能避免所谓的吃亏或占便宜。每个人都有衡量事物的尺度，你若是与人交往经常的适当吃一些亏，就会有良好的声誉。从某种意义上讲也就等于占了便宜。这一点更能体现在经商上。

东京横山町有名的岛村大楼业主、岛村产业公司及丸芳物产公司董事长岛村芳雄，用自己新创的“原价销售商法”在竞争激烈的商业界立足。

首先，他前往黄麻产地冈山的麻绳厂，一条45公分长的麻绳以5角钱大量买进，然后照原价一条以5角钱卖给东京一带的纸袋工厂。

完全无利润反而赔本的生意做了一年之后，“岛村的绳索确实便宜”的名声远播，应接不暇的订货单就从各地像雪片纷飞般源源而来。

接着，岛村就按部就班采取他的行动，他拿购货收据前去订货客户处诉说：“到现在为止，我是一毛也没赚你们的钱。但是这样让我继续为你们服务的话，我便只有破产的一条路可走了。”

这样跟客户交涉的结果，客户也为他诚实的做法深受感动，心甘情愿的把交货价格提高为5角5分钱。

然后，他又到冈山找麻绳厂商洽谈：“你卖给我一条5角钱，我是一直照原价卖给别人的，因此现在才有这么多的订货。如果这种无利赔本的生意让我继续下去的话，我只有等关门倒闭了。”

冈山的厂商一看他开给客户的收据存根，便大吃一惊了，这样甘愿不赚钱做生意的人，他们生平头一次遇见，于是就不加考虑，一口答应以后供应他一条4角5分钱。

如此一条赚1角钱，以他一天的交货量1000万条算起来，一天的利润就有100万元，比当店员5年的薪金还要多。

创业2年后，岛村就成为名满天下的人，同时把丸芳商会改为公司组织。

岛村的成功，在于他肯吃亏。他的原价商法得到了业界的信任，使他不花一文的宣传，顾客便自动替他宣传，使他无往不利，在几年间就从一个穷光蛋摇身一变成为日本绳索大王。这种原价商法，即是“吃亏就是占便宜”商法，是一项最高明、最高超、奥妙无穷的招财进门的法宝。

人际交往中，如果能够舍弃某些蝇头小利，必将有助于你塑造良好的自我形象，获得他人的好感，为自己赢得友谊和影响力。凡事都有所失也有所得，俗话说若欲取之，必先予之，必定有它的道理所在。有识之士不妨谨记之，善用之，想必能给自己带来意想不到的收获。

## 【狼性生存术】

常言道：识时务者为俊杰。所谓俊杰，并非专指那纵横驰骋如入无人之境、冲锋陷阵无坚不摧的英雄，而应当包括那些能看准时局、能屈能伸的精明的处世者。“留得青山在，不怕没柴烧。”做人要屈伸有度，吃点亏也无妨。

## 5. 处世不能贪，要见好就收

**【狼道语录】**不要过分追求名利。

自古以来，聪明人都十分清楚“日中则昃，月盈则蚀”这种古朴的变易观；他们更清楚“狡兔死，走狗烹；飞鸟尽，良弓藏；敌国破，谋臣亡”的封建统治术。只有推美让功，才能持泰保盈。

清代曾国藩早就指出，做人弓不拉满，势不使尽；盛时欲作衰时想，上场欲作退场思，功高震主时一定要明哲保身，这样才能转危为安。

社会上总是有这样的一些人爱想尽一切办法，“收获名利”。在如今的商业社会，追名逐利本身并非什么坏事，但名利应有限度，不能过分。

文种是勾践的重臣，为打败吴国立下了汗马功劳。他功成名就以后，仍然继续仕于越王。其间范蠡曾写给他一封信说：

“飞鸟尽，良弓藏，狡兔死，猎狗烹。越王的长相，颈项细长如鹤，嘴唇尖突像乌鸦，这种人只可以与他共患难，却不能同享安乐，你现在不离去，更待何时。”

后来文种也称病返乡，但做得不如范蠡退隐彻底，他留在越国，其名仍威慑朝野，于是有佞臣陷害于他，诬称文种欲起兵作乱。越王也有“猎狗烹”之意，故而以谋反罪将文种处死。

只知进，不知退，久居高位的遭“文种之祸”者，又何止一人？此等人最大的弱点是心中始终有个小聪明，误以为还能“收获名利”。可见见好就要收，处世不可贪，是多么重要。

故人云知足者常乐，见好就收，既然得到好处了，就应该知道知足，知道感恩。放眼看一些人，官场上欲壑难填，商场上尔虞我诈，情场上心猿意马，股场上不知见好就收，最后落得个人仰马翻，酿成终生的苦酒。

汉朝兴起的时候，功臣受到封爵的有一百多人。当时天下初定，所以大城名都散失的户籍、逃亡的人口很多，可以计算到的户口只有十分之二三。因此大侯的封邑不超过一万户；小侯只有五六百户。经过几代以后，人民都回到故乡，户口增多。

萧何、曹参、周过细、灌婴之辈，有的增到四万户，小侯的封邑也增加一倍，定足和大侯一样。他们的子孙骄奢淫逸，忘记了祖先的创业精神，专门干淫邪的事情。到武帝太初年间，只过了百来年，后来仍然为侯的只有五人，其余的都犯了法，丧了性命，亡了国家。这是因为他们都不兢兢业业地遵守当代的法令，因此，无论你有多大成就、势力，守法是唯一能使你保证平安的方法。

世上不知有多少人没有这份智谋。在小利面前，贪心过剩，结果被别人牵住了鼻子。特别是一些已取得一定地位和成功的人，由于权力和影响超出常人，人们对你一般都是有所求的。一些居心叵测的人当然会对你曲意逢迎，投你所好。如果贪图小利，成了别人的工具，那么违法乱纪之事就在所难免，最后的结果必将是丧失以前所有的一切。千里之堤溃于蚁穴，所以一切有志者对唾手可得的名和利都要慎之又慎。

**【狼性生存术】**

知足者常乐，做人不可太贪心。在这个物欲横流的社会，诱惑颇多，若太过贪心，只能落得一无所得。当获得一定的成果后，懂得收敛自己的贪欲，见好就收，别让巨大的贪念毁了今后的前程，这是为人处事需要深刻领悟的道理。

## 6. 以宽容之心度他人之过

**【狼道语录】**以宽容之心度他人之过。

生活中常常有些人无理争三分，得理不让人，小肚鸡肠。相反，有些人真理在握，不声不响，得理也让三分，显得绰约柔顺，君子风度。前者，往往是生活中的不安定因素，后者则具有一种天然的向心力。一个活得叽叽喳喳，一个活得自然潇洒。

在待人处世时，如果以仁恕之道推及他人，可以使人有个宽广的胸怀，容忍别人的过失。同时，也可以不因别人合理的指责而迁怒别人，达到人际关系的和谐。

假如是重大的或重要的是非问题，自然应当不失原则地论个青红皂白，甚至为追求真理而献身也值得。但日常生活中，也包括工作中，有人往往为一些非原则问题、小小不然的皮毛问题争得不亦乐乎，谁也不肯甘拜下风，闹个不欢而散，影响团结。这样的事在办公室最容易发生。

办公室的一位副经理喜欢闲谈说笑，有时候还扯到男女私情的内容，话语不够健康。另一位副经理R听了很反感，便义正辞严地对他提出了批评，告诉他办公室里不要胡说乱侃，不要谈论与工作无关的事情！这样一来，两个人的关系弄得有点僵。为此，经理反倒批评了R做得不好。R有些想不通：分明是对方的错，经理反倒批评了自己，这不是颠倒是非吗？

其实我们不能否认也不能怀疑R的意见是正确的，但可能语气和言辞上面尖锐了一点。那位同事说了一些不够健康的话，他可以不赞成、有意见，但在表明自己态度时应当注意口气，因为这类缺点过错毕竟不是重大原则问题，而只是一般问题。与其两人关系搞僵，还不如容忍对方乱侃几句。

当你和同事国为非原则问题发生争执时，当你对同事所做的事情看不顺眼准备提出批评时，一定要想想，是争孰是孰非重要，还是照顾对方的情面，维护人际关系重要？这样做的效果不仅不会损害人际关系，而且会有利于教育影响对方，对双方都有好处，我们何乐而不为呢？

所以，我们不妨“得饶人处且饶人”，放对方一条生路，让他有个台阶下，为他留点面子和立足之地，这不仅是对对方的宽容，也是对自己大有好处的。

（1）得理不饶人，让对方走投无路，有可能激起对方“求生”的意志。而既然是“求生”，就有可能是“不择手段”，这对你自己将造成伤害，放他一条生路，他“逃命”要紧，便不会对你造成伤害。

（2）对方“无理”，自知理亏，你在理字已明之下，放他一条生路，他会心存感激，来日自当图报，就算不如此，也不太可能再度与你为敌。

（3）得理不饶人，伤了对方，有时也连带伤了他的家人，甚至毁了对方，这有失厚道，得理且饶人，也是积德。

（4）人海茫茫，但却常“后会有期”，你今天得理不饶人，焉知他日不二人狭路相逢？若届时他势旺你势弱，你就有可能吃亏，“得理且饶人”，这也是为自己留后路。

时下里流行一句话：“玩深沉。”其实这种场合玩点深沉正显示了大度绰约的风姿。争强好胜者未必掌握真理，而谦和的人，原本就把出人头地看得很淡，更不屑说一点小是小非的争论，根本不值得称雄了。越是你有理，越表现得谦和，往往越能显示一个人的胸襟之坦荡、修养之深厚。这种人在待人处世的过程中，也最容易博得别人的好感，最有人缘。

## 【狼性生存术】

生活中，谁都有可能会有难堪的时候、做错事的时候，有求于人的时候，如果这时你处在得理、得势的一方，请记住“得饶人处且饶人”的道理，多给人台阶下，多放人过关，多与人为善，不争一日之短长，不争一言之褒贬。这样我们才能拥有和谐的人际关系。

# 第十章

## 进退自如，游刃有余

### ——进退之机贵在“审时度势”

人生的真谛，只有三个字：知进退。冒进或是保守，都是不知进退之理。人贵有自知之明，审时度势，进退有度。一味地前进不知后退之人，其勇气和精神固然值得别人钦佩和赞赏，但大多时候都是莽夫之举。龙潭虎穴固然要闯，但如果略施手腕，以最小的损失获得最大的收获，岂不更妙。

中国有句老话，退一步海阔天空，适时的退便是为了更好地进，懂得退的人，易于在待人处事方面获得成功。许多时候，让步有时是必要的，而且它作为一种策略性的后退，是为了更好地向前迈进，而并非懦弱的表现。懂得进退之人，才能在自我发展的道路上游刃有余。

## 1. 懂得退让天地宽

【狼道语录】退一步海阔天空。

俗话说："退一步海阔天空，忍一时风平浪静。" 人们常用这句话劝慰别人或告慰自己，做人要宽容，要懂得退让。

聪明的人，并不会一味地争强好胜，在必要的时候，宁愿后退一步，避其锋芒，有时候不仅能赢得旁观者的尊重，更能赢得对手的尊重。学一分退让，增一分享用；讨一分便宜，减一分福泽。

在中国历史上，仁义巷的传说一直作为一种美谈被人们津津乐道，它所彰显的那种中华民族的传统美德，成为告诫世人的典范和楷模。

仁义巷是明朝太傅郭朴郭阁老的祖宅所在地。当年郭家邻居王三成家建房造屋时，挤占了郭家一墙之地，郭家人气不过便和王家论理，一来二去矛盾不断升级，双方各不相让。郭家情急之下派人到京城将此事回禀已位居"宰辅"的郭朴，希望他能出面为家人"撑腰打气"。

郭阁老看完书信，心里已经明白了八九分，马上叫人润墨，写了一封回信，让人带了回去。

郭夫人一见回信，心中甚是欢喜，急忙拆开细看，只见信中写着四句诗：

千里捎书仅为墙，

让他三尺有何妨。

万里长城今还在，

不见当年秦始皇。

郭夫人看罢书信，觉得还是“阁老”有修养，真是“宰相肚里能撑船”啊，于是就让家人从自己宅院的一边让出了三尺宽的地方给王三成使用。

再说王三成，见郭家不仅不争被自己多占的地方，反而又给自己让出了三尺，很受感动，不禁想，看人家郭朴在京城做宰相，权高势重，还给咱一让再让，真是高风亮节，令人敬佩，而自己却占人家的地方，真是太不应该了。于是，他就主动把自己的墙拆了，往后退了三尺。

生活中我们会遇到许多事情，如果没有良好的心态和措施，不懂得退让宽容哲学，就会成为过不了的坎，解不开的结，伤了自己，也伤了别人。若能彼此宽容，就能一团和气。

明白了退一步海阔天空这个道理，如果我们遇事给自己5分钟冷静的思考，一定可以拥有更开阔的心境，可以做出更加睿智的决策。

人生百态，各有所爱，你爱吃鱼，他爱吃鸭，虽然嗜好各不相同，但缘分安排大家一桌共食，各自也都吃到了自己喜欢的东西，何乐而不为，又何必强求别人一定要吃自己喜欢的东西。如果我们能承认品质各自有异的客观存在，便会对彼此的互异感到快乐，你有你的思维方式，我有我的人生见地，若能互相学习，转换思维，用你的博大胸怀去包容万物，退一步海阔天空，到那时，你会感到“明月装饰了你的窗子，你装饰了别人的梦”，有一种出人意料的美、一种意想不到的奇迹。

**【狼性生存术】**

面对变化多端的世界，让步有时是必要的，甚至是必需的。应该意识到让步是一种暂时的后退，是为了进一步的前进。让步并非懦弱，更不是失去人格，而是一种做人做事的修养。只有这样，我们才能在该退的时候主动撤退。

## 2. 审时度势，伺机而动

【狼道语录】把握时机，顺势而为。

汉语中有一个词汇叫“水到渠成”，它表明事物发展都有自己的规律可寻。在处理各种关系的时候，一定要善于借助事物内在的力量因势利导，才容易获得成功。就像大禹治水一样，采用疏导的方法，按照水的走势采取措施就容易驯服它，否则逆势而行就会碰壁。

在为人处事中也是这样，要懂得运用环境的力量，运用时代的力量，运用人民的力量，运用信仰的力量，运用天下趋势中的整个力量，才能成就大业。掌握趋势就是掌握未来，掌握发展的机会。当一种趋势苗头初现时，能够发现，并且把握住，就是真的英雄。著名商人李嘉诚就把握住了这一点。

李嘉诚开始是做塑胶花的，当他成了“塑胶花大王”之后，1967年香港地产大跌，他敏锐地感觉到未来香港经济必定会复苏，地产的长期趋势一定看涨，于是他趁低吸纳，趁机买进了很多地；到了20世纪80年代，香港地产果然狂涨，他又把地产抛掉，赚得大钱。后来他转而去做码头，也是赚得盘满钵满。他总是能够把握趋势的变迁，提前别人半步，这也正是他能成为巨富的原因。

从李嘉诚成功致富的例子我们可以看出，面对不断变化的形势，要冷静沉着，理智思考，审时度势，分清形势的利弊得失，高瞻远瞩，果断决策，抓住机遇。机不可失，失不再来，机会是转瞬即逝的，它只青睐于有眼光、有智慧、有头脑的人。审时度势才能抓住机会，伺机而动才能取得成功。

【狼性生存术】

审时度势是一种理智的生活理念。在为人处事中，要审时度势，分析出客观情况的变化，并根据这些变化迅速地调整自己，使自己的一举一动都符合这一变化。只有这样才能在机遇降临的时候搭上幸运的顺风车。

## 3. 宽以谦让，不争而争

**【狼道语录】**用“让”来“争”。

对于争与不争，据说孔子曾去拜见过老子，老子教训他说：“良贾深藏若虚，君子盛德若愚，去子之骄气与多欲，态色与淫志，是无益于子之身。”孔子感叹说，老子就像龙一样，“见首不见尾”。老子开出的修养方法是“不争”，“圣人之道，为而不争”。

中国人把“不争”看成最高境界的“争”，是智慧的体现。只要自己与大家不争，大家就不会与自己争，如果自己与大家不争，同时自己尽量想办法让别人争得更多，长此以往，你就可能成为宽宏大量、忍辱负重、能屈能伸、大恩大德或“毫不利己，专门利人”的一个人。这样的人，无论做领导，还是做生意，都不怕没有成功来临。

谦让也会带来顺其自然的争取，在谦让中争取到追求的东西，是一种很巧妙地为人处事方法。

我们知道，象棋有两种颜色，一种是红色的，一种是黑色的。把象棋拿出来的时候，两个人都去拿黑色的棋子，没有人去拿红色的。于是，就有外国人问：“你们中国人搞什么玩意，连下象棋都去枪黑的，那红得比较好看，为什么不拿红的呢？”结果，其中一个人回答说：“我没有抢黑的，我在让红的给他，我一直在让，我们没有抢黑的。”外国人听了莫名其妙，又问另一个人，结果对方也这么说。

由此可见外国人满脑子都是竞争，他们看问题的视角就是一个“争”字。这是中国人与外国人思维独特的地方，也是中国人厉害的地方——用“让”来“争”。

这种用让来争的技巧体现在为人处事的很多方面，无论在管理中还是在经商中，都能找到用谦让来争取所求的成功范例。

在管理中，高明的领导人会让下属充分表现，让对方把内心的想法、诉求呈现出来，而不是上来就大声呵斥、一副唯我独尊的样子。结果，对方表演完了，也就没斗志了，这时候领导人再采取应对策略，就能轻松把对方拿下，达到预期的管理目标。

同样的道理，在经商过程中，高明的商人也是以不争为争的，他们懂得谦卑的道理，善于观察局势，能够冷静理智分析，甚至作出一些在外人看来吃亏的事情，然而最终的结果是，这些人总能获利丰厚，成为最大的赢家。

在社会生活中，每个人的兴趣、爱好、理想 、追求不同，难免磕磕碰碰，不可能尽善尽美。这就要求双方为人处事宽以谦让，尊重别人的长处，谅解别人的短处，容忍别人的一时过错。

**【狼性生存术】**

“不争”就是心境方面的一种修养。现代社会要求人必须积极进取，没有人愿意主动让出自己的利益给别人，但以让来争其实可以收获更多的东西。谦让寻求一种内心的平和，不仅可以化解矛盾，还体现了为人的一种风度与涵养。

## 4．功成身退，天之道

**【狼道语录】**功成身退是大智慧。

持而盈之，不如其已。揣而锐之，不可长保。金玉满堂，莫之能守。富贵而骄，自贻其咎。功成、名遂、身退，天之道。

“功成身退”的思想在今天对许多人来讲已经不太灵验。它会使人失去积极的进取心，从而满足于现状，当一天和尚撞一天钟。这是其糟粕之处。事实上，这里提出的“功成身退”仅是一种做人做事的退守策略，是指一个人能把握住机会，获得一定成功后名利已有，见好就收。

不管你是谁，抛开一切的装饰，不过是天地万物间的一个“人”罢了。其所得到的和所失去的在天地万物间也就是一粒小小的流沙而已。正如老子所说，人法地，地法天，天法道，道法自然。自然界有花开花落，人世间有进退从容。个体在自然界中实在是太渺小，哪怕是获得无上的名誉，必要的时候，功成身退，方能养命长存。

古人很讲究功成身退的道理，人要符合天的道，功业已经成了，就需引身后退，这是一种自然的规律，顺其规律是大智慧。

中国历史上这种例子不胜枚举。汉高祖刘邦的军师张良在辅佐刘邦获得天下之后，便毅然光荣隐退。

当时，张良向刘邦请求："我是你成为帝王的三寸不烂之舌的军师，蒙恩拜领万户封地，名列公侯。我的任务至此已经完成。从今以后，我要舍弃主俗，漫游仙界。"

看到张良态度坚决，刘邦就应允了他的请求。由此，这位谋天下的大贤才得以功成身退，安享晚年。相比之下，韩信帮助刘邦问鼎天下之后，仍然不懂得思"退"，最后落得"狡兔死、走狗烹"的悲惨结局，就太不划算了。

现代社会充斥着各种各样的诱惑，人们往往是想越走越高，站在山顶亦不满足，到最后心瘁力竭，连原来的威望也丢失殆尽。其实这又是何必呢?

当你取得辉煌成就，名声达到高峰时，你必须回过头来想想，你是否还有能力追上发展潮流，是否能保持这种水平。不行了，你应立即退出自己奋斗的领域。

**【狼性生存术】**

事业已遂，力量至极，则隐身退后，这是自觉遵循自然规律。知进而不知退者，祸必及身。功成身退，是大自然的一大定律，人生的一大真理。时代伟人，一旦达到事业的顶峰，完成其历史使命，就顺应历史发展潮流，效法自然，主动的退位让贤。把握时势，懂得"功成身退"，才能够获得一个完满的结局。

## 5. 别急着亮出自己的底牌

**【狼道语录】**为人处事要善于隐藏自己。

俗话说，"逢人只说三分话"，还有七分，是不应该对别人说出。孔子曰："不得其人而言，谓之失言。"

一个冷静的倾听者，不但到处受人欢迎，而且会逐渐知道许多事情。而一个喋喋不休者，像一只漏水的船，每一个乘客都希望赶快逃离它。同时，多说招怨，瞎说惹祸。正所谓言多必失、多言多败。只有沉默，才不至于被出卖。保持沉默便是保持不伤人。

《三国演义》中有一段“曹操煮酒论英雄”的故事。当时刘备落难投奔曹操，曹操很真诚地接待了刘备。刘备住在许都，在衣带诏签名后，为防曹操谋害，就在后园种菜，亲自浇灌，以此迷惑曹操，使其放松对自己的注意。

一日，曹操约刘备入府饮酒，谈起以龙状人，议起谁为世之英雄。刘备点遍袁术、袁绍、刘表、孙策、刘璋、张绣、张鲁、韩遂，均被曹操一一贬低。曹操指出英雄的标准——“胸怀大志，腹有良谋，有包藏宇宙之机，吞吐天地之志”。刘备问：“谁人当之？”曹操说，只有刘备与他才是。

曹操独具慧眼正好说到刘备的志向，刘备被曹操点破是英雄后，竟吓得把匙箸也丢落在地上。恰好当时大雨将到，雷声大作。刘备从容俯拾匙箸，并说：“一震之感，乃至于此。”巧妙地将自己的惶乱掩饰过去。从而也避免了一场劫数。刘备在煮酒论英雄的对答中是非常聪明的。

刘备藏而不露，人前不夸张、显耀、吹牛、自大，装聋作哑不把自己算进“英雄”之列，这办法是很让人放心的。他的种菜、他的数英雄，至少在表面上收敛了自己的行为。一个人活在世上，气焰是不能过于张扬的。

中国旧时的店铺里，在店面是不陈列贵重货物的，店主总是把它们收藏起来。只有遇到有钱又识货的人，才告诉他们好东西在里面。倘若随便将上等商品摆放在明面上，岂有贼不惦记之理。

不仅是商品，人的才能也是如此。俗话说的“满招损，谦受益”，才华出众而喜欢自我炫耀的人，必然会招致别人的反感，吃大亏而不自知。

这个世界上才能高的人很多，但是真正能做到含而不露的人却很少，同样一部《三国演义》，死于曹操手下的才高八斗之士数不胜数，如孔融、弥衡等，皆因他们不善于隐藏自己才命丧黄泉。所以，无论才能有多高，都要善于隐匿，即表面上看似没有，实则充满，唯有这样，在与人交往时，才不至于招人嫉妒，才能轻易获得人心。

在社会上行走，我们每个人都要掌握这种低调隐忍的做人绝学。多一些深思熟虑，少一些锋芒毕露，千万不要把肚子里的“宝贝”像竹筒倒豆子一样全拿出来。若不懂这一道理，肚里有再多的宝贝，也终将成为别人的囊中之物！

【狼性生存术】

面对那些沉默寡言、喜怒不形于色的人，我们说话办事需十分谨慎，不能急着把自己的底牌暴露给他。这些人的城府往往很深，心计也比较多，如果你说话办事欠考虑，很容易被他抓住把柄，反过来利用你！

## 6. 逢人只说三分话

【狼道语录】交浅之人勿言深。

生活中，人的性格各异，与人交往的方式也不相同。有些人见到交往比较少的人，说话总是非常谨慎，生怕引起什么误会。而有的人，即使是和没有多少交往的人打交道，也总是直言快语，爱说心里话。

那么和交往不深的人说话究竟是该亲热一点、无话不谈好呢，还是注意分寸、少说为妙呢？

一个叫做冯忌的人，求见赵王，要向赵王说一些重要的事情。但是，由于他不清楚赵王的脾气，所以一开始就很小心。他把两只手交叉在胸前，低着头，一副欲言又止的样子。赵王问他为什么这样，他对赵王讲了一个故事：

有一个人给服子介绍了一位门客。可是没过多久，服子竟要治这位门客的罪。为什么呢？原来，服子觉得这位门客犯了三条错：他望着服子笑，让服子觉得受到了捉弄；他对服子不称老师，让服子觉得他侵犯了自己的尊严；他和服子并没有多少交情，却总爱说掏心窝子的话给服子听，“交浅言深”，让服子觉得他很没有分寸。

这个人听了，却对服子说：他朝你笑，是为了表示和气，制造融洽的气氛；他不称呼你老师，是因为老师是一个挺平常的称呼，没有必要天天挂在嘴边；他和你说掏心窝子的话，是因为对你忠诚。当年尧在茅草屋中接见了舜，他们坐在田间地头的桑树下说话，随后尧就把治理天下的事情交给了舜。伊尹背着锅碗瓢盆去求见商王汤，在他还没有怎么出名的时候，就得到了很高的爵位。如果他们因为交往不深而不坦诚地讲真心话，恐怕尧的天下也就没法传给舜，伊尹也就没办法接受高的爵位。

故事讲到这儿，赵王很高兴，大声说道："不错！讲得好！"

冯忌是个聪明人，他之所以要讲这样一个故事给赵王听，是因为他心里对于该不该向没打过多少交道的赵王说掏心窝的话没底，于是就想借这个故事来试探赵王。

看到赵王高兴了，冯忌就对赵王说："现在，我不是朝廷里的人，跟您交往很少，可是，我想和您深谈一番，行吗？"

赵王正在兴头儿上，便欣然允许了。于是，冯忌才对赵王说起了掏心窝的话。

冯忌正是懂得"交浅言深"的道理，以此来试探赵王，得到赵王允可后方才"言深"，倘若冯忌像那个门客一样，估计也被赵王治罪了。

俗话说，"逢人只说三分话"，还有七分话不必对人说出。老于世故的人只说三分话，你一定认为他们是狡猾、是不诚实，其实说话须看对方是什么人。

对方不是可以尽言的人，你说三分真话，已不为少。孔子曰："不得其人而言，谓之失言。"

对方倘不是深相知的人，你也畅所欲言，以快一时，对方的反应是如何呢？你说的话，是属于你自己的事，对方愿意听么？彼此关系浅薄，你与之深谈，显出你没有修养；你说的话，是属于对方的，你不是他的诤友，不配与他深谈，忠言逆耳，显出你的冒昧；你说的话，是属于国家的，对方的立场如何，你没有明白；对方的主张如何，你也没有明白，你偏高谈阔论，轻言更易招祸呢！

所以逢人只说三分话，不是不可说，而是不必说、不该说。如果说了，未免尴尬：

交浅言深的尴尬，在于你"让利相送"却以为你"满场杀价"，见人有份，人见有份；在于你没有显示出你的知识与情感的价值，突然报了一个让人吓一跳的交换高价；在于你把本属于珍贵的情感或极富价值的信息，随便送给了不需要它的人，甚至可能会以此来出卖你的人；在于你过早地报了个底价，反而让人觉得你轻浮，没有潜力，而不再愿意与你长期合作下去；在于你逼着对方承担他不愿意承担的责任与义务；在于你原本是善意调侃，而在对方看来显然是恶意的攻击；在于你一旦没有得到所期望的回应后，会因懊悔而表现出不必要的嗔怪甚至愤怒；在于你因为没有掌握交往的节奏，而可能失去一位原本可以成为知己的好朋友；在于你把自己隐私亲自交给了可能对你有威胁的人，然后形成彼此之间的戒备；在于你顺着杆子爬得太高，结果没有人能够帮助你下来；在于你没有真正了解对方的需要，就做出太多的承诺；在于你从此误认为世上的人都不可信，都不可与之真诚交往。

天性率真的宋朝诗人苏东坡在一首诗里写道："身微空志大，交浅言屡深。"这句诗说明，苏东坡也曾多次对交情不深的人说过真心话，但后来的结果是：他多少有点儿后悔。由此可见，对于交往不深的人说话是应该小心谨慎，还是该坦诚以对，要视人而定。

**【狼性生存术】**

说话本来有三种限制：天时地利人和。非其人不必说；非其时，虽得其人，也不必说；得其人，得其时，而非其地，仍是不必说。非其人，你说三分真话，已是太多；得其人，而非其时，你说三分话，正给他一个暗示，看看他的反应；得其人，得其时，而非其地，你说三分话，正可以引起他的注意，如有必要，不妨择地作长谈，这叫做通达世故的人。

## 7. 三十六计，走为上策

**【狼道语录】**必要时，放弃也是一种胜利。

人生如围棋一样，"进"与"退"是两种最基本的对弈选择，而他们也有相同的一致性：保存自我，赢得胜利。从这一角度来看，"撤退"也是进攻的一种样式，是为了保存实力，日后寻找到有利时机再次行动。

春秋战国时期，楚国日益强大，于是寻找机会吞并周围的小国。当时的楚庄王为了扩张势力，制定了攻打庸国的计划。尽管庸国是一个国土狭小、人员稀少的地方，但是那里的人们为了保卫自己的家园，人人奋力抵抗，结果楚军一时难以获得胜利。

楚国的大将师叔认为，如果不调集主力大军，恐怕很难在短时间内获得胜利；并且他还建议让部队后撤的策略来骗取敌人，等到时机到来时发动突然袭击。就这样，楚国采纳了师叔的意见，决定用佯装败退之计来让庸军变得骄横。开战不久，楚军佯装难以招架，开始向后撤退，接连几次都是如此。庸军节节胜利，果然开始目空一切，作战指挥上失去了原来严谨的作风，根本不把对手放在眼里了。

就在这时候，楚国的增援部队赶来了，两军会合到一处，开始发动对庸军的反击。此时的庸军军心麻痹，士兵陶醉在胜利中早已经失去了斗志，一心想着如何奖赏自己的功劳。面对楚军的突然反攻，庸军士兵和将领大多不知所措，只得仓促应战。英勇的楚军很快赢得了胜利，接着他们大举进攻庸国，完成了称霸的野心。

生活中，我们有无数的机遇和大胆尝试的机会，允许失败和不断放弃。因此，做人做事的时候不要过于固执，应根据情况灵活选择，必要时懂得放弃，坚持“走为上”。尤其是遭遇逆境的时候，“退”可以让我们保留实力，从而积聚力量东山再起。

## 【狼性生存术】

“三十六计，走为上策”，已经被广泛应用到社会生活中的方方面面。在商业世界里，进行投资可能遇到危险状况，比如市场环境发生变化，这时学会主动撤退的艺术，才能避免更大的损失。做人做事的时候，面对不明朗的前景，放弃最后的一搏，而不是过于固执，才能寻找到更佳的目标。

# 第十一章

## 中庸之道，不偏不倚

### ——做得恰到好处，赢得圆圆满满

“中”就是不要太过分，也不要达不到，而“庸”就是指一种平平常常的状态。“中庸”就是要求人们在事物的两个极端之间选取或者把握一个中道，并可以在人们的日常生活中随时随地加以实践。

为人相处必然要处置各种关系，对今人来说，做人做事遵循“中庸之道”的技巧，能够达到不偏不倚的效果，避免“过无不及”的尴尬，将事务处理得妥贴圆满。心中长存“中庸”的思想，一个人就有了标尺，做任何事情都会游刃有余、处事不惊。

## 1. 不偏不倚是一种人生境界

**【狼道语录】**中庸之道，不偏不倚。

在社会上行走，如临深渊，如履薄冰，应尽量减少“福中祸”的苗头。要做到这一点，就要取道中庸。世事纷扰，更何况官场险恶。自以为老子为大，左右冲撞，早晚得碰壁。退一步，海阔天空。任凭风吹浪打，总能立于不败之地。

做人做事要有学问，其中很重要的一点就是不偏激。对此，我国古代先哲有过明确的教诲，这就是儒家倡导的中庸之道。“中庸之道，不偏不倚”，意思是做事情的时候要不偏激、不偏向于某一个方面。因为，理论上的说教并不能代替现实的复杂，我们必须根据客观情况采取灵活的对策。

竹林七贤中的阮籍是一个坚持中庸大法、抱朴守拙、不偏不倚的人。

他崇尚老庄又不能不入仕，轻蔑礼法又不能完全跳出礼法的拘束。有浓重的忠君正统思想的司马光在《资治通鉴》中评论这些人“皆崇尚虚无，轻蔑礼法，纵酒昏酣，遗落世事”。

阮籍表面上不遵礼法，有种种似乎荒唐表现。然而阮籍曾替人写过劝进表。魏天子曾加司马昭“九锡”，司马昭假意推辞，司马昭手下公卿劝进，指定阮籍执笔，阮籍大醉忘了这件事。公卿们准备入府劝进时，派人来取劝进表，来人见阮籍仍伏案醉眠，便催问他，他当即伏身将劝进表写在书案上，命来人抄录，文不加点而言辞清壮，甚为时人所称道。

阮籍有他自己的个性与做人原则，这招致他曾被许多人陷害，但是阮籍有他不偏不倚的有效的避祸措施，这是他平安度过一生的保障。

可见中庸之道在生活中关系之重大。

此外，道家主张的有所为、有所不为的原则，也与“不偏不倚，中庸之道”有异曲同工之妙。而佛家则主张“不要执着于有我与非我”，也是要求人们在“中庸”的道路上行进。这些金玉良言都是对个人性格培养有益的谆谆教导。

事实上，做事是处理各种事务的过程，也是一个人际关系开发的问题，凡事留有余地、多考虑鲁莽行动的后果，才可能令各方满意，把事情办好，推进事业发展。

【狼性生存术】

中庸之道是对自然的正确态度，也是我们在社会生活中获取事业发展的重要指导原则。在历史与未来之间，我们不能脱离任何一方，因为传统的力量是异常强大的；面对未来，我们也不能加以拒绝，因为我们迟早要奔向那一刻。所以，在处理各种事务的过程中坚持圆通的处置方式，才能避免因为偏激导致不良后果。

## 2. 说话要掌握分寸

【狼道语录】注意分寸，亲疏得当。

现代社会是一个竞争与合作的社会，有的人在竞争中失败，有的人在合作中成功。之所以出现这种差异，与我们是否“会”说话有很大关系。

在为人处世中，说话永远避免正面冲突，才是唯一正确的选择。争辩赢了不是真正的赢，那只会让你的一生失去更多的朋友。

生活有禁忌，做人有禁忌，说话更应该有禁忌。如果说话不讲究分寸，张口即来，毫不考虑后果，那么人际关系就会遭到破坏，求人办事也会一无所成。

三国时期，吴国大夫鲁肃与诸葛亮商讨联合抵抗曹操的事情，后来诸葛亮提出把荆州借给刘备的要求。在孔明的煽动下，鲁肃轻率地答应了这件事。结果，刘备占据着荆州始终不肯归还，使东吴伤透了脑筋。围绕荆州的争夺，吴蜀之间展开了激烈的较量，先是东吴“赔了夫人又折兵”，气死了周瑜；后来，关羽败走麦城。

鲁肃当初说话的时候没有掌握好分寸，所以轻诺别人，给东吴带来许多麻烦，而且严重伤害了与蜀国的关系。

由此可见，我们在说话的时候一定要把握好分寸，没有把握的话绝对不要说，有把握的话也要注意区分对象。只有这样，我们才能不会作茧自缚。

人们在社会上不管是与人交往，还是托人办事，都少不了要搬弄唇舌与人说话，传递信息，沟通感情，交流思想。这里就有能否正确说话办事的差别，一句话能把人说笑，也能把人说恼，完全在于我们的掌握。

在我们周围，一些人因为在说话的时候把握不好分寸，结果引出许多是非，甚至达到拳脚相向、兵戎相见地步，实在让人慨叹。这种争斗不仅对双方都没有价值，而且严重损坏了我们的个人形象，恶化了我们的情绪，有百害而无一利。由此可见，说话能否讲究分寸，不仅影响我们正确的传情达意，还关系到我们的为人处事和人际关系。

**【狼性生存术】**

语言的威力是非常巨大的，而掌握说话的分寸是语言的最高艺术。一句话怎么说，说给谁听，都包含着很深的学问，需要我们认真体会和把握。

## 3. “开玩笑”不能过火

**【狼道语录】**做什么事情都要有个度。

在与人交谈中“开玩笑”可以使谈话氛围变得轻松融洽，但是凡事都有个度，“开玩笑”过火了，有可能伤害到别人，甚至破坏彼此的感情。人人都有自尊心，人人都有好胜心，你要联络感情，要开玩笑，就要注意处处要重视对方的自尊心。

公元前8世纪，周朝最后一个皇帝周幽王昏庸无道，整天在后宫和美人嬉戏。当时，他特别宠爱一个叫褒姒的妃子。尽管周幽王想出了各种方法满足她，但是褒姒始终不高兴，根本不露出一丝笑容。为了博得美人一笑，周幽王简直伤透了脑筋。

有一天，周幽王带着褒姒到骊山的烽火台玩。他耐心地给褒姒讲解烽火台的用处，并告诉她如何点燃狼烟，让远在各地的诸侯们带领兵马过来。褒姒听到这里，不相信点一把火就能召来千里之外的救兵。为了证明自己说的没错，周幽王立即下令点燃烽火。各地诸侯很快得到了消息，以为国都受到了敌人的进攻，纷纷率领军队前来救援。

当诸侯们匆忙赶到骊山脚下时，褒姒终于露出了笑容，这使得周幽王非常兴奋。他看到诸侯赶到了，就让大家回去，说这里没事。诸侯们看到大王与妃子在高台上饮酒作乐，并没有敌人进攻，都认为自己被国王愚弄了。此后，周幽王为了看到自己宠爱的妃子微笑，多次点燃烽火，结果诸侯们又急匆匆地带着军队赶来了。而褒姒一见诸侯们又上当了，在烽火台上又是一阵大笑。

后来，真的有敌人攻打周朝。周幽王赶紧下令点燃烽火，召唤诸侯。但是大家已经不再相信周幽王了，尽管烽火不断，却没有一个诸侯前来救援。就这样，周朝的国都被攻破了，周幽王被杀，周朝最终灭亡了。

周幽王为了博取美人一笑，竟然和诸侯们开玩笑，点燃了传报战争消息的烽火，把国家权力当作儿戏，只能使自己走向彻底灭亡。

因为开玩笑而使朋友反目、给自己带来祸患的例子很多，我们要懂得“玩笑”并非总是善意的表达，还可能给对方带来伤害，使双方发生误解。

## 【狼性生存术】

幽默是帮助我们与人友善相处的有效工具。生活中需要幽默的“玩笑”，但是我们要把握好分寸，开玩笑不能过火，否则就失去了快乐的成分，与我们的初衷相背离。特别是与朋友相处的时候，更要准确判断对方的心理承受能力，才能在“玩笑”中体验快乐时光。

## 4. 吃不到葡萄，别说葡萄酸

【狼道语录】放下面子，坦诚地面对自己。

生活中有一种滑稽的现象：有些人事事都要高出别人一头，在他得意时如此，即便是失意、破落时也是如此，而且为了顾及面子，无论是得意还是失意，他都能为自己找到一种“说法”，言之凿凿，有根有据，即使前后矛盾，漏洞百出，自己打了自己的嘴巴，他也不以为耻。这种人，老百姓对他有个俗称，叫“常有理”。

有一只狐狸想要吃树上的葡萄，但却够不上、吃不着。它无可奈何，只好自欺欺人地说：“哼，那葡萄一定是酸的！”这就是著名的《伊索寓言》中那个著名的故事。“吃不到葡萄说葡萄酸”因此便成为一个广泛运用的成语。

在生活中有些人在金钱方面，一旦腰包鼓了，便财大气粗，傲视穷人，可是一旦自己败落了，就说什么“君子固穷”，讽刺别人是“无奸不富”。做人做事的时候，一些人也存在着这种心理，看到别人取得成绩，就说一些风凉话，自己根本不注意从中吸取经验教训，对个人成长进步于事无补。

我们不应该总是为我们的失误找借口，也不该因为别人得到了而眼馋嫉妒，以至于养成说风凉话的习惯。吃不到葡萄就说葡萄酸的心理不可取。

当我们错了，若是我们对自己诚实，就要迅速而热诚地承认。这种技巧不但能产生惊人的效果，而且比为自己争辩还有趣得多。

如果你总是害怕别人承认自己曾经犯错，那么，请接受以下这些建议：

（1）假若你必须向别人交代，与其替自己找借口逃避责难，不如勇于认错，在别人没有机会把你的错到处宣扬之前，对自己的行为负起一切的责任。

（2）如果你在工作上出错，要立即向领导汇报自己的失误，这样当然有可能会被大骂一顿。可是上司的心中却会认为你是一个诚实的人，将来也许对你更加倚重，你所得到的可能比你失去的还多。

（3）如果你所犯的错误可能会影响到其他同事的工作成绩或进度时，无论同事是否已发现这些不利影响，都要赶在同事找你“兴师问罪”之前主动向他道歉、解释。千万不要企图自我辩护，推卸责任，否则只会火上浇油，令对方更感愤怒。卡耐基曾经说过：“很多人看到原本与自己能力、才智差不多的或者还不及自己的人的财富超过了他（她），于是产生一种不平衡的心理。这种心理事实上也是人之常情。但是，消除这种不平衡心理，不应采用‘吃不到葡萄说葡萄酸’的办法，而是奋起拼搏，勇猛直追”。

戴尔·卡耐基告诉我们，即使傻瓜也会为自己的错误辩护，但能承认自己错误的人，就会获得他人的尊重，而且令人有一种高贵诚信的感觉。

**【狼性生存术】**

每个人都会犯错误，尤其是当你精神不佳、工作过重、承受太沉重的生活压力时。偶尔不小心犯错是很普遍的事情，关键是犯错后要用正确的态度对待它。犯错误不算什么不可饶恕的事，只有放下了面子，不再固守所谓的自尊，才能坦诚地面对自己、面对他人。

## 5. 偏激的人总是走弯路

**【狼道语录】**与人相处不可太偏激。

在日常的交往中常会听到有人说某某不好相处，仔细观察就会发现，这类人主要是做人太偏激。这种人到哪都没有好人缘。

处理问题头脑要冷静、客观，全面地想问题，切忌忽左忽右，极端片面。偏激则有失冷静。有的人天性偏激，就要通过后天的训练去克服，克服偏激的方法主要有：

（1）尝试一下运用宽心法克服狭隘的痛苦。努力工作，奋发学习，加强思想修养，热爱并创造新的生活，思想境界提高了，心境也就放宽了。

格洛斯是一名出色的田径运动员，几年前在一次车祸中成了残疾。为此，他那美貌的妻子离开了他。起初，他只好沉缅于美好的往事回忆之中，面对未来，他越发愤恨他的妻子。但最终他还是原谅了她。他说，如果我只是终日沉缅于对她的旧日情爱的回忆之中，整天只是怨恨她的冷酷，那么我只有终日流泪，对我的身体有害无益。让过去的事情过去吧，我需要的是获得未来的幸福。

原谅别人不是软弱的表现，而是坚韧的象征。怨仇相报抚不平心中的伤痕，它只能把双方捆绑在无休止的争吵战车上。

（2）运用遗忘法克服仇恨的痛苦。对过去的历史不必再去追溯。企图从回忆中捕捉虚幻的甜蜜，往往会增加烦恼。运用排除法克服失意的痛苦。主动置身于欢乐的环境中，参加一些集体活动或出外旅游，这样可以振奋精神，开阔胸襟。

（3）运用寄托法克服失恋的痛苦。根据自己的兴趣，选择一种追求目标。比如可以争取在本职工作中有所创造革新，也可以在业余活动中争取成绩。

另外，还要克服社交中的攀比情绪，对人不要抱有对立情绪，不要时时处处提防别人，不要使自己与别人的关系经常处于紧张状态。

完成工作后不要滔滔不绝地自我吹嘘。你的功过大家自有评价，最好保持谦虚谨慎的态度。

与朋友相处，要有自己的独到见解，但不要固执己见，听不进他人的意见。

做人要有责任心，与人交往要负责任，对别人委托的事和自己与别人共同参与的工作，都要主动负起责任，绝不要敷衍了事。

对人不要报复心太强。人与人之间难免会有些矛盾和冲突，如果受点委屈就耿耿于怀，便很难与人有正常的交往。越是有才能越要谦虚。切忌不可狂妄自大，自命不凡，谦逊而有才干的人是最受人爱戴的，那种有才能但自负的人，准会在人际交往中栽跟头。

待人要平等，不要把人分成三六九等、尊贵卑贱。这种庸俗的待人方式令人生厌，大凡有头脑的人，都不会与这种势利小人做朋友。

在荣誉和奖励面前要谦让人，在困难和责任面前要勇于承担。这样的人走到哪里都会受到大家的尊重和爱戴。记住别人对你的帮助，适当的时候给予回报。要将你对别人的帮助视为理所当然，这样的话谁都愿意和你交朋友。

以德报怨，人人敬之。处理怨恨最明智的方法就是不计前嫌，以德报怨，以怨情为友情。当你发现自己伤害了别人的时候，要及时道歉，求得别人的谅解。不能因为别人对你的伤害产生怨气就忍受不了，想方设法为自己的行为辩解甚至不承认自己有错。

【狼性生存术】

待人处世，不可避免的要涉及到与人交谈。有一个好人缘便能在生活中找到如鱼得水的快感。不要因为狭隘、偏激的心理让自己处于被孤立的状态，克服自己的偏激心理，放宽心胸去接纳别人，改善自己，在生活中才不会走那么多弯路。

## 6. 权威不一定都可信

【狼道语录】别对权威顶礼膜拜。

在传统角度看来，对权威的不服从是犯了弥天大罪。在某些学术权威带头人看来，他领导的学科几乎已成为他一个人的自留地，不允许他人发表与其不同的意见，如有违反便要遭到无情的打击。

权威在传统的服从习惯影响下，失去了其固有的理性，几乎成了新一代的学阀。

有一位高等院校的知名教授，在自己所从事的学科上造诣甚高，在国内外颇有影响，用现在的话说就是“知名度很高”。但是，有一次他的一名硕士研究生在他所研究的领域内提出了一个新的概念，并且取得了一些新的成果。不过，这个新的概念却是和这位教授的原有设想完全不同的，因此，所推导之结论也自然大相径庭。

事情终于被这位鼎鼎大名的学者知道了，这次他那修养有素的态度受到了强烈的挑战，原来颇为自信的内心也遭到了重重的刺激。他冷静不下来，总觉得这位自己辛辛苦苦培养出来的学生，一旦翅膀硬了，就故意拆自己的台。

他决定反击，虽然他也觉得对方的见解和看法并非全无道理，而自己的理论也不见得无懈可击。可是自尊心却使他认定不管什么场合之下，都必须尽一切力量来维护自己的理论，保全个人的面子。他这样想了，也立即这样做了。

他的那位学生开始感到迷惑，不知道自己的老师为什么对自己的工作会有那么强烈的反感，所以他总想找个机会去向他解释。但是事实证明这一切都是徒劳无益的，他的每次耐心阐述和解释，得到的总是愈来愈带有敌意的责难和反击。

他逐渐相信老师是认为自己在蔑视他的权威，是陷进了过分相信自己的误区，但是对为什么会产生这种情况，他却百思不得其解。

自然，科学是客观的，正确的科学理论和方法是不会因为个人的好恶而消失。所以，那位青年的成果到底还是得到了普遍的承认，并经受住了实践的检验。然而，为此他已耗费了比理应付出的要大几倍的精力，原因就是他遭受到这方面的权威、他自己的老师的强烈反对。

无独有偶，早在二百年前，西方的一位学者向当时的学术权威提出挑战，却得到了鼓励和支持。

法国科学家洪堡德是一位德高望重而又豁达大度的科学家，正当他事业顺利发达的时候，一位刚刚崭露头角的新秀盖—吕萨克却向他发起了挑战。

盖—吕萨克是后来享誉世界的化学家，在气体基本定律上有突出贡献。当时他正在研究气体受热膨胀的规律。经过实验，他发现洪堡德的研究有误。于是他发表论文，尖锐地批评了这位前辈的疏忽，并提出了后来以他名字命名的新的气体定律。

盖—吕萨克的论文无疑是对这样一位有名科学家的冲击，但是洪堡德却不曾仅仅为了个人得失而斤斤计较。当他通过认真研究，发现真理在对方的时候，他的不安顿然冰释，并且主动地来到盖—吕萨克的住所，开门见山地对他说："你的论文很有道理，虽然语气刻簿了一些，但是你是对的。"

他诚恳地道出自己此行的目的：原来他想约请盖—吕萨克和他一道参加对空气进行测定的研究。

随后，洪堡德兴致勃勃的向盖—吕萨克介绍了自己在美国考察了四年的情况，并提出去法国、意大利、德国的考察计划。他不仅建议盖—吕萨克一起来整理自己在美洲考察的工作结果，而且还计划在新的考察中，与这位年轻的化学家共同设置流动实验室。

老科学家的诚挚、无私感动了初出茅庐的盖—吕萨克，他立即愉快地接受了这个盛情而真诚的邀请。最后的事实证明，他们的合作是愉快的，而且是更有成效的。

上面两个例子，一中一西，恰好反映了中西方人对权威的不同态度，也给我们的处世提出了许多有益的警示。

【狼性生存术】

爱因斯坦说：“发展独立思考和独立判断的一般能力，应当始终放在首位。”权威不具永恒性，出于认知惯性所形成的权威崇拜实为迷信。做权威很爽，也容易导致骄傲，但是权威一旦转化为权力，就会逐渐远离真相。权威不一定都可信，别对权威顶礼膜拜。

## 7. 刚直自傲不可取

【狼道语录】大丈夫能屈能伸。

在社会上行走，要学会夹起尾巴做人，这里隐含着深刻的人生进退哲学，大丈夫要学会趋利避祸，这样才不至于被人算计，遗恨终生。所以很多时候，自已明明有才能、有见地、有抱负，但是一定不可表现出来，要表现得很低调，刚直自傲不可取。

阮籍和嵇康同为七贤，但各人性情不同，最后结局也不同。

阮籍表面上不遵礼法，有种种似乎荒唐的表现。虽然行为怪诞不从俗流，但阮籍在官场上是异常小心而且精明的。

在官场上，他从不轻易开口说话，这也是他的一个保身之术。年轻时随叔父漫游，兖州刺史王昶请他相见，他一天也没说一句话。而一谈起学问来，他则滔滔不绝，从不“臧否人物”，即不评价他人高下好坏。

因为阮籍自觉地采取了避祸措施，并且受到司马昭父子的保护，尽管陷害他的人很多，他却没有遭到什么凶险。

比起阮籍来，嵇康的命运就糟得多。嵇康和阮籍一样身材魁伟，一样博学多才。但嵇康不像阮籍那样谨慎小心，性情又刚直，丝毫也不肯曲挠，终于不得善终。他的生命结局，有识之士早已预见到。

嵇康在40岁时被杀。他是由钟会构陷，司马昭下令杀死的。

钟会构陷他，是因为他曾蔑视轻侮钟会。

钟会也是个聪明有才能的人，当时正得司马昭的信任亲厚。他慕嵇康之名，前往拜见，嵇康见钟会驾车到来，不以礼接待，端坐打趺不理睬钟会。这样持续了一段时间，钟会只好转身回去，嵇康忽然开口问道："何所闻而来？何所见而去？"钟会答道："闻所闻而来。见所见而去。"

由此，他得罪了钟会，钟会忌恨于他。

嵇康被捕后，自知难免遭毒手，作诗说："欲寡其过，谤议沸腾；性不伤物，频致怨憎。昔惭柳下，今愧孙登。内负宿心，外赧良明。"诗中既为自己鸣冤，又为自己未能避祸而愧赧。

行刑的这一天，魏国的太学生3000人来请愿，要求留下嵇康作教师，未被允许。到刑场后，嵇康要求最后弹奏一次琴曲《广陵散》。这琴曲据说一个自称"古人"的入夜里传授给他的，并教他发誓不要传授他人。后来有一个人要求跟他学习弹奏此曲，他没有答应。他弹奏一曲《广陵散》后，感叹道，这个曲子从今失传了！

嵇康不是不知世道险恶，也不是不知自己应避祸。只因他才高名盛、刚直自傲、忤逆权贵，最后还是被冤杀。

在待人处世时，为争一时之气而拼个你死我活，是大忌，因为这于己于事又有何益呢？泰山压顶，先弯一下腰又何妨？折断了就永远断了，而弯一下腰还有挺起的机会。

### 【狼性生存术】

为人正直很有必要，但待人处事时，说话一味正直就不太可取了，因为不适当的直言如同反面说话一样，是一种消极和否定的语言暗示，不是使人抵触反感，就是使人顾虑重重，增加心理压力。

恰当得体的委婉说话意味着进行积极的语言暗示，防止消极的语言暗示。委婉说话不仅是一种策略，也是一门待人处事的艺术。作为一个现代人，应当有这种文明意识，掌握这一有利于待人处事的语言表达方式。

## 8. 不做拆台的“小人”

【狼道语录】相互补台，好戏连台；相互拆台，共同垮台。

中国有句古话：“成人之美，不送人之恶。”成人之美是美德中的美德，也是我们中华民族的优良传统。凡是成人之美的话，诸如激励人心、善意的忠告等是受人欢迎和尊重的。反之，在与人谈话交往中，不但不成人之美，反而拆别人台，揭别人短，使人家的兴致成为泡影，或者你在其中成为损人利已的受益者，那就注定要遭人唾骂，成为千夫所指的小人。

在某一次宴会上，某人向邻座的太太讲起了某校长的秘密事，同时表现出对那位校长卑鄙行为的大为不满，并大大地说了一堆攻击的话。

直到后来，那位太太才问他道：“先生，你认识我是谁吗？”

“很抱歉，我还没请教你贵姓。”他回答道。

“我是你说的那位校长的妻子！”

这位先生窘迫十足。

这里，那个先生就犯了拆台揭短的毛病，不仅现场非常尴尬，以后还可能因说校长的坏话，给自己带来十分不利的影响。

小刘和小孔都是在同一个乡镇工作，都是站长，在所处乡镇，也算是人中翘楚、出类拔萃了，业务好，工作能力强，所管理的站内工作有声有色，不过就是谁都不服谁，经常互相犄角，对对方的业务指手画脚，嘀嘀咕咕。按照惯例，乡镇党委年终要选后备副科级干部，

大家都认为，会从他们两个里边二选一，结果，出乎人们的意料，他们两个都落选了，从外乡镇来了副镇长，小刘和小孔问党委书记何故，书记说了一句话：“相互补台，好戏连台；相互拆台，共同垮台。”听后，两人面面相觑。

另外有“一个卖烧饼的和一个卖被子的”故事。

大意是说，古时候，在一个寒冷的冬天，一个卖烧饼的和一个卖被子的同住在一个破庙里避风霜。卖烧饼的很冷，卖被子的很饿，但他们都很自信，想看别人的笑话。就这样，卖烧饼的一个一个吃烧饼，卖被子的一条一条盖被子，谁也不愿意主动为对方“补台”。到最后，卖烧饼的冻死了，卖被子的饿死了。

这是一个非常简单的故事，但仔细品味，却有些道理。如果卖烧饼和卖被子的都不想看别人的笑话，懂得相互“补台”的道理，他们都会活得好好的，不至于落个“一个冻死，一个饿死”的可悲下场。

现实生活中，我们也应该学会思考怎样获得双赢，不做拆台的“小人”。其实，很多人的心理贬低了竞争对手，就是为了抬高自己，令自己处在有利的竞争位置上。这种思考模式是一种致命的思想误区。当然，某些人的习惯性拆台心理，不是这么容易改变的。这种喜欢对别人进行猜疑的心理，也是融洽合作的毒药。

拆台的心理对于个人的成功，乃至社会的发展、经济的进步、民族的振兴有害无益，是一种巨大的内耗。要想处理好与别人的关系，就不要做喜欢拆台的”小人”；不但不能拆台，而且还要想办法“补台”，给别人“打圆场”、“争面子”，支持他把事情搞好，这样也就等于给自己争取到了一个“同盟军”，何乐而不为呢？

**【狼性生存术】**

现实生活中，补台和拆台虽一字之差，但反映了不同的人生观、价值观。俗话说“做人就要人帮人”。多替他人考虑，多方合作共事，就能演出一台又一台“好戏”来。反之，一事当前先替自己打算，时时都想当主角，事事都想争高低，满足不了自己的要求就拆台，最终只能是一起垮台。

# 第十二章

## 难行能行，难忍能忍
### ——忍的功夫有多深，成就就有多大

“人生不如意事十之八九”。想要生存在这个纷繁复杂、反复无常的世界上，不“忍”寸步难行，不“忍”难成大事。忍，是中国文化的美德；忍，是佛家智慧中最大的修行。无边的罪过，在于一个瞋字；无量的功德，在于一个忍字。平时，一个人忍寒忍热容易，忍饥忍饿也不算困难；甚至忍贫忍穷、忍讥忍谤，都还容易做到，但是要忍一口气，就不是人人都能做到的了。

历史上，卓绝千古的风流人物无不经历过常人难以想象的磨难，但是他们深刻明了“小不忍则乱大谋”的道理，最终成就了辉煌的人生。“心字头上一把刀”，“大忍者，大智也”，忍耐不是退缩、让步和放弃，而是有智慧、有能力的表现，是一种为人处世的行动策略。

## 1. 小不忍则乱大谋

**【狼道语录】**不“忍”寸步难行，不“忍”难成大事。

俗话说：“人生不如意事十之八九”。生存在这个纷繁复杂、反复无常的世界里要时刻把忍字放心上。

在工作中也经常会有这样的问题：尽管很多下属都会对自己的上司作出众多的批评，但在现实生活里，每个职员又都要服从他的命令。你感到很气愤，但你要记住一个事实：没有人是十全十美的，在办公室里与其明争暗斗，弄得两败俱伤，不如努力与每一位合作愉快，为日后美好的前途打好稳固的基础。凡事“小不忍则乱大谋”，你应该检讨一下自己的态度，学习与办公室里的每一个人做朋友。

首先，你必须了解上司的脾气。例如，上司在征求下属意见时，有人喜欢白纸黑字的书面报告；有人则喜欢简短的口头报告。有些上司要求下属有自主性，自己作出决定来完成任务；但有些却要求下属定时向他报告，凡事皆以他的意见为准。你若一言一行均令上司满意，要升职还不容易吗？

其次，若你能帮助上司发挥其专业水准，对你必然有好处。例如，上司经常找不到需用的文件，你赶快替他将所有档案有系统地整理好；要是他对某客户处理不当，你可以得体地代他把关系缓和；如果他最讨厌做每月一次的市场报告，你不妨代劳。这样，上司觉得你是好帮手，你自己也可以多储存一些工作本钱。

用暂时的忍耐换回将来的成功资本，在古代这样的例子也很多。

春秋年间，越王勾践被吴王夫差打败，困守在会稽山上。后来，勾践主动跟夫差讲和，但是被要求到吴国当仆役，勾践被迫答应了。

在吴国，勾践忍辱负重。每次夫差外出，他都亲自牵马，甚至遭到责骂也不在乎，始终表现出一副驯服的面孔。其实，勾践只是表面上卑躬屈膝，内心深处却思考着如何东山再起。后来，他骗取了夫差的信任，回到越国。

为了报会稽之耻，勾践吃不好饭，睡不好觉，甚至不近美色、不看歌舞。他苦心劳力，爱抚群臣，教养百姓，赢得了人心。为了坚持锻炼自己的斗志，勾践预备一个苦胆，随时尝一尝苦味，不忘所受之辱。

勾践认识到吴国实力强大，单靠越国的武力是难以取胜的。大夫文种献上一计："高飞之鸟，死于美食，深泉之鱼，死于芳饵。要想复国雪耻，应投其所好，衰其斗志，方可置夫差于死地。"就这样，勾践把挑选的两名绝代佳人——西施和郑旦，送给夫差，并年年向吴王进献宝贝。夫差天真地认为勾践已经彻底臣服自己，对他放松了警惕，逐渐沉沦。

经过多年忍耐和苦心经营，勾践终于具备了对抗吴国的实力。后来双方在五湖决战，吴军大败，夫差被活捉。第二年，勾践开始称霸诸侯。

蛟龙会有身陷泥沙的时候，一个人身处贫贱的环境时，不要因为窘迫而失去志向。像勾践那样不怨天尤人，在忍耐中积极进取，当时机成熟的时候，就能顺势而为，成就梦想。"有志者事竟成"，不能忍受眼前的磨难，怎么能在将来某个时刻成就伟业呢！

## 【狼性生存术】

上苍总是厚爱那些沉默和隐忍的人。年轻时看到他人的风光，我们不必眼红嫉妒。只要持之以恒地做事，积极认真地做人，每个人都会迎来属于自己的成功！

## 2. 为了避祸要委曲求全

【狼道语录】好汉不吃眼前亏。

富有的人欺压贫穷的人，为官得势的人欺侮无官失势的人，有力气的人欺侮没力气的人，凶狠之徒欺侮弱小的人……这是人世间时常发生的、也是人性弱点的表现。

面对外来的欺压，通过反抗求得平安固然很好，但是，当我们力量不足、实力弱小时，委曲求全就很有必要了。特别是当对手异常强大、环境凶险时，忍耐是保全自己、避开祸端的唯一途径。

春秋战国时期，魏惠王想要找一个商鞅式的人才，帮助自己成为当时的霸主。魏国人庞涓求见魏惠王，讲述了自己富国强兵的设想，被拜为大将。得到大王的信任后，庞涓就把同学齐国人孙膑推荐给魏惠王；结果孙膑很快赢得了魏惠王的赏识，获得了更高的职位，这引起了庞涓的不满。

后来，庞涓在魏惠王面前诬陷孙膑私通齐国。魏惠王勃然大怒，把孙膑投进了监狱，还剜掉了他的两块膝盖骨。孙膑看清了庞涓的真面目，就谋划着逃离这个是非之地。这时候，庞涓让孙膑把他编的兵法写出来，孙膑就开始装疯。他吃掉腐烂的食物，满口说着不找边际的话，结果骗过了庞涓。

不久，孙膑被放出来，在大街上流浪。但是心有余悸的孙膑不敢放松警惕，他知道庞涓一定在暗中监视自己，于是仍旧装疯——白天胡乱折腾，晚上到猪圈里睡觉。看到这种情形，庞涓彻底相信孙膑疯了，就对他置之不理了。

后来，孙膑在别人的帮助下偷偷回到齐国，被田忌推荐给齐威王，并很快委以重任。此后，孙膑帮助齐军打了许多胜仗，并在马陵之战中利用“炉灶”的策略消灭了庞涓，雪洗了当年的耻辱。

宋代苏询曾经说过：“一忍可以制百辱，一静可以制百动。”上例中的孙膑是位杰出的军事家，同时也是一个深知忍字秘诀的人。

面对命运的不公，面对“朋友”的诬陷，他仍能忍隐不发，潜心等待时机的到来。这不但需要一份惊人的耐力，同时也需要有一种卓越的审视力和观察力。

老子在《道德经》中说：“曲则全，枉则直，古之所谓曲则全者，岂虚言哉？诚全而归之。”受得住委曲，方能保全自己；经得起冤屈，事理才能得到伸直，其实在危难中能够保全自己的，全都懂得这个道理。以退为进，以忍为攻，这才是为人处世的最妙法则。

**【狼性生存术】**

人生需要沉稳与忍耐，忍耐是一把保护伞。一个人选择好正确的道路，就要采取忍耐克制的态度对待所遭遇的困难，不屈不挠地向着目标奋进，那时候什么委屈、不平和愤懑都不在话下，心中有的只是奋斗后成功的愉悦。

## 3. 忍让相安，和谐共生

**【狼道语录】**退一步海阔天空，忍一时风平浪静。

忍让既然是心地宽阔、态度谦和的表现，也是我们在为人处事的过程中应该具备的一种基本素养。通常能够忍让的人可以妥善协调与他人的矛盾、不会僵化与他人的关系，从而实现良好的人际互动。

一味的前进不知后退之人，其勇气和精神固然值得别人钦佩和赞赏，但大多时候都是莽夫之举，龙潭虎穴固然要闯，但如果略施手腕以最小的损失获得最大的收获，岂不更妙。所以在待人处事时，需要知道退一步海阔天空，必要时做些妥协退让，对自己绝对没有坏处。

古时候有个叫杨翥的人，以忍让谦和闻名。凭借忍让相安的处世准则，他避免了不必要的麻烦，甚至躲避了意外的祸患。

有一次，邻居丢了一只鸡，指骂姓杨的偷鸡不得好死。家人愤愤不平，杨翥却非常淡然：“满世界又不只我一个人姓杨，随他骂去吧。”

还有一次，屋外下着瓢泼大雨，一个邻居把自己院中的积水排到了杨翥家中，全家深受潮湿的苦楚。杨翥仍然很淡然：“不要斤斤计较，总是晴天的时日多，落雨的日子少。”

时间一长，大家都被杨翥的忍让打动了。后来，有一伙强盗密谋抢夺杨家的财宝，就是这些邻居们自发组织起来，帮助杨家与匪徒抗击，杨翥才转危为安，免受灾祸的打击。

留一步，让三分，是一种谨慎的处世方法，适当的谦让不仅不会招致危险，反而是寻求安宁的有效方式。个人生活中，除了原则问题必须坚持，对于小事，对于个人利益，谦让一定会带来身心的愉快，以及和谐的人际关系。有时，这种“退”即是“进”，“与”就是“得”。

古人说：道不同，不相与谋。此话可改成：道不同，亦相与谋。道不同，亦能相安。要能真正做到这一点，在待人处事方面，你离成功也就不远了。

待人处世时，我们要有充分的耐心，忍耐和宽容。我们不仅要能和那些与我们志趣相投的人相处和交朋友，也要能和那些与我们志趣较远的人相处和交朋友，甚至还要和那些与我们志趣完全不同的人相处和交朋友。

【狼性生存术】

路窄处，留一步让人行；滋味浓的，减三分让人食。此是涉世一极安乐法。

生活与工作中的矛盾不可避免，关键是要妥善解决各种问题、化解彼此的隔阂。当双方发生冲突时，一味争强好胜并非最明智的做法，主动忍让能带来祥和的气氛。处理家庭、同事、邻里等各种关系，需要适时忍让，和谐相处。做人做事，“忍常人所不能忍”，才会成就更多、收获更多。

## 4. 没有解不开的疙瘩

【狼道语录】以德报怨，化怨为缘。

以德报怨是指与人为善，拥有豁达的胸怀，看淡别人对自己的抱怨，以一种善德对待对方，甚至是对待仇恨，做到“相逢一笑泯恩仇”。

生活当中，人与人的关系最为复杂，也是最难以处理的一件事情，很多人经常为此而苦恼。

比如在工作中，同事之间相处的多，每个人的性格、脾气禀性、优点和缺点也暴露得比较明显，经常会引出各种各样的瓜葛、冲突。这种瓜葛和冲突有些是表面的，有些是背地里的，有些是公开的，有些是隐蔽的，种种的不愉快交织在一起，便会引发各种矛盾。

同事之间是无法避免工作之间的来往的，如果有了矛盾，必定会影响两人的工作。所以一定要学会处理同事之间的矛盾。

同事之间有了矛盾并不可怕，只要我们能够面对现实，积极采取措施去化解矛盾，同事之间仍会和好如初，甚至比以前的关系更好。

要化解同事之间的矛盾，你应该采取主动态度，不妨尝试着抛开过去的成见，更积极地对待这些人，至少要像对待其他人一样对待他们。一开始他们会心存戒意，而且会认为这是个圈套而不予理会。耐心些，平息过去的积怨的确是件费功夫的事儿。但只要你坚持善待他们，一点点地改进，过一段时间后，表面上的问题就如同阳光下的水一样蒸发了。

如果是深层次的问题，你可以主动找他们沟通，并确认你是否不经意地做了一些事儿得罪了他们。当然这要在你做了大量的工作，且真诚希望与对方和好后才能这样行动。

当你找他们沟通时，他们可能会说，你并没有得罪他们，而且会反问你为什么这样做。你可以心平气和地解释一下你的想法，比如你很看重和他们建立良好的工作关系，也许双方存在误会等等。如果你的确做了令他们生气的事儿，而他们又坚持说你们之间没有任何问题时，责任就完全在他们那一方了。

如果同事的年龄比你大，你不要在事情正发生的时候与他对质，除非你肯定你的理由十分充分。更好的办法是在你们双方都冷静下来后解决，即使在这种情况下，直接地挑明问题和解决问题都不太可能奏效。你可以谈一些相关的问题，当然，你可以用你的方式提出问题。如果你确实做了一些错事并遭到指责，那么要重新审视那个问题并要真诚地道歉。类似“这是我的错”这种话是可能创造奇迹的。

你做出以上努力以后，基本可以化解同事之间的矛盾。如果遇上一些顽固不化的人，在你做出努力后，他仍然不愿意和你和解，你也不要难过，遇上这样的人谁也没办法。问题并不在你，你只管放心地去工作，别理会这类人就是了。

【狼性生存术】

没有化解不了的矛盾，宽容是待人处世的要点。一个以敌视的眼光看人，对周围的人戒备森严，心胸窄小，处处提防，不能宽大为怀的人，必然会因孤独而陷于忧郁和痛苦之中；而宽宏大量，与人为善，宽容待人，能主动为他人着想，肯关心和帮助别人的人，则讨人喜欢，被人接纳，受人尊重，具有魅力，因而能更多地体验成功的喜悦。

## 5. 别太在意遭人排挤

【狼道语录】不需要太在意别人的眼光。

在生活中难免会遇见遭人排挤的时候，太在乎别人的眼光，在做事的时候难免会畏首畏尾。

如果你被同事排挤，必然有其原因。这些原因不外乎以下几种情况：

（1）近来升级连连，招来同事妒嫉，所以群起排挤你；

（2）你刚到本公司上班，你有着令人羡慕的优越条件，包括高学历、有背景、相貌出众，这些都有可能让同事妒嫉；

（3）雇用你的人为公司内人人讨厌的头号公敌，故连你也受牵连；

（4）衣着奇特，言谈过分，爱出风头，而令同事却步；

（5）过分讨好老板而疏于和同事交往；

（6）妨碍了同事获取利益，包括晋升、加薪等可以受惠的事。

如果有一天，你发现你的同事突然一改常态，不再对你友好，事事抱着不合作的态度，处处给你设难题刁难你，出你的洋相，看你的笑话，你就得当心了。这个信息向你传送了一个危险的信号：同事在排挤你了。

如果同事排挤你的原因是属于第一项、第二项，这情况也很自然，所谓“不招人妒嫉是庸才”，能招人妒嫉也不是丢面子的事。其实只要你平日对人的态度和蔼亲切，同事们不难发觉你是一个老实人，久而久之便会乐于和你交往。

如属第三项，那便是你本人的不幸，唯有等机会向同事表示，自己应聘主要是喜爱这份工作，与雇用你的人无关，与他更不是皇亲国戚的关系。只要同事了解到你不是公敌派来的密探，自然会欢迎你的。

如果是属于第四项、第五项，那你便要反省一下，因为问题是出在自己身上，如想令同事改变看法，惟有自己作出改善。平时不要乱发一些惊人的言论，要学会当听众；衣着也应切合身份，既要整洁又要不招摇，过分突出的服装不会为你带来方便，如果你不是土包子，就是为了出风头，这会令同事们把你当成敌对的目标。

如果是属于第六项，你要注意你做事的分寸。升职、加薪、条件改善甚至老板的一句口头表扬都是同事们想获得的奖励，争夺也就在所难免。

我们在生活中也是一样，太在意什么也便最容易失去什么，坦然的面对是最好的解决方法。

**【狼性生存术】**

该是你的推也推不掉，不该是你的抢也抢不来。明白了这个道理，还有什么可争的呢？该让就让，摆出一副高姿态来。虽然你这次吃了亏，但以后会得到补偿的。塞翁失马，因祸得福，眼前看来不是好事，谁又能保证以后不会出现好的结果呢？

## 6. 忍常人所不能忍

**【狼道语录】**忍人之所不能忍，才能为人所不能为。

遭遇逆境的时候，自暴自弃会带来恶性循环，忍耐常人做不到的事情，才是上策。司马迁遭受宫刑后，以巨大的忍耐力顽强抵抗住了痛苦，穷尽毕生精力完成了旷世之作《史记》，名垂青史。而韩信遭受“胯下之辱”的时候，也“难忍能忍”，让世人见识了英雄的器量。

韩信年轻时终日游手好闲，无所事事。有一天，他正在大街上散步，一群小流氓走过来，故意找茬：“你长得挺高啊，不知道能不能禁住我们铁拳。”韩信沉默不语，心里暗暗叫哭：“碰到这些无赖，有理讲不通啊。”

围观的人越来越多，其中一个流氓放肆起来：“你有多大胆量，敢来刺杀我吗？如果害怕，就从我胯下爬过去吧！”周围看热闹的人开始起哄：“好啊，没胆量就爬过去吧。”韩信怒不可遏，用力握紧了拳头。然而，他还是冷静下来，最后默默地从对方胯下爬过去了。这就是历史上著名的韩信“胯下之辱”的故事。

日后，韩信参加了秦末农民起义，成为刘邦的大将，为开创西汉王朝立下了赫赫战功，与张良、萧何一起被尊奉为“汉初三杰”。

韩信后来能够成大事，与他忍耐的性格密不可分，艰苦的环境、惨烈的战斗、决策的复杂……哪一样不需要“难忍能忍”的品质呢?

不愠不火是一种善于忍耐的处世之道。古人说：“忍人之所不能忍，才能为人所不能为。”

所以，学会忍耐是很重要的。不过，当忍耐搀入了阴柔，变成了一种相安无事、与世无争、苟且偷安的处世哲学后，它就走向了反面。

林语堂先生对此曾这样批判：“遇事忍耐为中国人的崇高品质，凡对中国有所了解的人都不否认这一点。然而这种品质走得太远了，以致成了中国人的恶习：中国人已经容忍了许多西方人从来不能容忍的暴政、动荡不安和腐败的统治，他们似乎认为这些也是自然法则的组成部分。”

那么，怎样才叫“会忍耐”呢?

将忍耐作为一种谋略：“小不忍则乱大谋”是指忍的原则，“一忍可以制百辱，一静可以制百动”是指忍的效果。老子关于祸福关系的论述为后人广为传颂，那就是“祸兮，福之所倚；福兮，祸之所伏。”因此，身处逆境，置身祸中，要学会忍，“百忍成钢”，在逆境中要学会忍，才能成就大事，忍得一时苦，方为人上人。

忍耐还可作为保存自己力量的重要手段。当敌我之间的力量太悬殊、正义与邪恶之间的势力差距太大时，忍耐，便作为一种最为明智的退却手段，不硬拼，不消磨自己的元气，将力量慢慢地蓄积起来。所以这种忍耐决不是对传统的习惯势力、落后势力的妥协和投降，一旦时机成熟，羽毛丰了，翅膀硬了，爪子利了，就会乘其不备，猛然一击，让邪恶永不翻身。

**【狼性生存术】**

处世让一步为高，退步即进步的根本；待人宽一分是福，利人实利己的根基。忍住自己的私欲、怒火，实际上是帮助你自己成就大业。

## 7. 自古雄才多磨难

【狼道语录】自古雄才多磨难，从来纨绔少伟男。

大智慧在顺境能发达，逆境能求生，这就需要练“忍”字功夫。忍得一时之辱，只要不忘你最终目标，定会开创一番基业。

邓小平一生具有执着而不固执、自信而不自负、温和而不附合、忍让而不迁就的意志风格。他早年参加革命斗争，戎马生涯中经历了生死考验；建国以后，在文革岁月中身陷逆境，经受了常人难以想象的坎坷。

国外有人评价邓小平时，说他拥有一个最高的德行———善于忍耐。他的第一个妻子死于难产，孩子也夭折了；第二个妻子在他最困难的时候离开了他；政治上经历三起三落，晚年大儿子致残，邓小平都忍受过来了。

毛泽东曾让汪东兴转达给邓小平一些话，其中就有：要忍，不要着急。病中周恩来也曾问邓小平：“态度会不会变。”他坚定、明确地回答：“永远不会。”邓颖超说过：邓小平年轻时可不是这样的，爱说爱笑，他最大的变化是不爱讲话了。每个人不是天生就善于忍耐的，党内斗争的激烈、国家和个人命运的坎坷，改变了邓小平的天性。

邓小平是雄才大略的伟人，从某种意义上说，磨难和忍耐促进了他的成长、增加了他的胆略和智慧。可以肯定的是，在“文革”前，邓小平是不可能产生改革开放思想的。他的变革思想是从忍受磨难中感悟到的。毛泽东曾经这样评价邓小平：“绵里藏针”，“外表和气一团，内里钢铁公司”。真可谓一针见血。

正如孟子所言：“天将降大任于斯人也，必先苦其心志，劳其筋骨，饿其体肤，空乏其身，行拂乱其所为，所以动心忍性，增益其所不能。”

成大事者，难免会有受委屈的时候，且不可心灰意冷，要吃得眼前亏，忍得一时委屈，更加鼓起勇气，才会作出大成绩。宽宏大量之忍，是为人处世的修养，也是真正宰相肚里能撑船，使天宽地广，海阔天高。

### 【狼性生存术】

在人生的道路上出现一些坎坷，遇到一些逆境，碰到一些困难，遭到一些失败，是难以避免的现象。学习忍耐，在忍耐中思考、成长、进步，终有百炼成金的那一天。跟头摔得多了，躲避石头的本领也会增加。

# 第十三章

## 难得糊涂，大智若愚

### ——糊涂是妥妥当当处世的妙方

俗话说：水至清则无鱼，人至察则无徒。乍听起来，似乎太“世故”了。然而，在为人处世时许多事情往往都坏在“认真”二字上。我们说“水至清则无鱼”，主要强调的是在待人或处世时不能太“认真”，该糊涂时就糊涂，只要不是原则问题，糊涂也未尝不可。

与人相处，要“睁一只眼，闭一只眼”。当然，这并不是说可以随波逐流，不讲原则，而是说对于那些无关大局、枝枝蔓蔓的小事，不应当过于认真，而对那些事关重大、原则性的是非问题，则要坚持己见。

聪明的人睿智，但要提防“智者千虑，必有一失”的遗憾；糊涂的人愚钝，但又有“愚者千虑，必有一得”的幸运。掌控关系，不能一味较真，太执著会把关系搞砸，往往让自己身陷泥潭，搞不好就会伤筋动骨，这其实是“聪明反被聪明误”。

## 1. 韬光养晦，藏巧于拙

【狼道语录】高明的人都会藏巧于拙。

说起韬晦，人们自然会想起越王勾践“卧薪尝胆”和曹操与刘备“煮酒论英雄”的故事。所谓“韬晦”，通俗了说就是“装傻”。这种“装傻”的背后是对自我的严格控制。高明的人都会藏巧于拙。

在动物世界里，老鹰站立的时候好像在睡觉，老虎行走的样子好像生病了，这是它们为了捕获猎物采取的方法、战术。做人做事，也要善于藏巧于拙，才能走得更远。

历史上，“用晦而明”一直被奉为处世的良谋，唐代的李绩就深谙此道。

李绩原来是李密的部下，被王世充打败以后，跟随故主投靠了李渊父子。中途归顺的人，赢得新主人的绝对信任异常重要。为此，李绩处处展示自己的“忠诚”品格，取得了神奇效果。

投降李渊政权的时候，李绩把所据郡县地理人口图派人送到关中，当着李渊的面献给李密，然后由主人（李密）献出去，突显自己“尽忠故主”的品格。后来，李密反唐，事情败露后被杀。李绩本该这时候“避嫌”，但他公然上书，请求收葬李密。这一“拙行”恰恰增添了李绩的“高风亮节”。一时间，他被称为“朝野义之”、仁至义尽的君子。此后，李绩得到朝廷推重，恩及三世。

明代大作家吕坤在《呻吟语》中说：“愚者之人，聪明者不疑之。聪明而愚，其大智也。夫《诗》云‘靡者不愚’，则知不愚非哲也。”用现在的话讲，他的意思是：愚蠢的人，别人会讥笑他；聪明的人，别人会怀疑他。只有聪明而看起来又愚笨的人，才是真正的大智者。《诗经》上也说“没有哲人犯傻的”，可见不犯傻的人并非真正的聪明人。

（1）装得最傻的人，一定是个厚黑高手，一定是个胸中有大沟壑的人。与这种人打交道时，你不妨多两个心眼；反之，你自己若是这样一个人，那几乎攻无不克。

（2）善于作生意的商人，总是隐藏宝货，不让人们轻易看到；品德高尚的君子，看起来往往很愚笨。一个人善于用“笨拙”的方式表现真诚的态度、替代机巧的做事手段，其实是一种大智慧。

纵观世上那些有大智慧的人，往往不在众人面前，尤其不在同行、同事或同伴面前显露才华，外表上好像很愚笨，其实，这既是一种至高的人生境界，又是人生之大谋略。

人活于世，显得太傻气不行，显得太聪明也不行。所谓“不智不愚”，其实就是假借糊涂之象乃行聪明之道的大哲学。

**【狼性生存术】**

装糊涂是一种真聪明，高明的人都会藏巧于拙。没有人不承认清朝大画家郑板桥是一位大智者，但他却有一方闲章：“难得糊涂。”此章一经刻出，便立刻变成了某些人津津乐道的座右铭，仿佛有许多人生的禅机一下子从这四个字中折射出了哲学的光辉。

## 2. 朋友之间不记隔夜仇

**【狼道语录】**不要对已经过去了的事耿耿于怀。

朋友是一把伞。虽不能遏制狂风恶浪，也自能撑起一方晴空。没有朋友就像雨中无伞独行，唯有默默承受雨淋心头的那份伤痛。其实交朋友贵在交心，一个人要想在工作中面面俱到，谁也不得罪，谁都说好，恐怕是不可能的。因此，在工作中与其他同事产生种种冲突和意见是很常见的事，碰到一两个难于相处的同事是正常的。

应该说，朋友之间尽管有矛盾，仍然是可以来往的。

首先，任何朋友之间的意见往往都起源于一些具体的事件，而并不涉及个人的其他方面。事情过去之后，这种冲突和矛盾可能会由于人们思维的惯性而延续一段时间，但时间一长，也会逐渐淡忘。所以，不要因为过去的小意见而耿耿于怀。只要你大大方方，不把过去的事当一回事，对方也会以同样豁达的态度对待你。

其次，即使对方仍对你有一定的成见，也不妨碍你与他的交往。因为在同事之间的来往中，我们所追求的不是朋友之间的那种友谊和感情，而仅仅是工作，是任务。彼此之间有矛盾没关系，只求双方在工作中能合作就行了。由于工作本身涉及到双方的共同利益，彼此间合作如何，事情成功与否，都与双方有关。如果对方是一个聪明人，他自然会想到这一点，这样，他也会努力与你合作。如果对方执迷不悟，你不妨在合作或共事中向他点明这一点，以利于相互之间的合作。

**【狼性生存术】**

一个人在社会上生存，要想获得更好的发展，一定要有更多的朋友，获得更多的人际资源和帮助。有了朋友的帮助，就会有更多选择。处理朋友关系的能力，就代表一种本事。珍视、修炼自己的这种本事，重要且必要。

## 3. 以幽默来应对“揭短”

**【狼道语录】**用幽默来应对“揭短”。

生活中，有许多不懂得幽默的人。这样的人，身边的朋友是不敢轻易和他们开玩笑的，否则会令场面变得尴尬，严重的还会导致友谊破裂。

要主动设法改变处境，打破沉默，但有一点应明确：那些“揭短”的人通常是你的配偶、亲友，你不能采用气愤的话予以还击，而幽默的解嘲是最好的办法。

与人相处，遇到不顺心的事情十有八九，要是不懂得幽默，紧张、压抑就会经常困扰我们的身心。如果我们拥有了幽默的能力，就具有了随环境变化调节自我心理的有力武器。幽默更能减轻尴尬、痛苦，也可以增加我们体会幸福和快乐的能力。

在对付“揭短”的同时，有几点需要注意的：

（1）尽量不怀疑他人别有用心

如果我们神经过敏，对别人的每一句话都琢磨一番潜台词、话外音，那就会自寻烦恼。因为在许多场合，对方往往是脱口而出或即兴联想的玩笑话，根本没想到会伤害你。不知者不为过，我们何必胡乱猜疑呢？

（2）不可反唇相讥

有人听不得半句“重话”，动辄连珠炮似的反击，常因此挑起唇枪舌剑，使良好的关系破裂。一般说来，开玩笑的人若是得到严肃的回报，脸上常挂不住。所以我们不能为笑话失去一个朋友，甚至给人留下心胸狭窄的印象。

（3）泰然处之

遇到人“揭短”，如果羞怯万状，既不能正常地保持沉默，又不能机智地改变处境，以至失态，那就显得有些“小器”了。而保持泰然自若的风度，暂时把“揭短”抛置一边，寻找别的话题，或点起一支烟，或端起一杯茶，转移别人的视线才是上策。

**【狼性生存术】**

幽默是一种修养，是一种文化，也是一种艺术品质的体现。生活中经常幽默一把，你会发现尴尬的场面都会随之化解。

身处关系网中，要具备高超的脸皮功夫，才能充满自信和斗志，妥善应对各种复杂局面。即便被人揭了伤疤，说到痛处，也不能羞恨交加，而应做到自我平衡，凭借面厚之术扭转乾坤。

## 4. 大事聪明，小事糊涂

**【狼道语录】**面上糊涂，心里清楚。

人一生不应对什么事都斤斤计较，该糊涂时糊涂，该聪明时聪明。有句成语“吕端大事不糊涂”，说的正是小事装糊涂，而在关键时刻，才表现出大智大谋。中国古代这样的大智若愚者是很多的。

宋代宰相韩琦以品性端庄著称，遵循着得饶人处且饶人的生活准则，从来不曾因为有胆量而被人称许过。可是在下面两件事上的神通广大，实在是没有第二个人可比。这才是“真人不露相”的注脚。对于这样的老好人谁会防范呢？他因此而得以在无声无息中做了两件大事：

当宋英宗刚死的时候，朝臣急忙召太子进宫，太子还没到，英宗的手又动了一下，曾公亮吓了一跳，急忙告诉宰相韩琦，想停下来不再去召太子进宫。韩琦拒绝说：“先帝要是再活过来，就是一位太上皇。”韩琦越发催促人们召太子。从而避免了权力之争。

担任大内都知职务的任守忠很奸邪，反复无常，秘密探听东西两宫的情况，在皇帝和太后间进行离间。韩琦有一天出了一道空头敕书，参政欧阳修已经签了字，参政赵概感到很为难，不知怎么办才好。欧阳修说：“只要写出来，韩琦一定有自己的方法。”韩琦坐在政事堂，用未经中书省而直接下达的文书把任守忠传来，让他站在庭中，指责他说：“你的罪过应当判死刑，现在贬官为蕲州团练副使，由蕲州安置。”韩琦拿出了空头敕书填写上，派使臣当天就把任守忠押走了。

如果换上另外爱耍弄权术的人，任守忠肯定不会轻易就范，但一贯诚实的韩琦的决定是有威严的，是不可改变的。韩琦不但轻易除掉了蛀虫，而且仍然不失忠厚。所以大智若愚实在是一种人生的最高修养，也是一种做人的谋略。大智若愚的人总有更多的成功的机会。

经验告诉我们，对人，不必精明；对朋友，傻点更好。交际中的“精明”容易把应该纯朴真挚的关系人为地弄复杂，使人感到刁钻奸滑，会敬而远之。这样精明的结果，只能以自己成为孤家寡人而告终。

在朋友中间装一装糊涂，别人不会把你当成傻瓜廉价处理掉的。糊涂，是维护人际关系的一种质量颇高的粘合剂。

糊涂的核心是：外表糊涂，内心不糊涂。这种糊涂，只是装糊涂，并不是真糊涂。装糊涂本身，是一种大智慧。

**【狼性生存术】**

该糊涂的时候，就不要顾忌自己的面子、学识、地位、权势，一定要糊涂。而该聪明、清醒的时候，则一定要聪明。由聪明而转糊涂，由糊涂而转聪明，则必左右逢源，不为烦恼所扰，不为人事所累。



## 5. 有些事情不能太较真

**【狼道语录】**求大同存小异，有肚量，能容人。

人非圣贤，孰能无过。与人相处就要互相谅解，经常以“难得糊涂”自勉，且左右逢源，诸事遂愿。

凡是能成大事的人都具有一种优秀的品质，就是能容人所不能容，忍人所不能忍，善于求大同存小异，团结大多数人。他们极有胸怀，豁达而不拘小节，大处着眼而不会目光如豆，从不斤斤计较，纠缠于非原则的琐事。

要真正做到不较真、能容人，也不是简单的事，需要有良好的修养，需要有善解人意的思维方法，需要从对方的角度设身处地地考虑和处理问题。多一些体谅和理解，就会多一些宽容，多一些和谐，多一些友谊。

不与那些与你原本无仇无怨的人瞪着眼睛较劲。假如较起真来，大动肝火，刀对刀、枪对枪地干起来，酿出个什么后果，那就犯不上了。跟萍水相逢的陌路人较真，不是聪明人做的事。

清官难断家务事，在家里不要较真，否则你就愚不可及。老婆孩子之间哪有什么原则、立场的大是大非问题，都是一家人，非要用“阶级斗争”的眼光看问题，分出个对和错来，又有什么用呢?

人们在单位、在社会上充当着各种各样的规范化角色，恪尽职守的国家公务员、精明体面的商人，还有广大工人、职员，但一回到家里，脱去西装革履，也就是脱掉了你所扮演的这一角色的“行头”，即社会对这一角色的规矩和种种要求、束缚，还原了你的本来面目，使你尽可能地享受天伦之乐。

家庭是避风的港湾，应该是温馨和谐的，千万别把它演变成充满火药味的战场，狼烟四起，鸡飞狗跳，关键就看你怎么去把握了。

有位智者说，大街上有人骂他，他连头都不回，他根本不想知道骂他的人是谁。人生如此短暂和宝贵，要做的事情太多，何必为这种令人不愉快的事情浪费时间呢？这位先生的确修炼得颇有城府了，知道该干什么和不该干什么，知道什么事情应该认真，什么事情可以不屑一顾。

如果我们明确了哪些事情可以不认真，可以敷衍了事，我们就能腾出时间和精力，全力以赴认真地去做该做的事，我们成功的机会和希望就会大大增加。与此同时，由于我们变得宽宏大量，人们就会乐于同我们交往，我们的朋友就会越来越多。事业的成功伴随着社交的成功，岂非人生一大幸事乎？

**【狼性生存术】**

一个人，若想在人际交往中获得好人缘，就要以宽容为怀，以大局为重。切记，心地宽容人缘好。

一个人若想成就一番大事，在人际交往中，就不要太计较个人的得失，而应该把目光放得长远一些，做到胸襟博大，宽容地对待他人。

## 6. 睁一只眼闭一只眼

**【狼道语录】**水至清则无鱼，人至察则无徒。

在待人处事时，有的事不必整得太明白，只要大家心知肚明就可以了。俗话说：看透别说透，才是好朋友。事情说得太白，反而会伤和气，或显得太无聊。即使对方不大清楚，他也会因不理解而推崇备至。懂得此术，在待人处事时百难可解。

有位商人为了开拓新的客户，经常是一天跑好几家单位，拜访的对象都是科长级的人物，这一天他已经拜会了好几个单位的科长，且也拿到了好几张冠有头衔的名片，其中有一个单位是处长出来接见，但他误把这位处长认为是科长，在会谈中一直都以“科长”、来称呼对方。

事后回到自己的公司，这位商人整理名片时，才发觉这个错误而感到惊慌，急忙用电话道歉，而对方表现出不介意的态度，“这事已经过去了！我一点都不在意的。”这种人在面谈的时候身为

“处长”却一直被称作“科长”，不但没指出对方的错误，更没显出不愉快，而是继续热心地听着对方的谈话。这位商人认为这位处长真是个大度的人，一直都敬重这位处长。

那位处长处理得非常明智。如果指出对方的错误，恐怕这位被指责的商人在惶恐的同时，会对自己的错误置之不顾，而埋怨那位处长是“拘小节的人”。当然视事情的性质而言，重大的错误必须指出来。但把“处长”叫做“科长”这种事，则应视作无关紧要。他的这种判断和作法都是非常正确的。

对一个初次见面的人，指出一些小错误，不但会中断彼此间的谈话，更会引起对方的不快。因为当面被指正时容易产生一种羞愧的心理，于是就很难再重返到自己原有的状况来。

所以像这类我们不在意的错误，或不影响话题内容的小差错，特别在初次见面时微妙的人际关系中，还是把它当做没看到的好，这样，所得出的结果如同现在这个例子一样，不仅可以避免对方一时的紧张，而且最后大多能得到好的结果。

**【狼性生存术】**

能宽容别人，迁就别人的个性或是习惯，将会给你带来更多的朋友。人生贵在糊涂、难得糊涂。人的一生，短短数载，不够时间计较，不够时间事事明细，不必在思前想后中耗磨时间，偶尔糊涂一下，享受糊涂生活的乐趣。

## 7. 大事化小，小事化了

**【狼道语录】**凡事都要以和为贵。

“善为水者，引之使平；善化人者，抚之使静。”此言出自唐·魏征《隋书·孝义传传论》，意思是善于利用水的人，可以通过引导使它平静下来；善于感化别人的人，可以通过安抚使对方静心。

儒家学说主张“和为贵”，并形成了“中庸之道”这一重要哲学思想，它主张我们在处理事物的时候不要走极端，必须顾及各方利益，采取均衡的策略。事实上，它是一种调解理论，给我们提供了化解麻烦、解决问题的有效路径。掌握这一为人处事哲学可以帮助我们建立与他人的和谐人际关系，避免不必要的纠纷。

比如，生活中经常会遇到各种问题，但是由于社会阅历不够，许多人面对各种麻烦常常无能为力。特别是一些人心高气傲，意气用事往往不能解决问题。事实上，我们遇到的一些麻烦往往可以避免，但是双方在自尊心、好胜心的驱使下追求一时的胜负，结果浪费了精力，得不偿失。

唐高宗时，狄仁杰回到京城做了宰相。一次，武则天对他说："你在外面做官时，有人说了你一些坏话，你想知道吗？"狄仁杰说：有人说我好话我高兴，至于谁说臣的坏话，臣不想知道。武则天听了大喜，称赞狄仁杰是一个宽宏大量的长者。狄仁杰也由此更得武则天的信任。

在这里，我们可以把握"大事化小"策略，给自己一个有效解决问题的通道。显然，如果我们主动采取退让的行动化解尴尬，对方也会主动撤身，就能避免双方发生更大的误会。矛盾不可避免，关键是遇到问题时不要激化矛盾、扩大难题，而要以和平解决的目的寻求最佳的方法。采取"大事化小，小事化了"的策略并非妥协退让，也不是软弱的表现，实在是一种做事的智慧。

**【狼性生存术】**

孔子说过："君子无所争，必也射乎？"化解工作、生活中的各种难题，不但需要做事的技巧，更需要我们具备一种宽厚的心态。对无关紧要的较量让一步，采取"大事化小"的策略，是每个人都应该培养的一种意识。

# 下篇 狼性手腕

一个人事业有成、得到社会认可，通常要有这样一个过程——克服了无数困难、化解了诸多危局、闯出了多条新路，最后有了自己的硕果。

# 第十四章

## “心狠手硬”，胜者为王
### ——掌控局面必须挺起胸膛、硬起心肠

在人性丛林里，“妇人之仁”会成为一个人生存的负担，甚至是致命伤，这在出现利益纷争的时候表现得尤其突出。

古往今来，成王败寇是不变的法则。一个人要实现心中的梦想，干一番事业，必须在竞技场上击败对手，才可以成为当之无愧的王者。在决定生死的瞬间，征服异己，才可以问鼎天下，否则就只有后悔的份儿。

## 1. 做一个铁腕人物

【狼道语录】做人要有权威，管理要有铁腕。

马克思说："许多个人进行协作的劳动，过程的联系和统一都必然要表现在一个指挥的意志上，表现在各种与局部劳动无关而与工场全部活动有关的职能上，就象一个乐队要有一个指挥一样。"

这个"指挥的意志"就是权威。没有权威，任何一个社会要保证生产连续不间断地进行、社会秩序正常运转都是不可能的。随着生产过程日益社会化，人们交往活动日益扩大，权威愈益深入到社会生活的各个领域。

实践证明，没有权威就不能指挥。尤其在日常工作生活中，领导一定要给人以权威、铁腕的印象，这样才能更好地开展工作。领导要给员工留下"说一不二，手段严厉"的印象，这样的印象有助于激励员工认真而不拖沓地完成任务。

要想树立"说一不二，手段严厉"的形象，领导在为员工下达命令时要做到以下几点：

（1）上下一致，为结果负责

当管理者因为某项工作没有完成而询问员工情况的时候，往往能听到员工说："我以为应该这样做。"他们只是机械地完成自己认为应该完成的任务，很少多角度将事情考虑周全。以通知客户为例，某位员工很可能自以为只要发一封电子邮件，通知的任务就算完成了。他很难想到网络也会出现问题，一旦邮件没有发送过去，延误了事情怎么办。

员工还喜欢说“您不知道”，当然这“您不知道”后面一定有大段他们用来为自己开脱的理由。当员工找借口开脱时，领导要做的就是只问结果不问过程，只需要让员工自己说明能在哪一天完成任务，然后为其做好记录并且按时检查即可。

这个时候，领导一定要做到说一不二，要向员工说明如果延误一天要有多大的处罚。当你对一项工作的过程及因果关系有所了解的时候，就不要听信员工在工作细节上所找的借口。管理是严师出高徒，必要的时候，只要做到“说一不二、上下一致为结果负责”就好。

（2）大恕小罚、火炉效应

一个经理一定要承担应该承担的责任，在向下属授权的时候，一定不要让他有心理包袱。管理者一定要谨记：授权不是摆脱自己不想干的事的借口。有些经理一看事情棘手就去找别人做“炮灰”，这样的做法会让员工产生鄙视心理。

所以作为经理一定要有这样的气度：我让你做一件事情，如果你按照我的指示去做却出了问题，结果由我负责。与这样的经理合作，员工的心理压力比较小，在这种情况下，如果他真的做错了，他对经理会有一种非常强的负疚感。

所谓的大恕小罚就是当员工犯了较大的错误时，领导不处罚他，而是让他认真做总结，找出究竟是哪个环节出了纰漏。大事做错了是能力问题，是可以被原谅的；但是，细节决定成败，若是小事儿做错了，那就是态度问题，绝对不能容许。

火炉效应是指如果炉子的火烧到三丈高，没有人敢拿手去试温；如果炉子没有火，人人都敢往上坐。总之，就是要让每一个员工都知道细节的重要性，细节做得好，过程做得好，结果自然也会好。

（3）改善流程

以某企业销售部去财务部报销发票为例，一张发票交上去后三个月都没有报销，于是，销售部向老总投诉。老总就此事咨询财务经理，结果财务经理说：“什么票？我没见到。”

聪明的老总在这种情况下会继续追查，可能会发现以下原因：财务部的内勤把票收回来往抽屉一放，第二天又在上面压了一本书，把票彻底盖住了。票丢一次就有可能丢两次，这件事暴露的不是内勤的好坏，而是交发票的流程存在问题。

所以，英明的老总不会考虑如何处罚那位内勤，而是考虑如何解决由此反映出的更严重的问题。销售部以后要建立新的流程：销售部与财务部交接发票只能是一人对一人。

比如，规定每周的周五销售部内勤向财务部内勤交发票，交发票的时候，双方要办理交接手续，还要签字确认，而且规定1号交的发票，不管财务部多忙，都要把票返回来。这就是改善流程。流程合理了，问题的根子就会找到，问题迎刃而解。

（4）多动手少动口

管人可以严格，但是批评人要少。语言是一种艺术，天天批评人的经理一定也能力低下。试想，天天批评，员工还是不服从，这就说明员工根本不怕这个经理。

以可口可乐公司最初在中国推销可乐为例，开始时很困难，那时许多中国人都觉得可乐的味道有点像药。正赶上在冰天雪地里推销可乐，100箱卖一天，能退回来98箱。那个时候经理在送员工出门的时候，都会跟员工说："天气太冷，注意身体，白天卖不动，晚上可以去夜市试一下，实在卖不完，夜里11点以前一定要回来。"员工听完这样的话，心里总是暖洋洋的。

员工并不怕天天批评人的经理。做为经理要想真正严格，要想让下属认为你是个说一不二的人，最好多动手少动口。

"说一不二，手段严厉"是铁腕管理的一种表现，要想做到这一点，就要从以上四个方面去努力。

作为普通人，如果不是领导，同样需要在生活中表现出铁腕原则，以彰显我们不好惹、强硬的一面，大凡成功人士都是如此。

## 【狼性生存术】

从中国的实际来看，铁腕管理在有效性上要强于人性化管理。国内大部分优秀的企业，主要用的都是铁腕管理。所以，在很大程度上，管理严格的企业一定优秀。同样的，优秀的企业一定管理严格，小到企业大到国家，道理都一样。

## 2. 别让人情捆住你的手脚

【狼道语录】撇除人情包袱，没什么不好意思的。

人会不好意思，之所以会如此，除了本身性格因素之外，礼教的束缚及文化的熏陶也是重要的原因，所以有些人动不动就“啊，不好意思”。这种“不好意思”的特质有时很“可爱”，有益人际关系，但相对的，有时也会让人失去很多该有的权益及机会。

因此，“不好意思”的性格特质有必要加以调整。

事实上，不好意思都是自己想的。也就是说，这是一种个人的反应，像有些事根本与道德、羞耻无关，别人也不认为做了这种事应“不好意思”。但有些人就是不敢做，例如追求女朋友，有人就会“不好意思”，这种“不好意思”就是“自己想的”，而不是别人想的。

人人暴露欲望，个个展现实力，慢一步就没有了机会，因此面临生存竞争，你应该认清“不好意思，自己想的”的真相，大胆地表现你的想法，并采取必要的动作。否则你不好意思，别人反而笑你笨，尤其以下三件事，你绝对不能“不好意思”。

（1）关于权益的事

你千万不可不好意思，你应该大胆地争取、保护，你如果因为“不好意思”而丧失权益，是不会有人感激你的。

（2）想拒绝的事

很多人就因为同事、朋友、亲戚的关系而“不好意思”拒绝，于是借钱给别人、为人做保、甚至冒险为其“两肋插刀”。结果一句“不好意思”，帮了别人，害了自己。

（3）该要求的事

很多人就因为“不好意思”而有很多话“不好意思”说，结果事情做不好，对方得不到好处，你也苦了自己。尤其是当主管的，在工作上，绝对不可以“不好意思”要求，否则将失去权威，被下属欺瞒。

这几件如果能做到不会“不好意思”，在人性丛林里就不会有生存的问题了。

【狼性生存术】

要想成功，到任何时候都不能怕扮黑脸，不能怕“不好意思”，不能被人情所累，否则只会左右为难，里外不是人，最终将一事无成。“不好意思”的性格要去除不是很容易，只能慢慢学习，逐步改善。只要你愿意，也能了解生存竞争的残酷，经过一段时间后，自然就不会动不动就“不好意思”了。

## 3．胆小做不得将军

【狼道语录】不想当将军的士兵不是好士兵。

时时事事都处于竞争状态的今天，如果你胆小怕事，没有魄力，只能庸庸碌碌地度过一生，永远不能成功，永远不能成为“将军”。

21世纪一切事物都是瞬息万变的，如果你勇敢突破，则能够战胜一切；但是如若在关键的时候，你就是再满腹经纶却没有勇敢行动，这注定是“傻子睡凉炕”，最终不能适应新的变化，而无你的一席之地。

魄力对于我们来说是至关重要的，不具备这种魄力，什么事儿都畏畏缩缩，实在是一种痛苦，特别是在新潮思想蜂拥而至的今天，在激烈的市场竞争中，勇敢的人就成了核心力量，其余都得跟着人家走。

尤其在职场生存，必须要有魄力，才能成功。那么，我们该具备培养哪些魄力呢？

（1）敢于突破现状

久在职场，对工作越来越熟悉，也越来越上手，碰到的各种工作问题都能灵活处理，每天工作时都用同一种模式来思考问题、处理问题，时间久了导致思想被禁锢住，缺乏创新，造成思想上的懒惰。

所以，在此时敢于突破现状、敢于挑战非常重要。不妨尝试着换一种思维来思考现在的工作，用一种新的方式来解决问题，在上司还没要求你改变的时候，自己已经在突破了。只有经常创新，工作才不会觉得毫无激情。

（2）与众不同

工作中，忌讳的就是盲目跟随大众潮流，缺乏自己独立的认知。同时，更不能为了讨好上司和同事而放弃了自己的原则与立场。暂时的跟随大众、人云亦云可能日子会好过些，但是时间一长，你会在未来的日子里陷入大的困境。

为此，在工作的同时，要保持自己独立思考的能力，看待问题、处理人际关系时要有自己的主见，这样才能在工作中有所突破。

（3）学会谅解

工作过程中和同事遇到不愉快的事情是很正常的，当不愉快的事情发生之后，冲动是不可取的，要学会理智对待发生的各种事情，用一颗包容的心去看问题。你要知道，和同事、上司相处的时间还长着呢，不可因为一时的不理智而造成以后在工作中的被动。

（4）积极进取

工作久了便养成了满足于日常工作的惰性，不再想着积极进取。要知道，没有一个人的成功是先天的，都是通过不断的努力、不断的积极进取得来的。要想在职场升职加薪，就要克服安于现状的心态，执着的工作，追求卓越。

我们在职场需要魄力，需要在复杂决策中理清思绪，做出决断的魄力，需要真正敢于承担责任、为社会创造价值的魄力，需要在困难面前胆大心细，四两拨千斤的魄力。

在现代的社会，有魄力、不胆小、勇敢的人才适应社会的各种变化和挑战，成功的机会会强于大众，所以我们要将自己锻炼成一个具有魄力的人，不能够畏畏缩缩，胆小怕事。要记住“胆小做不得将军”。

**【狼性生存术】**

有魄力的人，敢于在风口浪尖上横刀立马，表现出一种挥洒自如的气势，一种不败的风范。有魄力的人，把一件事情做得行云流水，酣畅淋漓，却又让人坦然安心。这是因为真正的魄力是建立在智慧之上的胆量，是谨慎之上的豪爽，是细密之上的英武。魄力让一个人延宕出果断、刚毅、机敏和迅疾的品质来。

## 4. 别有“妇人之仁”

【狼道语录】“妇人之仁”最能害人。

一匹狼跑到牧羊人的农场，想扑杀一只小羊来吃，牧羊人的猎犬追了过来，这只猎犬非常高大凶猛，狼见打不过也跑不掉，便趴在地上流着眼泪哀求，发誓它再也不会来打这些羊的主意。

猎狗听了它的话语，看了它的眼泪，感到非常不忍，便放了这只狼，想不到这只狼在猎犬回转身的时候，纵身咬住了猎犬的脖子，幸亏主人及时赶来，才救了猎犬一命，但猎犬流了很多血，它伤心地说：“我原不应该被狼的话感动的！”

妇女往往心地善良，她们容易感动，意志容易受到情绪的影响而动摇，这种特色在有孩子的妇女身上尤其明显，因为她们全身的血液流着一种母性的爱，当孩子犯错流着眼泪时，妇女都会抱着他，原谅他。这种爱有时显得很没原则，很不理性，甚至没有是非。古人便将有这种特性的爱称之为“妇人之仁”。

“妇人之仁”有时可以发挥很大的感化力量，但说老实话，在人性丛林里，“妇人之仁”有时会成为一个人生存的负担，甚至是致命伤。就像前面那则寓言所叙述的，猎犬因为“妇人之仁”而差点丢了小命！

“妇人之仁”因为容易动摇意志与理性，因此常在放弃自己立场之后，伤害了自己。例如不怀好意的借债者，你在他的哀求之后借给他钱，结果却一毛钱也要不回来！

一个人的恶行因为你的“妇人之仁”获得了宽容，但有时你的“妇人之仁”不但没有感动他，反而让他有另外的机会犯下恶行，对别人造成伤害。

你的“妇人之仁”会成为你的弱点，成为人人想利用的目标，在眼泪、温情、请求、孩子似的无辜与可怜之下，你将成为最大的受害者。

你的“妇人之仁”会弄得你周围的人与事是非不分，你的“仁”反而成为人际上、前途上的负债。

可是，天生心软的人怎么办？难道注定在人性丛林里做个被剥削、被凌辱者？这种人应该要训练自己的思考与判断，用理性与智慧来指引你的行为，而不要被感情牵动；这需要时间，也需要面对“挥泪斩情丝”的痛苦，但总是要经过这种试炼，才能成长、果断。

**【狼性生存术】**

当我们面对你死我活的争斗时，不可有“妇人之仁”。要知道，世间的规律本就是“适者生存，胜者为王”。

## 5. 要有蛇吞象的霸气

**【狼道语录】**蛇吞象，全凭真功夫。

所谓霸气，并非霸道蛮横，不讲公理；而是胆识与才智的结合，敢拼敢闯的冒险精神，惟我独尊的王者风范！纵观古今中外，哪一个登上成功顶峰的人心中没有霸气？

秦始皇正因为心中装有霸气，最终才灭掉六国，完成一统山河的大业；愚公年届九十，却满怀雄心壮志，最终移走太行、王屋两座大山，为后人开辟了一条阳关大道；毛泽东，胸怀霸气的政治家、军事家，带领人民闹革命，建立了伟大的新中国。

纵观商界，比尔·盖茨可称得上是位地地道道的霸者。

盖茨总是一副高高在上的样子，喜欢以自己的意志左右别人。据微软公司的一位项目经理说，“他向对手发动进攻，目的就是要压制对手，让对手承认自己的错误。尽管如此，对手却心服口服”。

公司里还有这样的说法：与旁人谈话就像从泉眼里饮水，可是跟盖茨谈话就像在救火的龙头里饮水一样。还有，他驾车的时候总是习惯性地看着你，让你感到局促不安；但说话的时候却从来不看你，让你感到很慌张。

拥有霸气，就不会裹足不前，而是敢于大刀阔斧地进行改革；拥有霸气，就不会骄傲自满，而是永不停止前进的脚步；拥有霸气，就不会匆忙地“见好就收”，而是敢于“放长线钓大鱼”；拥有霸气，就能抵制各种诱惑，一心致力于自己的理想和追求。

霸者只享用自己创造出的果实，从来不吃天上掉下的“馅饼”。他们从不坐等机遇来敲门，而是积极主动地去争取和创造。他们敢于面对现实，从不逃避责任和义务。

一名推销员要想创造良好的业绩，就得勇敢地去敲客户的大门，大胆地与客户进行谈话。否则，连客户大门都不敢敲的推销员，他的成绩单上永远都写着“零”。

一个人的资质与天分有多高并不重要，对于创业来说，只有具备一身成功的霸气，才能战胜一切困难，创造辉煌的成功。霸气是成就一切事业的关键。如果没有霸气支撑你站起来，坚持下去，一切都是白费心思。

腰缠万贯也没什么了不起，如果你是个胆小怕事的家伙，前怕狼，后怕虎，不敢去拼去闯，只是长年累月地从你的“金库”支出，那么你的“资源”总有一天会枯竭。

暂时取得了成就也没什么值得夸耀的，因为人生没有永远的成功，任何人都只是眼前的胜利者。也许你暂时成功了，但你没有勇气再向前迈进一步，于是从此安于现状、不思进取，这样的话，你最终还将沦为一个失败者。

因此，要想活得充实，活得辉煌，活得轰轰烈烈，我们就要努力培养出一身霸气！

### 【狼性生存术】

霸气是每个人一生的动力，它提醒我们“人活一世，不可与草木同腐”；它激励我们来世一遭，应“与天公试比高”；它犹如一阵强风，可以“送我上青云”；它恰似一把利剑，可以伴你走南闯北，过五关斩六将，到达理想的彼岸，直达成功的巅峰！

## 6. 有时候必须"独断专行"

**【狼道语录】**独断专行，一路风行。

提到"独断专行"，通常给人"不考虑别人意见、办事主观蛮干"印象，同"专横跋扈"、"一意孤行"有异曲同工之义。一般来讲，我们应该杜绝"独断专行"的办事方法，而要集思广益，群策群力，但是有时候，对待某些人、某些事，我们只能采取"独断专行"的方式方法，否则别人会以为我们好欺负，把我们当成软柿子来捏。

在日常生活工作中，有个别刺儿头，经常造成这样那样的麻烦。对这类刺儿头的纵容或姑息，都不利于事态的发展，甚至有可能影响全局。因而，在与这些刺儿头交往中，必要时就要来点儿"独断专行"。

小丁是办公室里一位能干的小伙子，可他老是喜欢我行我素，想干的工作就认真完成，不想干的工作逼死他也不肯做，是一匹出了名的烈马。可是新来的科长却把他这个毛病治好了。上任没几天，科长就把一个很琐碎的工作交给了小丁，小丁一见就头皮发麻，要求换一个工作，科长偏偏不同意，还反复和他讲这一工作的重要性。小丁想，你不换也没关系，反正我不干，我另外找些活，你也不能说我偷懒。

科长见小丁故态重萌，也不动声色。过了一个星期，他找小丁："小丁，我已经在交代工作时说明了紧迫性，但是一周下来你的工作没有进展。我将设法减去你所有的其他工作，希望你能在两周内完成这项任务。如果有什么困难，或碰到必须推迟时间的情况，请及时告诉我，我会尽量帮助你。三天后，我再核查一下你工作的进程及其相关的问题。我相信我们可以按时完成这项工作的。你说呢？"

小丁当时口是心非地答应了，可事后还是依然如故。三天后，科长又找到了他："小丁，你的工作没有进展，主要是你一再拖延造成的。看来只有一个办法：请其他能完成这项工作的人来代替你。显然你有很强的个性，但我们没有办法给你安排一个合适的岗位，只能把你分流到其他部门。你有什么想法，考虑好了再来找我！”

小丁终于明白了，如果再以个人好恶行事，他就要被赶出办公室，而现在办公室的职位正是他所喜欢的。为了能继续留在这个岗位上，他考虑再三以后来找科长，诚恳地检查了自己的错误，并表示一定会按时按质地完成科长交派的任务。

就像再烈的烈马一旦被降服就听命于降服者一样，谈话以后的小丁像变了一个人似的，开始认真地做起以前死也不肯做的琐碎事来，并在科长规定的时间内很好地完成了任务。后来小丁对科长越来越佩服，对科长布置的任务认真高质量地完成，而科长也越来越重用小丁。

这个例子说明，对待一些不听命令者，就需要来点儿“独断专行”，让他明白，你只有听命于我，才能继续干下去，否则就另谋高就。

积极的“独断专行”还有另外一层意思，即毫不犹豫、敢于冒险。往往容易成功的人，他总在别人还犹豫不决的时候，已经下定决心去做了。他不会听从任何人的劝告。因为他认为自己是正确的。遇到挫折一样不会怨天尤人，而是寻找解决的办法，不会因为挫折而退却。连从挫折中站起来的勇气都没有的人，是无法成功的。

**【狼性生存术】**

我们在实际工作生活中，要视情况来看是否需要独断专行，并且要完全积极发挥独断专行的有效作用，这会使我们的工作生活事半功倍。适当的独断专行，要有很高的工作积极性和责任感及铁腕政策，根据实际情况去掌握，不能盲目臆断行事。

## 7. 把“捣蛋鬼”拉下马

**【狼道语录】**砸烂软钉子。

社会错综复杂，各色人等皆有，好坏不一。遇到好的，当然是幸事，可以和谐交往相处，如果遇到不好的个别“捣蛋鬼”，尤其是那种以软对硬的“捣蛋鬼”该如何招架呢？

对付这种软钉子，千万不要心慈手软，当硬则硬。硬硬的锤头砸下去，把软钉子砸个稀烂，不能被软钉子迷惑，钉子再软也是钉子，弄不好便扎你个头破血流，伤痕累累。

如果这个软钉子是你的下属，最好的办法就是直接解雇他，但是切不可在大会上当面宣布，这样被解雇无论是因为什么，下属都会感到非常尴尬和不快。

对待“捣蛋鬼”这一类的人，一定要注意策略。

这种人都善于揭人伤疤，在你最怕尴尬或最不应该丢人的时候，让你尴尬，让你出丑。有的人为了一些芝麻大的小事而怀恨在心，大作文章肆意造谣中伤，恶毒攻击；有的人为了一己私利，甚至以牺牲他人的利益为代价；有的人在自己的利益受到威胁时会不择手段，拆别人的台。

那么，怎样对付这样的人呢？人都有长有短，这种人也是必定有其短处，你不妨抓住适当的时机也揭他一把，把他丑恶行径抖落出来，让他也尝尝难堪的滋味。打蛇打七寸，对付坏人也要瞅准要害，迎头痛击，挥戈直杀，出奇制胜。

**【狼性生存术】**

抓到“捣蛋鬼”，拉其下马，砸烂软钉子，一定要做到毫不手软。因为对害群之马防范不周而致自己遭殃的事情屡见不鲜。我们要从中汲取经验，总结教训，借鉴得失。世事险恶，软钉子一定要砸烂，不可给其翻身之机，否则留后患，殃民祸国。

## 8. 懂得利用人的弱点

**【狼道语录】**人人都有弱点，利用弱点好办事。

有时候，遇到难题，一筹莫展，那么你不妨把眼光放到关键人物身上，寻找他的致命弱点。只要有的放矢，就能有所斩获。任何人都是有弱点的，要懂得利用人的弱点。

公元前266年，赵惠文王病逝，太子年少，赵太后摄政。第二年，秦国攻打赵国，攻占了三座城池。赵国向齐国求救，但是对方提出了苛刻的出兵条件：让长安君做人质。长安君是赵太后心爱的小儿子，怎么舍得让他冒险呢！尽管大臣们反复劝说，但是赵太后根本听不进去。

有一天，大臣触龙来见赵太后。太后以为他又要提及人质的事，就沉着脸默不作声。然而，触龙只字不提人质，而是说自己年纪大了，腿脚不灵便，还关切地询问太后的健康。赵太后看到这种情形，也和善起来。

太后说："你年纪大了，就注意保重身体吧。"触龙说："老臣也想好好休息一下，但是小儿子不成器，所以我想请您让他当一名卫士，这样我就放心了。"太后说："孩子还年轻呢，让他多锻炼，有了功劳自然得到国家重用，我们哪能管他们一辈子呢？"触龙点点头说："是啊，父母常替孩子作长远打算，却忘了让他们自己去磨练。不知道太后对赵国以后有什么长久打算呢？"

太后忧虑地说："我想长安君担当重任，但是他年纪太小，不懂世事。"触龙停顿了片刻说："太后可以回想一下，从现在向上推三代，国君的后代还有几个人继位为侯呢？"太后回答说："已经没有几个人了。为什么会出现这种情况呢？"触龙说："这是因为国君的子孙大多禄厚无劳，没有建立功业，所以就不能掌握国家权力。就像现在的长安君一样，太后只让他在温室里生长，将来怎么能管理国家呢？"

太后恍然大悟："是啊，应该让他好好锻炼一下了！干脆就让他去齐国做人质吧！"

就这样，触龙抓住太后的心理，晓之以情，巧言进谏，帮助赵国缓解了危机。

这个世界上，最难莫过于求人办事。与人打交道，你要明确对方的利益诉求，摸准对方的脾气，找到对方的弱点。拿捏好分寸，你只需耐心等待，就可以在某一时刻势如破竹，成功达到预期目标。

在希腊长大的欧纳西斯，19岁时带着一点微不足道的旅费背井离乡，远渡重洋到阿根廷闯荡。最初，他从事小生意，节衣缩食，逐渐有了积蓄。

后来，欧纳西斯联系远在希腊的父兄，从中东输入烟叶。为了打开业务，欧纳西斯每天都到H·G香烟公司，站在董事长办公室门口，求得合作机会。董事长看到欧纳西斯站在门口，很奇怪，但是也不好说什么。三个星期后，这位董事长忍不住问："你要做什么？"

欧纳西斯说："我要出售我的烟草。""噢，那么，请你去购买处！"

董事长觉得这位年轻人有些可怜，也有些可取的地方，他就说："等着，年轻人，我给你打个电话。"购买处人员来了，董事长当面介绍欧纳西斯，从而使这位年轻小伙子的商品也顺利地打进H·G公司。

后来，欧纳西斯卖给H·G公司的烟草数量逐渐庞大，很快就开了一家香烟制造工厂。日后，他涉足航运业，成为航运大王。

一个19岁背井离乡的年轻人，没有一点儿人事关系，没有一点门路，但是他默默站立三个星期，感化了H·G香烟公司的董事长。

善于利用人性弱点，任何困苦都能忍耐，这些都是成大事必备的条件。理解了这一点，我们就能明白，欧纳西斯为什么能够成为名满天下的大企业家了。

**【狼性生存术】**

遇到问题，费尽心力也一筹莫展。这时，你不妨放下一切，仔细研究一下对方的喜好、习惯，以及他最近最上心的事情是什么。一旦找到突破口，并有针对性地采取对策，就很容易获得突破。

# 第十五章

## 奉上御下，结盟破敌
### ——在任何一个团队里都要吃得开

在中国这个以人情为重的社会里，要想获得成功，必须赢得上司的信赖、下属的支持，在对外关系中游刃有余。方方面面吃得开，上上下下有人缘，你想干点事情就容易多了，这样就能成为一个办事高手、长胜将军。

天上不会掉馅饼，人缘也不会说来就来，它不仅需要你付出很多的时间和精力，关键还要掌握与人交往的技巧，懂得“用兵之道，攻心为上”。要想在这个社会吃得开，就得广交朋友，建立人脉。

## 1. 成功，更在于你认识谁

**【狼道语录】**一个人能否成功，不在于你知道什么，而在于你认识谁。

美国有一句流行语：“一个人能否成功，不在于你知道什么（what you know），而是在于你认识谁（whom you know）。”在当前十倍速知识经济时代，人脉已成为专业的支持体系。

对于个人来说，专业是利刃，人脉是秘密武器。如果光有专业，没有人脉，个人竞争力就是一分耕耘，一分收获；但若加上人脉，个人竞争力将是一分耕耘，数倍收获。因此，开发和经营人脉资源，不仅能为你雪中送炭，在“贵人”多助之下更能为事业发展锦上添花。

被称为“美国杂志界奇才”的埃德沃·波克，小时候却是一个名符其实的“苦孩子”。他6岁时就跟着家中长辈移民到了美国，从小在美国的贫民窟长大，一生中仅上过6年学。13岁时，他就辍学到一家工厂工作。

然而，埃德沃·波克并没有就此放弃学习，他一直在工作之余努力坚持自修。更不可思议的事，小小年纪的波克，竟然非常“早熟”地懂得了经营人际关系的重要性。

波克经营人脉的做法很独特：首先，他省下了工钱、午餐钱，买了一套《全美名流人物传记大成》。

接着，他做出了一个让任何人都意想不到的举动：他直接写信给书中的人物，询问书中没有记载的童年及往事。比如，他曾写信给当时的总统候选人哥菲德将军，问将军是否真的在拖船上工作过？他又写信给格兰特将军，问他有关南北战争的事。

那时候的小波克年仅14岁，周薪只有6元2角5分，他就是用这种方法结识了美国当时最有名望的诗人、哲学家、作家、大商贾、军政要员等。那些名人也都乐意接见这位可爱的充满好奇心的波兰小难民。

小波克因此获得了多位名人的接见，他决定利用这些非同寻常的关系，改变自己的命运。他开始努力学习写作技巧，然后向上流社会毛遂自荐，替他们写传记。不久之后，他便收到了像雪片一样的订单，以至于他需要雇用6名助手帮他写简历，而这时的波克还不到20岁。

很快，这个擅长交际的年轻人就被《家庭妇女杂志》邀请作为编辑，并且一做就是30年。而波克也利用他善于与人沟通的特长，将这份杂志办成了全美最畅销的杂志之一。

那么怎么拓宽你的人脉呢?

（1）熟人介绍：扩展人脉链条

根据美国人力资源管理协会与《华尔街日报》共同针对人力资源主管与求职者所进行的一项调查显示，95%的人力资源主管或求职者透过人脉关系找到了适合的人才或工作，而且61%的人力资源主管及78%的求职者认为，这是最有效的方式。前程无忧网也曾经做过“最有效的求职途径”调查，其中“熟人介绍”被列为第二大有效方法。

所以，根据自己的发展规划，可以列出需要开发的人脉对象所在的领域，然后，就可以要求你现在的人脉支持者帮助寻找或介绍你所希望认识的人脉目标。

（2）参与社团：走出自我封闭的小圈子

想要扩展公司、单位以外的人脉，扩大交友范围，借助“虚拟团队”的力量很重要，即通过社团活动的开拓来经营人际关系。在平常，太过主动接近陌生人时，容易引起对方的反感，会遭到拒绝，但是通过参与社团活动，人与人的交往将更加顺利，能在自然状态下与他人建立互动关系，扩展自己的人脉网络。而且人与人的交往，在自然的情况下发生往往有助于建立情感和信任。

如果参加某个社团组织，最好能谋到一个组织者的角色，理事长、会长、秘书长更好，这样就得到了一个服务他人的机会，在为他人服务的过程中，自然就增加了与他人联系、交流、了解的时间，人脉之路也就在自然而然中不断延伸。

（3）利用网络：廉价的人脉通道

一位在一家中型企业做销售部经理的朋友，闲暇时间喜欢上网，而且建立了自己的博客，一有时间就将自己在商场打拼的体会、经验、教训、甘苦贴在网上。有一次，在浏览博客网页时，他发现一篇很精彩的文章，读完之后，发表了自己的读后感以及对文章的肯定和赞美。这样一来二去，他和作者建立了很好的“文缘”，四个月后，他们相约见面，交谈甚欢，对方邀请他到他的企业去工作。原来，这位网友竟然是朋友所从事的行业中第二大企业的老板。

现在，他已是这家企业主管营销的副总经理。由于他们在网上不设防的交流，对对方的价值观、爱好兴趣、处事能力等已经有了比较透彻的了解，所以，他与老板相处得很融洽。他还利用网络在全国十五六个城市结交了20多位知心的朋友，此举大大促进了他业务的开展，人脉资源的延伸取得突破性的进展。

（4）处处留心皆人脉：学会沟通和赞美

要想成为一名成功的人士，就要善于学会把握机会，抓住一切机会去培育人脉资源与关系。

参加婚宴，你可以提早到现场，那是认识更多陌生人的机会;参加活动，要多与他人交换名片，利用休会的间隙多聊聊;在外出旅行过程中，善于主动与他人沟通等。

美国钢铁大王卡内基，在1921年以100万美元的超高年薪聘请夏布（Schwab）出任CEO。许多记者问卡内基为什么是他？卡内基说：“他最会赞美别人，这是他最值钱的本事。”卡内基为自己写的墓志铭是这样的：“这里躺着一个人，他懂得如何让比他聪明的人更开心。”可见，赞美在人脉经营中是多么重要。

在公司内部，要珍惜与上司、老板、同事单独相处的机会，比如陪同上司开会、出差等，这是上天赐予的强化人脉的绝佳良机，千万不能错过，做好充分的准备，适当表现。

【狼性生存术】

我们应该随时把人脉的拓展运有到日常工作中去，并不断提高自己在人际管理方面的知识和能力。在这个过程中，我们不必随时考察人脉究竟给我们带来了什么利益？只要我们不断地做下去，享受于结识更多的朋友，为自己交际能力的提高而欣喜，长久坚持下去，我们必定能获得意想不到的收获。

## 2. 善于化解各种敌意

【狼道语录】让敌意消于无形。

我们每个人都有各自看待事物的眼光、观点和角度，我们身边人的脾气秉性也各不相同。形形色色的人际关系，使我们很难避免会遭人误解，那么在这个时候我们应该以怎样的方式化解与他人之间的误解呢？

（1）面对误解和敌意不逃避，及时沟通

由于我们每个人处在不同的生活或工作环境之中，站在不同的角度看待所面临的事物或问题，每个人的学识水平不一致、修养不同，对同一个事物产生不同的甚至相反的理解均有可能，所以人们之间的误解是难免的。

有些人因为误会、嫉妒或是自大，会对你产生敌意，在工作上不与你配合、在背后散布你的谣言。等你知道时很可能已在周围传播开了。此时若当面对质，要对方给你一个说法并非明智之举。一是对方可能一口否认；二是面子闹僵了，影响工作的开展。

最好的办法是及时与上司和同事沟通。选个合适的时间和场合，把自己的情况和想法讲一讲，让谣言不攻自破。同时，提醒自己不要用攻击性的语言，也最好不要针对某人，达到澄清事实的目的就行了，而不要用报复的心理，否则，会使倾听者误会你是在渲泻情绪，反而达不到你的目的。

心平气和地去与人沟通，换位思考，多为对方考虑，或者又会是另外一种心境！

（2）坦然面对、自我反省、展示实力

出现误解我们应该理解为是现实生活中的正常现象，不要过于烦恼。要学会坦然面对，站在对方的角度冷静审视自己的言行，认真思考自己是否有失误或处理问题不妥的地方，分析对方产生误解的原因，寻找对方的误解是否有某些合理的成分。我们还要以宽容的胸怀和气度容纳别人的误解。

即使我们自己的言行很恰当或很适宜，没有什么值得挑剔的，自己也确认了别人的误解是站不住的或是没有道理的，我们也不能自傲自恃，且得理不饶人，要学会把别人的误解看成是给自己的一种提醒，时刻注意自我反省并激励自己。

当得悉有人对你怀着敌意时，用不着愤愤不平，不妨对自己进行一番反省，想想自己平常工作中在与同事交往时是否存在不妥之处。在以后相处时，多几分谨慎，少说些易引起误解的话，避免授人以柄。这样有助于你在人际交往中更为成熟、稳妥，少些是非。

假如某人对你怀有敌意、肯定会在某些问题上贬低你，企图使他人对你的能力、才华和业绩表示怀疑。你要作出的最好证明就是把事业做得更出色，而不是把时间和精力放在无谓的人际纠纷上。

（3）胸怀宽广、顾全大局，化解矛盾适时启用中间力量

误解和敌意一旦出现应采取理性化解。如果双方产生了误解，化解矛盾的方式虽然很多，而且每个人都有自己的方法去处理问题，最好的方法应该是能开诚布公地与对方交流沟通。

面对一时难于说得清道得明的误解，也不必忙着去解释。如果话不投机会适得其反。如果可能的话，不妨以向你透露信息或是双方都能接受的人为“中间人”，通过他们代为传话，以化解或是中止敌意。

这可以达到两个目的：一是把自己的想法和事实告知对方，起到澄清事实真相、消除误会、沟通了解的作用；二是让对方知道，已了解到对方的所作所为，从而起到警示作用，使对方有所收敛。这样也许给双方都留有余地。特别是在彼此情绪比较激动的时候，更没有必要过分渲染误解、强化误解。

误解的化解最有效的办法之一就是宽容忍让，等闲视之，淡定坦然，用平和的心态去面对。出于顾全大局，也为自己的发展着想，不宜让矛盾激化或公开化。这就需要我们有广阔的胸怀，更需要化被动为主动，从而为自己创造一个和谐的人际关系，并使之成为鞭策自己的动力。

总之，多些达观和宽容的心态，善于化解种种敌意，会使你在人际关系中树立良好的形象，对你的生活工作和事业有着很大的好处。

【狼性生存术】

别人向你投射敌意之所以会成功，原因很简单，是因为你心中埋藏着很多敌意。如果你心中彻底没有了敌意，那么敌意的投射就会彻底无效。所以关键就是要化解自己心中已有的敌意。

## 3. 让冷嘲热讽的人臣服

【狼道语录】关键时刻秀出你的真功夫。

在生活中，有些人不好相处，“冷嘲热讽”、“鄙视排挤”或其他一切你所不想要的污言秽语总是能接收到，此时你该如何面对呢？

有个非常有意思的故事也许会给我们在此中纠结搏杀的人士很好的启示。

在一个旅行团中，有个张先生对同行的长相比较特别一点的另一位游客李先生非常的不喜欢。于是在随后的几天中，张先生对李先生经常进行诬蔑和攻击，冷嘲热讽，甚至设局折腾他。李先生一直非常平静地面对这一切。

有一天，李先生忍不住问张先生道：“如果有人送你一份礼物，但你拒绝接受，那么这份礼物属于谁？”

张先生大笑着说：“这样的问题你也好意思问？当然属于那送礼的人啊！”

李先生笑着说：“没有错！如果我不接受你的谩骂和羞辱，那你就是在谩骂和羞辱你自己。”

张先生这才恍然大悟，非常无趣和尴尬地走开了。

这个故事给出的道理其实是非常简单的，然而真正要做到却并非那么容易。我们试着做如下思考：

思考一：面对各种莫名非议和攻击，你还是原来的你吗？

每个人都有自己的好恶，对人对物对事也许都是不一样的。当你也成了前面故事里的李先生时，你能像他那样沉着冷静和保持自我吗？

太多的时候我们会采取截然不同的方式来应对，我们会奋起反击！而当你在反击的那一刻，其实你的心态已经产生了问题，你的情绪也完全被对方所操控。保持良好的健康心态，任何人就很难影响和左右你。

反之，如果一味在乎别人的想法或说法，就会失去自我、失去快乐，成为他人思想或言行的奴隶。

思考二：保持自我的同时，我们是否要应对？

保持良好心态并不是听之任之，否则就是怂恿和放纵他人的无理和骚扰！李先生最后的应对可谓巧妙。老子说："智者顺势而谋，愚者逆理而动。"在合适的时机以合适的方式应对才是最为重要，而应对的目的不是为了发泄你的情绪，更不是把他树为你的敌人。

要获得成功，人际关系是至关重要的，他是成功的发动机和助推器。多一个朋友就是多了份支持，而树一个敌人则是添加了一个绊脚石。

那么，如果对待那些对我们冷嘲热讽的人呢？

对我们冷嘲热讽的人喜欢那些微妙的、隐晦的奚落，特别是在有听众欣赏他、为他捧场的时候更是如此。由于不必对可能出现的后果负任何责任，所以他可以尽情地挑剔你，使你处在一个非常不利的环境里。实际上，他并不觉得自己有必要顾及你的心情。长此以往，这些藏而不露的矛盾会搞得你和你的伙伴军心涣散。

同冷嘲热讽的人相处，你的目的是：把他造成的不利影响降到最低点。如果可能的话，抑制一下他的反感和敌意。

（1）爽快地承认错误

如果你的错误已经曝光，那就承认它。公开道歉，简单地做一下解释，估计大家会接受的。

（2）淡化那些公开场合下的"攻击"

不必为此生气，你可以把话题从自己身上转到公司的政策或是工作程序上。如果他还不停止他的含沙射影，你可以暂时不理他，转而征求大家的意见，从而得到多数人的支持。你还可以反过来奚落他，那些曾经受到他伤害的人会很高兴站在你这一边的。

（3）私下交换意见

尽管他自称不过是开个玩笑，但他却不停地找你的麻烦，你不妨不带任何感情色彩告诉他你的真实感受。请求他把问题明朗化，然后由你们双方共同解决。

有些流言可能是无意的，这就需要你保持清醒。正好借此时机反省自己，如果的确是因为自己给别人造成了不好的印象，就要快快地改正，流言也就会随之消失。

诗人郭小川说得好："对恶意的诽谤，只能使人腰杆挺拔、头脑清醒。"这会给那些为冷嘲热讽流言所困的人提供一些启示：如果明知对方心怀不轨，就更应该行得正、做得直。也只有这样，才能让"清者自清、浊者自浊"。

【狼性生存术】

让所有的人都喜欢你，这似乎很美好，但这却是奢望！你一定会收到各种意想不到的"礼物"，是"收礼"还是"还礼"？"还礼"又该使用怎样的高招？还的同时，是否还要适当收部分礼呢？这就要具体问题具体分析了。总之，我们的目的是让对我们冷嘲热讽的人彻底臣服。

## 4. 争当领导的心腹

【狼道语录】努力成为上司的心腹。

没有人天生下来就可以得到别人的赏识。如果仅仅通过我们自己的努力，仅仅用事实证明自己，仅靠自己的个人形象和成绩，要想在人际交往中游刃有余，是远远不够的。我们要想有长足的发展与高升，就要赢得领导的器重和欣赏，成为领导的"心腹"。

（1）"下属"不只是"干活儿"

一位在汽车行业工作的高级经理人于此心有戚戚焉。当总经理信任地把他当做自己人对待时，他们甚至私交也很好，但一次因工作意见不一致吵完架后，他发现：过去互称战友的哥儿们关系，一下子又恢复成权威命令的上下级关系，甚至有一次董事长想提拔他，却居然被总经理给搁置了下来。

他的体会是："做一名优秀经理人，能力好只是第一阶段，这是老板对你的中性需求。到第二阶段时，老板会希望身边有他自己的人，对属下就会有额外期望。第一阶段是他帮你想，但是当他把你当做自己人后，他就期望你要懂得主动帮他想。

（2）消除老板的不安

刘华的主管授予他很大的权力，并疼爱有加，但有段时间这位主管因病长期住院，刘华不想让主管再烦心于公事，希望他安心养病，所以就自己一肩挑起所有工作，也没上报更高层主管。

但有一天，他去探望主管时，主管对他说：“刘华，你权力好大啊！”当时他以为主管不再信任他，事后他才悟出，这位长辈主管是在提醒他，缺乏沟通容易引起别人的误解，甚至会完全否定他所做的任何事情。

刘华的经历其实足以使许多人引以为戒，即使你自认为是对的事情，也必须得到上司的理解和支持。否则你做得再好，反而会给上司带来极大的不安与焦虑，甚至可能让他以为你与他会有职位竞争关系，开始磨刀霍霍。

（3）主动让老板了解你

虽然现在的老板期望张楚城每3个月报告一次就好，但张楚城坚持每月主动让老板知道他的工作状况，并提供完整清楚的数据分析。他认为：表面上这是让主管可以掌握整个方向，实际上却是在累积你对主管的影响力，让他放心授权。

其实，越是上司的心腹、爱将，越需要主动让上司了解你，每一次接触，都是他定义你的时候。也许不乏清高的下属认为整日找老板汇报，会有拍马屁之嫌。但你千万不要以为老板都知道或应该知道你在做什么，因为最根本的核心依然是每个人的专业能力。

（4）伴君未必如伴虎

李飞大学毕业后便到一家民营企业任总经理秘书，一干就是几年，现已是该集团的副总裁了。他的经验告诉我们：在工作中需要一些必要的“错位思维”。所谓“错位思维”，就是设身处地地站在上司的角度，揣摩上司需要怎样的下属。譬如：上司注重结果，你汇报工作就不要事无巨细地把每个过程都娓娓道来；假如上司喜欢控制管理，你就不要把很重要的事做完后只跟他说一声“已OK”了。

很多人之所以认为“伴君如伴虎”，是因为觉得上司喜怒无常、思维无定式，一不小心就会成为上司不满意的牺牲品。其实未必，如果定位准确、尺度把握得当、掌握沟通的技巧，则伴君未必是伴“虎”，也可能是伴“父”、伴“母”、伴“侣”，也说不定呢！

被老板器重，尤其被位高权重、能力超强、绝顶聪明、声名显赫的老板器重，绝非易事，不是表表忠心、谄媚阿谀、多多加班即可搞定的。苛刻强势、追求完美的老板另眼看待的属下必有过人之处，这些人不是天生地造。事在人为，所有人经过努力都可成为某一类适合你的老板的心腹。

**【狼性生存术】**

成为上司的心腹，你就有了晋升的指路人。上司可以在工作中指教你，帮助你，督促你事业上的发展，为你提供心理咨询，在人际矛盾中帮你排忧解难。从而对你的晋升助上一臂之力，这是你晋升的一条最快途径。

## 5. 赞美话不必亲口说

**【狼道语录】**借人口中言，传我赞美话。

赞美有多种方式，可以直接赞美，也可以间接赞美。

直接赞美就是直接面对对方，通过声音、表情将赞美之情传递给他；间接赞美就是不直接面对对方，而是借其他人之口将自己的赞美之辞传递给对方，即我们平常所说的“借你口中言，传我心腹事”。

这两种方式各有各的妙用，应视不同的场合灵活运用。

比如在工作中，下属要想表示对领导的赞美，则是要讲究一定的方式方法的。

下属直接赞美上司时，对方可能会以为那是应酬话、恭维话，有可能“你那么一说，我这么一听”而不必当真；其他人也会认为你是在巴结上司，别有所图。

赞美若是通过第三者的传达，效果便截然不同了。

此时，上司必定认为那是认真的赞美，毫无虚伪成分在里面，于是就会真诚接受，而且对你也会另眼相看。所以当上司不在身边时，不妨对其他同事将上司的优点和成就大肆吹捧一番。

赞美的范围很广，例如，可以先赞美一下上司认真负责的工作态度；

上司平易近人的工作作风；上司教育子女的成功之处，甚至他今天得体的服装；你还可以谈谈上司的“历史”，提提他的“当年勇”等等。

如果其他同事与你有不同看法，你也没必要去争论，毕竟，这只是你的个人观点。相信吧，你的口舌不会白费，总有一天，你的这些赞美之辞会传到上司耳朵里，他会因为有你这样的“知音”而感到高兴。

“第三者”，不仅仅是自己的同事，也包括其他人。

比如，在看到上司的妻子时，你可以适当地赞美一下上司，甚至在看到上司的子女时，也可以说一些诸如此类的话：“你爸爸为公司的事情操碎了心，你得劝他多多休息，保重身体”；“听说你工作干得不错，真是有其父必有其子啊！”

如果有一天你上司的上司来你所在部门视察工作，那也要寻找时机进上一言，好好把自己的上司赞美一番。当然，赞美时一定要言之有据，不可为吹嘘而吹嘘。恐怕这是上司最期望的了，自己替自己说好话，容易使上司心存反感，而由自己的下属代言，则既可避嫌，又可给上司留下较为客观的印象，效果会好得多。

这样一来，上司对你可能就要“感激涕零”了。当日后遇到升迁事宜时，自然不会忘记你。

德国历史上著名的“铁血宰相”俾斯麦，当时为了拉拢一位敌视他的议员，便故意在别人面前赞美这位议员。俾斯麦知道，那些人听了自己对这位议员的赞美后，一定会将话传给他。果然不久，这位议员和俾斯麦成了不错的政治盟友。

多在第三者面前赞美上司，是你与上司融洽关系、增进交往的最有效的方法。如果有位陌生的人对你讲：“某某经常与我谈起你，说你是位了不起的人！”相信你的愉悦心情一定会油然而生。上司同样如此。

让你的赞美“拐个弯”，其中潜藏的力量不但未被缓冲，反而备增。

**【狼性生存术】**

通常，在一般人的观念中，“第三者”所说的话大多比较公正、实在。因此，聪明的赞美方式是以“第三者”的口吻来赞美，如此更能赢得被赞美者的好感和信任。这就是“借人口中言，传我赞美话。”

## 6. 对领导的爱好了如指掌

**【狼道语录】**爱好上司的爱好。

历史上的皇上大凡有什么爱好，总是会有很多大臣趋之若鹜，往往演绎了一段段的文化热潮。特别是那些阿谀奉承的奸臣更是将这一本领演绎到了淋漓尽致的地步，其本人的仕途也如日中天。

我们不能盲目的提倡一味的跟随和模仿，而淡化了专业本能和自我，但对于上司的爱好，我们还是要有所了解，甚至培养一点爱好，权当是为了工作便利而需要熟悉的资料吧。

在工作中，要想赢得上司的好感，就必须时刻留意对方的兴趣、爱好，明白上司的意图，理解上司的心思，这样才能投其所好，“对症下药”。

然而，上司的意图往往捉摸不定，善迎合者必须下功夫掌握上司的心意，揣摩上司的心理，然后尽量迎合他，满足他的欲望。甚至还能抢先一步，将上司想说而未说的话先说了，想办而未办的事先办了，把上司乐得美滋滋的。自然，上司的回报也总是沉甸甸的。

冯庆为人热情大方，很善于与各种各样的人打交道。在调到一个新公司后，他首先想到的是如何赢得领导的好感和赏识。在做了一番调查后，他得知领导为人保守，就毅然舍弃了长发、牛仔等时髦装束，而以循规蹈矩的形象出现在领导面前。

在初步赢得领导的好感后，冯庆就想发挥自己热情、乐于助人、慷慨大方的优点，主动与领导交往，建立友谊。不料，领导为人孤僻多疑，喜欢独处，对冯庆的热情颇不习惯。冯庆碰了几次壁后，就决心改变策略，去顺应领导的性格特点，不再经常围着领导转。

后来，冯庆发现领导有一个最大的爱好——打乒乓球，于是他就苦练了一段时间的球艺，然后频频在领导常去的一家俱乐部露面，并每次都是和邻居在一起对阵、切磋球艺。此举果然奏效，在球来球往中领导渐渐放松了心理防卫，与冯庆成为朋友。

经过一番交往，领导水到渠成地了解了冯庆身上的优点和才干，在工作中对他予以重用。冯庆投其所好，出色地把自己推销给领导，从而赢得了事业上的成功。

在和领导相处时，就要根据领导的性格特点和其好恶，对自己的为人处世方式乃至兴趣爱好做一些必要的修正，以便迅速赢得领导的好感，建立起一定的感情。在此基础上，领导才会有兴趣深入了解和考察你的才干，并使你“英雄有用武之地”。冯庆正是因为投其所好才有之后的成功。

其实，只要你仔细观察，便不难表现，现实生活中，上司说你行，你就行，不行也行的现象太多，人们必须学会：“知上、知下”，尽量不要“哪壶不开提哪壶”，才能避免“说不行，就不行，行也不行”的难堪局面。我们一定要学会爱上上司的爱好。

**【狼性生存术】**

培养和上司一样的爱好，你会给上司带来更多的好心情，会让你和上司有更多的共同语言和交流的机会，也会使得你对上司的赞美更加贴切和有的放矢，会受益匪浅的。

# 第十六章

## 能唱黑脸，会唱红脸

### ——掌握“变脸如翻书”的本事

“变脸如翻书”，这种为人处世之道似乎缺乏真诚、难以捉摸；但是从现实来看，随环境的变化而“翻脸”，其实是一种圆融的处世姿态。现实生活中，要接触的人来自各个领域、各个阶层。接待客人，要和颜悦色；接触下属，要保持威严。如果没有“变脸”的功夫，怎么能应对各种复杂局面呢？

拥有“变脸”的功夫，有两点好处：其一：避免别人误读你的情绪，造成人际关系的反效果。其二：隐藏自己的秘密。具有变脸功夫固然重要，但要学到这功夫并不容易，因为喜怒哀乐这种情绪都难以掩饰。不过，万变不离其宗，能够相机而动，则无往不胜。

## 1. 红白变化，面部戏法

【狼道语录】变脸如翻书。

中国的传统戏曲是很讲究脸谱的。如红脸表示忠勇、黑脸表示刚直、白脸表示奸诈、青脸表示妖邪等等。观众往往不需看剧情，就能够从演员的脸谱上分辨出戏中人物的忠奸善恶来。不同的脸谱显示了不同的角色特征。

人生在世，需对付的人各式各样，所以只有一手是不行的。红白脸相契，也就是一文一武、一张一弛。互相包含，各尽其用。因此，掌握变脸的功夫，善于德威并施、刚柔并用，才能奉上御下、成就大事。

历史上，东魏的丞相高欢独揽大权，与侯景抗衡。临死前，高欢把儿子高澄叫到床前，为儿子成就霸业做了各种安排。他特别提出："朝中职位卑微的慕容绍宗是唯一能抗衡侯景的人，我没有提拔他，是想让你来做这件事。"高澄按照父亲的教导行事，给慕容绍宗高官厚禄，赢得了人心。几年后，高澄的兄弟高洋成为北齐的开国皇帝。

高欢在世时，不给慕容绍宗加官进爵，是在故意唱白脸、做恶人，目的是把好事留给儿子去做。如此一来，人情自然是儿子的，慕容绍宗就会一心一意帮助高澄成就大事、抗衡侯景。高欢父子同唱一台戏，红白脸相契，是官场中成就大事的典型案例。

“变脸如翻书”也是一种圆融的处理姿态，若总是用相同的态度面对不同的人，则不容易和各色人物友好相处。

有一些做大生意的成功者，往往能够深深地领会“变脸”的功夫。

比如有人在别人的办公室里等待，隐约听到他在电话里怒声和电话另一端的人争吵，也许心想，来得真不是时候！过了一会儿，他竟然满脸笑容，看不出任何刚刚和人争吵的痕迹。坐了不到半盏茶功夫，有员工进来问他事情，他立刻摆上一张严肃的面孔，连声调都充满了权威。离开他的办公室，想想看，他用笑脸接待客人，当客人离开后，他会换上哪一张脸？而他用来接待客人的笑脸那是真的吗？还是根本就是皮笑肉不笑的？

不管怎么样，“变脸”功夫也有着它的必要性。试想，如果他用刚刚和人吵架的怒脸来接待客人，话说得下去吗？弄不好，客人也要和他吵架呢！而他若老是和颜悦色，恐怕员工也会失去对他的敬畏吧！

“变脸如翻书”，这种为人处世之道似乎缺乏真诚、难以捉摸；但是从现实来看，随环境的变化而“翻脸”，其实是一种圆融的处世姿态。生活中，要接触的人来自各个领域、各个阶层；接待客人，要和颜悦色；接触下属，要保持威严。如果没有“变脸”的功夫，怎么能应对各种复杂局面呢？

**【狼性生存术】**

根据角色需要变换脸谱，是生活中的生存之道。只会唱红脸，不会唱白脸，会让你缺乏威严和英武之气；只会唱白脸，不会唱红脸，会使你丧失好人缘、寸步难行。

## 2. 要做就做优秀的“黑脸”

**【狼道语录】**要做就做优秀的“黑脸” 。

社会是一个复杂体，今天你是黑脸，他是红脸；明天你是红脸，他是黑脸，总而言之，总有一个扮黑脸的厉害角色和扮红脸的“和事佬”。艾森豪威尔有尼克松为他唱“黑脸”，里根有里甘为他扮“恋人”。

尤其身在职场，更是身不由己，身为领导，得有个左右手在必要时能做出严肃而不受欢迎的决定，并且在他过于严厉时打圆场。也许你会说领导地位超然，不可能真正知道唱黑脸是怎么回事，也不可能让他如此对待公司员工。

其实不然，领导正是知道这个“潜规则”才会雇佣他。如果你必须在公司里挥鞭吆喝，就不可能在公共关系上有出色的表现。

如果你打算自己扮“黑脸”，那就必须做名出色的“黑脸”。有些人注定要扮演这个重要的角色，如约翰逊总统、巴顿将军。再好的公关也掩饰不了他们的自大，没有一家大公司，尤其是极超前同行业的大公司能够幸免于“上帝之鞭”。

通常扮演执鞭的是执行主管，他们难免会在大众、新闻界或员工方面付出代价，尤其竞争对手更不会放过他。

如果你决定做一个严厉的黑脸，你最好拥有以下长处：

（1）要有过人的才智，可以从早上9点一直到下班时，能不断提出严厉的问题。

（2）你必须公正无私（处罚甲或修理乙，要能做到毫无偏袒）。

（3）自己要能保持最高效绩。

（4）随时保持戒心，提高警惕。

（5）化解别人的批评。

换句话说，你必须有训练新兵的心理准备。你的下属不会喜欢你，但是会尊敬你———只要你能证明你比他们更强悍，而且你要求自己比要求他们更严格。这种企业精神就像玩一场登山比赛的，人人争先恐后，否则就会惨遭淘汰。

尽管自己唱黑脸并不是一种很好的选择，但如果你注定要扮演执鞭者的角色，那就像巴顿将军那样，勇敢地做个优秀的“黑脸”，做个让人敬畏的“黑脸”。

### 【狼性生存术】

扮演“黑脸”，情绪上的投资极大，会使最高决策主管在未来没有余暇赢取信任和率先求变。这不是最好的建议，但得强调：如果你非要做这种角色不可，那么请大胆勇敢地去做吧！

## 3. 干大事要有作秀的功夫

**【狼道语录】**生命不息，作秀不止。

现在这个社会时兴作秀，很多方面都兴起了作秀热，所以，一个人想要很好地在这个社会上生存，就要学会“逢场作秀”。

一个企业必须学会作秀，而且更重要的是将作秀广泛传播。在一个1000人会场里表演，与在只有几个人在场的地方表演效果是不一样的。在小舞台上表演的人一年到头四处奔波也没有多少人看见他，但在一个收视好的电视节目里只亮相一小时，他可能已是天下闻名。

一个价值不菲的艺术品如果放在一个精致包装盒里，你将会迫不及待地打开它；但如果装在一个破纸袋中，会被扔在家里不显眼的角落。

所以，生活工作中，专业、能力、学历等因素固然重要，但你要如何呈现自己，也是个重要的竞争力。

不需要长篇大论、不需要苦口婆心，一个好故事一旦被植入后，会不断在人们心中一而再、再而三地重演，自我重复，创造出符合你的目标的结果。

保罗·福塞尔是美国作家，他在《恶俗》中写道：“有关这个国家，比一切其他事情都更令人震惊的一件事就是‘表现’的万能。”

时下，中国人常把“表现”称为“作秀”，因此，“表现”万能在这里又叫作秀万能。在美国，“表现”大概是万能的，在这里，作秀是不是万能的，当然还得看实情。现在，作秀现象可谓铺天盖地，作秀之说可谓甚嚣尘上。

（1）为什么作秀能够起到这么大的作用？

盖缘于“眼球效应”。作秀如同做戏，横竖不过是做给别人看的，也就是尽可能多地吸引人们的眼球。市场经济其实也就是眼球经济，谁吸引了眼球谁就拥有了人气，拥有了市场，也就等于拥有了一切。

（2）为什么作秀能够万能？

从前是时势造英雄，如今是作秀造英雄。作秀造名人，名人是时代宠儿。作秀也能够造就出一些明星，作秀造名企，名企在竞争中称雄。作秀造政绩，政绩是升官资本。如今的英雄是作秀时代的胜利者，作秀时代又离不开这样的英雄去推动。生活在现代的人们，更应该学会作秀。

在这个作秀的年代，要演好你的一生，你必须学会作秀。“作秀”是为了有力地沟通：以专业为实力，以作秀为工具。作秀，使自己的专业素养及各方面更好地展现在世人面前，更有利于实现自己光明的前途。

【狼性生存术】

有道是：“生命不息，作秀不止。”不管你信不信，离开作秀你就无人喝彩，谁不作秀谁就会坐冷板凳。所以，想好好生活的人们就要学会逢场作秀。

## 4. 要敢于说“不”

【狼道语录】该说“不”时就说“不”。

生活中，如果别人请求你的帮助而你又无能为力时，会选择如何去面对？

明明不爱一个人，但总是无力回绝；明明厌恶某件不该做的事，但总是含糊其辞；明明知道他人的一些要求是不合理的，甚至是不合法的，但还是硬着头皮，去迁就、妥协和满足，甚至不惜铤而走险，这意味着软弱、窝囊、麻木不仁。

答案很简单，只要鼓起勇气，不顾面子地说“不”，你就能轻松过关了。

有些爱面子的人总认为受人之托，如果不能忠人之事，实在是对不起人，所以总不好意思拒绝，但又实在帮不到。这时，千万不能勉强答应，否则不仅不能助人，还可能好心办坏事。

事实上，那些顾面子不敢说不的人，其实是自己意志不坚强。这些人，通常认为断然拒绝对方的请求未免显得太过无情，而若是在答应后方觉不妥且又力不从心、难以履行诺言时，再改变心意拒绝对方，显然已经太迟。因为，等无法做到允诺的事情再提出拒绝，给人的印象更糟。甚至需要付出相当的代价去弥补缺失或兑现承诺。

如果这件事只限于个人的烦恼，还称得上不幸中的大幸，若因此事而与要求帮忙的对方发生不愉快的情形，甚至产生怨恨、敌视，演变成双方人际关系上的对立与冲突，岂不更得不偿失？

敢于说“不”，不是冷酷无情的表现，而是一种对人对己的尊重，是一种为人真实的展现。

（1）敢于说“不”，是一种人生理念态度

有人说人际关系是人生中最难处理的事，但难中之难的是在任何情况下都能坚守气节、保持尊严和本色不变，并采取明智的办法去回绝，随大流省力气，坚持原则需要力量。敢于说“不”，不是不给谁“面子”，也不是“不识抬举”，当然这其中要冒自己被驱逐出某个人际圈子的危险。其实，接受就一定更美好吗？

人们总是觉得接受比拒绝来得容易，人们似乎更习惯于表达接受，然而，生活的实践告诫我们：接受不一定会带来心灵的舒坦和精神的愉悦，恋爱也罢，共事也是如此。受之有愧不好，受之无益不好，受之不痛快更不好，甚至受之使自己步入“雷区”，就已经不是什么好不好的问题了。缺乏理智的接纳，无原则的接受，往往是人生痛苦的根源。

（2）敢于说“不”，又是一个拒绝的过程

一位哲人说得好：“拒绝，就是放弃、抵制、批判错误的东西，与此同时，也就是主张坚持和弘扬正确的东西。”

因为拒绝的过程，可以使人发现并肯定生活的真理和乐趣，更加信守自己的人生准则，并且，从中升华人格，获得坦荡心空。

（3）敢于说“不”，是做人的必备素质，善用拒绝，是对人性所需的一种挑战

拒绝虚假浮躁的爱情，是为了追求踏实的真爱；拒绝随波逐流，是为了追求独立的人格；拒绝同流合污，是为了追求高风亮节的意志；拒绝平庸生活，是为了追求非凡的境界；拒绝邪念诱惑，是为了追求道德完善的人性。

“言不取苟合，行不取苟容。”是我们应该永远保持的处事态度，该说“不”时就说“不”！

【狼性生存术】

一开始即斩钉截铁地说“不”，委实不妥，然而不要因此而放弃表示拒绝的权利。在某些情况下，说“不”就等于完全要与人决裂。这是因为人们在说“不”的时候常常带着很大的火气，有时是完全持否定的态度，从而在待人处事时，给人以不快，造成不良的后果。

但是，有的时候你大胆地说出“不”字，不但不会落下不良的后果，反而会给你带来极大的喜悦，这就要看怎样表达“不”，既要拒绝，又要委婉。

## 5. 不妨说个善意的谎言

【狼道语录】拒绝别人时，不妨说个善意的谎言。

在待人处事时，从不说谎的人往往发现自己四处碰壁，经常得罪人，即使委婉一些，在很多情况下也无法摆脱困境。

比如说，有一天别人为工作调动或为亲戚找份工作等诸如此类的事找你帮忙，而你又无能为力，该怎么办呢？答案是：学会善意的谎言。

对于别人的请求，有很多时候，出于各种原因，比如碍于面子，对方来头大等，不能马上拒绝别人。这时，一个方法是婉转地拒绝，更圆滑的方法则是，不妨先答应下来，然后再用反悔给他一个交代。

假如你马上一口拒绝的话，那么，对方极可能就会认为你不肯帮助他，甚至你们的关系因此而僵化，说不定以后你可能有什么事要找到他的话，尽管别人是有能力帮助你的，但对方却记起前“仇”以牙还牙。因此，最好是使对方认为你已尽职尽力地为他服务了。

大多数人都喜欢言出必行的人，却很少有人会用宽宏的尺度去谅解你不能履行某一件事的原因。我们常常听见某甲埋怨某乙说：“某乙分明答允了我，但……”

事实上，某乙虽然可能答应过某甲，但那不过是某乙怕难为情不好意思拒绝而已，往后他仔细一想，便觉得这事根本不可能办到了，甚至某甲自己也知道这事实在强人所难。但是某甲真的会自责而不责人吗？恐怕不会的，而在旁人看来，也总是觉得某乙不对，因为到了那般田地，已经没人注意当初他的一切了。

有许多事情常常是看起来容易做，但一做起来就有麻烦。比如你有一位好友做了人寿保险经纪，他来向你说了一大堆买人寿保险的好处，于是，他请你买100万元保险。你也明知此举真有益处，但是，后来当你仔细一想，如果照他的要求，你每月要付出的保险费等于你收入的1/3，而目前你的收入也不过仅可敷衍日常生活所需。

你明白这事很难办到，你就不妨轻轻地摇头，然后说一个善良的谎言，“不好意思，我们公司已经为我们办好了，你来晚了”。这样既不会得罪人，又不会使自己有任何损失。

善意的谎言是一种说话的艺术，也是一种人际交往的技巧，是对对方的尊重，而不是道德败坏。要是我们能很好地运用这种交际手法，我们的人际关系必定如鱼得水。

**【狼性生存术】**

谎言也是生活中的一种真实，是无法真实时的一种真实。有时候，人们无法表露自己的真实意图，只能选择一种模糊不清的语言来表达真实。

## 6. 让别人更有面子

**【狼道语录】**予人面子，则是与己面子。

世界就像一个镜像，镜像里的人越有面子，也就表明你越有面子。世界是一个轮回，你派出一艘船向东航行，最终它还是会回到你的港口。

把排泄物送给大自然，大自然还是会将它转化成新鲜食物反馈给我们；把面子送给别人，别人一高兴，就会把实利反馈给我们。我们失去了面子却得到了实际利益，就像我们失去了大便却得到了新鲜果蔬一样；就像我们失去了二氧化碳却得到了更多氧气一样；就像我们失去金钱和享受却得到了更多利润和事业一样。所以我们不必一直小心而过分地抓着面子，造成面部皮肤不良，反而没有了面子。

我们抓的都是代谢废物，也就是那些根本无益于面子的废物，甚至有损于面子的有害物质，我们也还是将其视为面子的一部分而紧抓不放。我们没有意识到，放开这些东西，我们不但不会失去面子，反而会让面子更好。

放弃那些处处都得显摆自己、给自己脸上贴金、处处都得争高下、争面子、比谁更强势的行为，你不会损失面子，你会更有面子。在人前认个输，说句不好意思、对不起，您更好、您更对，应该听您的。

给别人一些好处、给别人一点金钱、给别人一些利益、给别人充足面子，自己牺牲掉这些金钱或面子，让别人兴奋一下，小小的优势欲满足一下，你并不曾真的失掉什么。他们有了好处、有了面子，并不会变得真正强大，并不会威胁、伤害到你。就算他们趾高气扬地讽刺你、指责你几句，他们能得到什么？我能损失掉什么？

他们想获得一时的、虚无的刺激，那就随便讽刺我们吧，我们会因为几句话就失去什么实际利益吗？没有。比如小丑们可以随意让观众嘲笑，自己却挣到了钱。

面子、尊严、金钱、名利都是虚无缥缈的东西，不必把它踩在脚下，而是可以送给别人，以让自己得到比这些更加重要和永恒的东西。

人一旦执着于刺激就会丢掉那些更重要的东西，比如人一吃高兴了就不顾自己的身体，玩游戏高兴了就不睡觉，因为得到了面子和虚荣心的满足，人就会大胆把更重要的利益丢给别人。

给别人面子，于己方便。互惠互利，求得双赢，相信一切都会变好，这才是为人处世之道，也是真正的乐观主义，是对生活充满希望的表现。

成天敌视别人，只能是永远的神经症，只能是悲观和颓废、绝望。把一切事情都想得那么糟糕，认定一切都会急速变坏，所有人都是阴险毒辣、居心叵测、敌视自己、充满坏心肠，其实不过是自己内心投射，是自己总是这样阴险毒辣地敌视众生而已。

所以，人人都很注意自己的面子，但也不能忘了给别人面子，一个人活在世上有的时候为了面子可以舍利，可以忘生。掌握这一点，对于处理人情关系至关重要，无往不利。只要你有心，只要你处处留意给人面子，你将会获得天大的面子。

**【狼性生存术】**

我们不妨学会舍得面子，把面子送给别人，自己故意展示一些愚笨和弱点，让别人满足他的虚荣心，这样最终得利的还是我们。你舍小而得大，投资了小部分资金，却获得更多利润，送给别人一时的面子，自己却得到更大的面子。

# 第十七章

## 恩威并施，推拉结合
### ——“萝卜加大棒”是最有效的御人手段

中国历代帝王对人治之术最有效的手腕，莫过于恩威并施、刚柔相加，也就是所谓的“胡萝卜加大棒”的政策。一方面对他人示好、施与恩惠，另一方面显示威权、给予惩戒，两者并举，很容易让对方乖乖就范。

为人处世的道理也是这样。许多时候，你过分对一个人好，他就不会去珍惜；你总是流露出霸王之术，对方就会离你远去。显然，既给予好处，又要表现出你的不好惹，在人际交往中才可以得到对方的承认、敬畏。

## 1. 打一巴掌给个甜枣

**【狼道语录】**打人一巴掌再给一个甜枣。

为人处世中，常常出现责备和被责备的情况，责备是对别人的否定，一定要拿捏好轻重之度。

这一点尤其表现在工作职场中。上下属之间，一定要把握好度，并要掌握好方式方法，一个巴掌和一个甜枣是好上司必备的策略。

> 有位女经理，精明强干，手下的一班干将也都十分出色。但前不久，一名助手因为迁居别处而调走了，接任的是一位刚刚毕业的大学生。这位新来的女大学生，做事又慢又马虎，常常将印过的资料不加整理便交出去。办公桌上也乱七八糟。时间如流水在不停地流淌，可她却总是老样子。
>
> 而这个女孩对于任何批评、责备都只当做耳边风，让人急不得气不得恨不得恼不得。后来，那位女经理决定改变责备方式，只要一发现她的优点就称赞她。没想到，这个办法真灵验了，仅仅十几天，那女孩就好了很多。一个月后，做出了非常显著的工作成绩。

可见，责备有时可以从另一个角度进攻，利用称赞来使他们改掉毛病，进而提高你所领导的整体工作效率。

此外，不要当众责备下属。有些领导比较容易冲动，特别是看到下属犯了比较严重的错误严重影响全体的时候，就可能按捺不住、火气冲天，当众责骂起下属来。这时，就好像是“丢了羊”一样，为了防止继续“丢羊”，就必须立即采取“补牢”的措施，使你因一时冲动而产生的副作用减到最小。



某位经理脾气比较暴躁，并且对工作总是一丝不苟，如果看到部门经理工作不负责任，或者令他不满意，就会情不自禁地要当时当地直截了当地指出来。尽管经理这样做是为了工作，部门经理心里也明白，知道经理并不是责骂他一个人。但是心里毕竟不是滋味。

事后，经理冷静下来，知道自己太冲动了，而且后来听下属解释说，这个部门平时工作也是十分出色的，只是因为特殊情况有些小错，但工作成果还是可观的。

于是，经理马上进行“补牢”工作。

在他下班之前，派人把部门经理找来说：“今天委屈你了，首先怪我太冲动没有十分了解情况，对你的责怪不当，请原谅。不过，你们部门的工作仍需要提高，相信你能做到这一点。”几句话使部门经理的心得到了安慰，同时又有一种被信任感，再大的委屈也就飞到九霄云外去了。

俗语说：“打人一巴掌再给一个甜枣”，虽然不能轻易地“打一巴掌”，但既然“打”了，给与不给“甜枣”效果便大不相同。丢了羊，再补牢这便是一个不是办法的办法，当你一时冲动当众责备了别人时，不妨一试，想必会有很好的效果。

**【狼性生存术】**

恩威并施，才能驾驭好下属，他们会因为你的赞美、鼓励愈加用心，发挥他们的才能。打人一巴掌再给一个甜枣，这是难得的驭人之术。

## 2. 施威之后不忘安抚

**【狼道语录】**做好善后工作，不失人心。

人身体的构造，有坚硬的部分如手、脚、骨骼等，也有柔软的部分如肌肉、软组织等，只有将二者有机结合，人才能灵活自由地从事多种活动。我们在待人处世中，同样需要做到软中有硬、宽严相济，从而达到最佳效果。

比如在职场中，上司下属之间的关系微妙，时刻都要小心，要处理好各种情况。尤其作为领导，我们把“发威”视为“硬”，“施恩”视为“软”。软硬齐施，双管齐下，因人因事采取相应的措施。

领导用“硬”发威以后，给下属一段时间检讨自己的行为，反思自己的过失，然后领导可以有计划地逐步做说服人心的工作。可以把自己认为有影响的下属先找来，进行深入地长谈，用词也不妨恳切些，态度要真诚自然，让他感觉到你确实是器重他。这就可以在一种“软”性气氛中真正感动下属。

用“硬”发威要掌握好尺度，可以做好以下几点：

（1）适度施威

首先，发火不宜把话说过头，不能把事做绝，而要注意留下感情补偿的余地。发火不应当众揭短，伤人之心，导致事后费许多力也难挽回。

其次，发火宜虚实相间。对当众说服不了或不便当众劝导的人，不妨对他大动肝火，这既能防止和制止其错误行为，也能显示出上司运用威慑的力量，设置了“防患于未然”的“第一道防线”。但对有些人则不宜真动肝火，而应以半开玩笑、半认真或半俏皮、半训诫的方式去进行。

另外，发火时要注意树立一种被人理解的“热心”形象，要大事认真，小事随和，轻易不发火，发火就叫人服气，“拿住人”，长此以往，你才能在下属中树立起令人敬畏的形象。

（2）发火后不忘善后

领导的日常发火，不论怎样高明总是要伤人，只是伤人有轻有重而已。对于那些死要面子的人，对上司向他发火会耿耿于怀，甚至刻骨铭心。对这种人则需要善后工作细致而诚恳，要好言安抚，并在以后寻机通过表扬等方式予以弥补。还有的人量小气盛，则不妨使善后拖延进行，以天长日久见人心的功夫去逐渐感化他。

因此，发火伤人之后的善后处理是必要的环节。妥当的善后要选时机，看火候，过早了对方火气正盛，效果不佳；过晚则对方郁积已久的感情不好解开。因而，宜选择对方略为消气、情绪开始回复的时候为佳。

总之，发威与善后的艺术是原则性与“人情味”相统一的处事策略：

发威是强硬的一手，镇住了局面；而安抚是把意图缓缓地传递下来，浸润到对方心中。两者不是那种一打一拉，翻手为云、覆手为雨的权术，我们应潜心研究和掌握其中的限度和火候。

【狼性生存术】

人与人之间的感情交流，不怕波浪起伏，最忌平淡无味。数天的阴雨连绵才能衬托出雨过天晴、大地如洗的美好。暑后乘凉，倍觉其爽；渴后得泉，方知其甘，此中包含着心理平衡的辩证哲理。

## 3. “赏罚并用”的效果最好

【狼道语录】赏与罚并用，行之必有效。

在中国古代思想中有一个重要的原则，即“赏罚并用”——不但重视奖赏与激励的价值，还注意发挥惩戒的功能。通常，重视奖赏而忽视刑罚，会使纪律松弛；而重视刑罚忽视奖赏，会使大家缺乏进取心。所以，有效的管理方式是“赏罚并用”。

商鞅变法以前，秦国纪律废弛，国力空虚，很难与其他诸侯国竞争。而变法之后，秦国开始发展壮大起来，赏罚有度的治理策略以及成功的兼并战争使它统一了中国。但是，对武力过分迷信，滥用刑法而不注意奖赏，使强大的秦国在农民起义的浪潮中土崩瓦解。

历史的教训值得我们借鉴，在任何时候都不可忽视赏罚并用的效果。

老子说：“兵者不祥之器也。非君子之器，不得已而用之，恬淡为上，胜而不美，而美之者，是乐杀人。夫乐杀人者，则不可得志于天下矣。”意思是说，“处罚”不是治理企业最好的办法，它只在不得已的时候使用；而且使用时要注意审慎的处置，即使行之有效，也不要洋洋自得；否则陷入以刑罚治理国家的境地，很难取得很大的成就。

比如工作中，领导既要重视奖赏等有效的激励手段，也要建立严格的奖惩制度，从而做到恩威并重，实现有效领导。

明成祖朱棣在我国历史上占有重要的一席之地，这与他赏罚分明、量才适用的用人策略密切相关。

监察御史王愈在刑部审判犯人时误杀了四个无辜者，明成祖知道后立即下令把王愈等人逮捕，当天这些责任人就被斩首了。明成祖一再告诫三法司要“洁己爱民”，执法公平，不得收受贿赂。既然由于失职造成恶果，就要降级、免职或处死。

但是另一方面，明成祖对大臣也很有人情味，他对有功之人是不吝奖赏的。比如，靖难之役中立功的人即使已经死去，也被按功追封。在东昌战役中牺牲的张玉，仍然被明成祖追封为“荣国公”。

明成祖能够对大臣恩威并济，使整个领导团队牢固地掌握在自己的控制中，大家都兢兢业业，实现了稳固的统治秩序。今天也需要大家积极奋进，领导也应该秉承“赏罚并用”、“恩威并济”的领导哲学，建设一支优秀团队。

“惩罚”与“奖赏”结合使用，才能达到出色管理、有效统御下属的目的。也就是说，作为一个管理者不能以罚代教，在合理必要的“惩罚”外要注意运用激励措施，改变他们对工作的态度，激发他们的工作热情。

“赏罚并用”、“赏罚分明”，本身就是一种合理有效的管理手段，它符合人性的价值认同，因此具有强大的威力。但是在使用的过程中，重要的是运用得得当、巧妙。

【狼性生存术】

“赏罚并用”作为一种有效的统御之道，说到底是惩罚与奖励的艺术。我们待人处世中要结合具体的情境、事件、对象综合考虑，组织实施，才能既拉进与别人的距离、又保持自己威信的效果，实现恩威并济、推诚致用。

## 4. 端点架子自抬身价

【狼道语录】架子端起来，身价抬起来。

一直以来，我们受到的教育总是低调做人，锋芒不要太露，不过这也要因人因事，不可一概而论，对某些人某些时刻我们一定要端起架子做人，把身价抬起来。

打个比方，譬如你是个很有本事的人，对单位的事情门清，而且无论什么岗位都能上手。可你却是个老好人，别人要你做什么你就去做，让你顶什么班就去顶。到头来会有什么结果呢？你一不会受重用，二不会加薪水，三还会被人嘲笑是“傻帽”。这就是没端架子做人的恶果。

反倒是另一些人，挂着很高的头衔，拿着极高的酬劳，却不具体做事情，只是跑过来指手画脚一番，就能惹得老板们点头哈腰，奉为上宾。是这些人真有本事么？非也，他们端着架子做人而已。

“架子”绝不是一个消极、负面的东西，有着它积极而微妙的意义。尤其工作中作为领导的人必须要会“端架子”，为什么这么说呢？

（1）“架子”可以理解为一种“距离感”

许多领导正是通过有意识地保持与下属的距离，使下属认识到权力等级的存在，感受到上司的支配力和权威。

而这种权威对于领导巩固自己的地位、推行自己的政策和主张是绝对必须的。如果领导过分随和，不注意树立对下属的权威，下属很可能就会因为轻慢上司的权威而怠惰、拖延甚至是故意进行破坏。

所以，领导通过“架子”来显示自己的权力，进而有效地行使权力是无可非议的，对于上司很好地履行自己的职责也是十分必要的。

（2）许多领导还喜欢通过“端架子”，从而使自己显得比较神秘

因为领导间处于各种利益、各种矛盾的焦点上，若想实现自己的目的，就必须懂得掩藏自己，使自己的心机不被窥破。

如果下属很容易就揣摸到上司的心理，他就很可能利用这一点来达到自己的某种目的，从而危及或破坏上司意图的实现。而不暴露自己的最好办法莫过于增加与下属的距离，减少接触，使自己保持一种神秘莫测的状态。这就是上司爱“端架子”的另一个原因。

可见，上司的“架子”绝不仅仅为了炫耀，还是一种因为害怕下属而采取的防范性措施。当领导实在是太累了！

（3）“架子”有助于领导处理政务

许多领导最头痛的便是事无巨细都要亲自处理。他们更希望自己抽出时间和精力来处理大事。而随和的言行会使下属产生一种错觉：这个上司好说话，是不是让他解决一下我的问题……这样，势必会使许多下属抱着

侥幸的心理来请求上司的亲自批示，而一旦不能满足又会心生怨恨。所以许多领导就喜欢利用这种“轻易不可接近”的“架子”来逃避细小琐事的烦扰，把更多的脑力用于谋划大政上。

（4）“架子”还会使领导增加仪表魅力

曾有政治学家论证说，一般人都有服从权威的倾向。上司通过得体的“架子”而表现出来的自信心、意志力、傲视群雄的态度以及凌驾于众人之上的气势则有助于增加自己的权威，使自己显得更有魅力，显得更像领导者，更能从形象上唤起别人的敬佩和好感。

有时，下属会发现自己的上司有点儿装腔作势，其实他只是在模仿伟人、想使自己显得更有领导者的魅力罢了。

无论是谁都有实现自己人生价值的愿望。不同的人价值观不同，实现价值的程度也不同。就中国人而言，通过获取权力来实现自己的人生和社会价值一向是一个十分重要的衡量标准。

毫无疑问，领导也需要人生价值得以实现的满足感，有些时候，他还会因此而显得沾沾自喜或洋洋得意，不自觉地表现为某种“架子”。

端起架子做人不是扯大旗作虎皮，而应是放下身段做事，这个是决定你的架子能否端的稳的决定因素，所谓外松内紧，对外藐视一切对象，对内时刻要记住苦练内功。

**【狼性生存术】**

做任何事情，必要的条件必须要提，可以做没有好处的事，但绝不做掉价的事。我们不轻言帮人，但一旦帮了，一定要直指内心，雪中送炭。所以我们坚决不能做烂好人，该端的架子一定要端。

## 5. 左手权力，右手魅力

**【狼道语录】**权力魅力，并蒂之莲。

纵观世态万象，瞭望官场风云，权力只是一把钥匙，魅力却是永恒的锁。权力乃力量的象征，魅力乃力量的结晶品。

领导是人人羡慕的身份，人们常将努力、财富与之相提并论，赋予它至高无上的荣耀。因此许多人刻意，甚至疯狂地追求它。

但是我们不禁要问：“那些掌握生杀大权的领导究竟有多少人魅力十足，真正令人心悦诚服，愿意矢志相随？”亦或他们只是徒有“拳力”，只是大家趋炎附势，攀交拉结的对象而已？

> 有一个童话故事描述了北风与太阳斗智的情形：
>
> 北风自恃风力高强，要太阳向它俯首称臣，太阳则不甘示弱，于是双方争论不休。正争着，见前面有一行人徐徐而来，于是它们相约以行人作为比斗的对象，看谁能使行人脱下衣服就是赢家。
>
> 北风抢先出手，它杀气腾腾，不断施展其强烈骠悍的雄风，企图使行人就范。但只见行人把衣服愈拉愈紧，虽然难以忍受，但是就是不肯松手。最后北风眼见其谋不遂，只好罢手。
>
> 接着轮到太阳施展身手，只见它绽开笑脸，缓缓施展其威力，于是寒气尽失，光辉普照，这些行人也就极其愉快地将大衣脱下来了。

这个故事告诉我们：北风（权力）虽然令人生畏，但也会使人极力反抗，即使人们敢怒不敢言，但也难叫他心服口服；太阳（魅力）则使人自动宽衣，解除情绪的武装，而诚心归顺。相形之下，权力显然无法与魅力一决高下。

徒有权力是不能使领导掌握民心士气的，而魅力的素养显然是卓越领导不可或缺的条件，一个优秀的领导必须牢记：不光要善于把握和运用权力，更要善于把握和运用魅力；只有将权力和魅力两者结合起来，领导才能实现对下属的真正领导！

一个领导要想将权力和魅力结合，就必须做到以下几点：

（1）正确认识自己的权力。要意识到权力只是自己顺利开展工作所必需的工具，绝不是自己借以作威作福的武器。

（2）要推心置腹地对待下属，要急下属之所急，想下属之所想，完成下属完不成的事，理解下属的苦衷。这才能使下属感恩戴德，投桃报李。

（3）领导在行使权力时一定要注意方式方法，绝不可莽撞胡来。即使是工作上的事也要考虑到下属的承受能力。

只有将权力与魅力结合起来，既领导下属，又关怀下属，领导才会受到下属的衷心爱戴，下属才会对领导心悦诚服！

权力与魅力，都能在一定程度上让拥有它的人吸引周围的人，就好似磁铁吸附铁屑，让拥有者成为中心。可它们却又大不相同。

权力中含有强制成分，有时，这种成分会让周围的人不得不围着这个中心转，但不一定心甘情愿；权力中还含有支配力量，有时，这种力量会吸引周围的人主动追随拥有者，以利于自己得到好处，达到目的。权力吸引周围的人属于一种外在的征服，它只征服了人的表面或者一小部分，而不会征服真正的内心。

而魅力才是真正的磁石，它的追随者是发自内心的被征服者。拥有者不需要借助丝毫的强制成分便能让追随者心悦诚服，牢固而长久地围在周边。魅力吸引周围的人属于一种内在的征服，它征服了人的全部，会让追随者死心塌地，甚而有时可以两肋插刀。

拥有权力者往往不易看出自己的魅力所在，即便有一些，也常常被权力掩盖。权力让拥有者分不清追随者的笑意有几分真诚、有几分搀假，正如皇帝拥有天下却分不清大臣的心中有几分是佩服、几分是恭维、几分是恐惧。

魅力的拥有者不一定拥有权力，但他们没必要分析更不用担心自己的追随者有几分真诚、几份搀假，正如布衣百姓两袖清风却能晓得自己若是钟子期就不怕身边的追随者里没有真正的俞伯牙。

当权力与魅力真正融为一体而又运用权力得体时，其威力的确无与伦比；但也只有完全撇开权力后，才能真正测出某些掌权者自身的魅力究竟是几两还是几分，正如卸了妆还美的女子，脱了衣还健美的躯体。

### 【狼性生存术】

权力与魅力相辅相成不可分开，唯有不断为魅力施肥，你的权力之花才会开得更加艳丽绝伦。如果你放弃魅力，在不久的日子里你的权力之花就会枯萎。

# 第十八章

## 收买人心，笼络关系
### ——成大事必须有更多的“自己人”

“得人心者得天下”，这句饱经历史事实的治国古语放在今天，依然掷地有声。一个人的力量再强大也不能失去他人的帮助，获得他人支持是我们顺利推进发展目标的前提。在为人处世的过程中，学会站在对方角度看问题，给予他人支持与合作，甚至在必要时让自己承担部分损失，都是“收买”人心的必要举措。

今天，信奉个人英雄主义的时代早已过去。不难想象，光杆司令能够长久占据司令的宝座，因为没有忠诚强力的助手们的扶托，谁也不可能产生令人瞩目的功绩。往小处说，心腹团队能够把事办得称心、办得安全、能够成事；往大处说，心腹团队让你在工作上如虎添翼，同时也是你精神上的盟友和安慰者。

## 1. 培养心腹，办事不难

**【狼道语录】**一个好汉三个帮，一个篱笆三个桩。

一个坚强勇敢的好汉，需要有人帮助他才能把事情办成办好；一个篱笆墙，需要有几根木桩帮它夯实或支撑，篱笆才能立得结实牢固。一个人的力量是有限的，众人拾柴火焰高。一个人的能力是很单薄的，但是有大家的帮忙就能办得更好。

这就是企业老板培养心腹很重要的原因。那么如何培养自己的心腹呢?

培养心腹有两个办法：外带和内携。

（1）外带：直接从企业外挖掘过来，可以是老部下、老同事，也可从社会招聘而来。这种方法直接有效，但需要与原有企业有一定适应过程，如果协调不好容易形成对立、激化矛盾。

（2）内携：从现有人员发现、培养。这种方法需要一定的过程，双方必须反复磨合、建立信任，否则容易看走了眼，吃大亏。

无论哪种情况，一旦发现了卓越人才，都要想方设法将他培养成自己的心腹干将。有一天，你要做大事的时候，心腹会成为你进步的阶梯，帮助你独当一面。培养心腹，要着重做好以下几点：

（1）将他视为你管理能力上的一项挑战。

你的管理办法对待那些资质平庸的下属可能非常有效。而在卓越人才的眼中，你的地位并不表示你的才干比他高，要他听你的，最好的办法是采用怀柔政策。

（2）鼓励他公开参与对某些观点和建议的讨论。

此举是增加他对你的信任感，以及对公司的归宿感，显示你对他的观点和建议非常重视，你把他当作自己人看待。

（3）赞美他杰出的表现。

不要担心他会被宠坏，在他做出成绩之时，要不失时机地加以赞扬和鼓励。

（4）给他订立明确的目标，并让他做有挑战性的工作。

在平时历练心腹，才能不断提升他的才干，促进他不断成长。

（5）让他有充实自己的机会。

“学如逆水行舟，不进则退”。在可能的情况下，要给他“充电”的机会，这不仅对他自己是一种促进，同时也有利于把公司的工作做得更好。

（6）对他额外的贡献给予赞赏和鼓励。

当人才做出额外贡献时，总经理要及时给予赞赏和鼓励，这种赞赏和鼓励如果是在公众场合进行，效果会更好些。

心腹知己可以在团队中起到引领、监督、影响甚至是打压他人的作用，目的在最终改变团队的工作作风、帮助领导人实现宏图伟业。

古人云：“夫为将者，必有腹心、耳目、爪牙。”作为领导都希望有自己的心腹。只要有人就会有矛盾，就会有猜疑，就会有隔阂。在领导的位置上，仅凭一己之力很难向下延伸，而要作出正确决策，又必须对复杂的外部环境有准确的把握，那么培养一些心腹做耳目是完全必要的。

### 【狼性生存术】

没有心腹，基层的真实信息不能全面获取和了解；没有心腹，自己的思想策略不能有效贯彻和推行；没有心腹的管理者，工作很辛苦，内心更孤独……所以，培养心腹是不二选择。

## 2. 做下属的保护伞

【狼道语录】做一个“护犊子”的领导。

当老鹰盘旋在天空时，我们看到草地上觅食的老母鸡总是急忙招拢小鸡，将它们藏匿在自己温暖的翅膀下。

其实，上司对其下属也应如此。

魏大将军司马炎，命征南将军王昶、征东将军胡遵、镇南将军毋丘俭讨伐东吴，与东吴大将军诸葛恪对阵。毋丘俭和王昶听说东征军兵败，便各自逃走。朝廷将惩罚诸将，司马炎说：“我不听公休之言，以至于此，这是我的过错，诸将何罪之有？”

这一年雍州刺史陈泰请示与并州诸将合力征讨胡人，雁门和新兴两地的将士，听说要远离妻子去打胡人，都纷纷造反。司马炎又引咎自责说：“这是我的过错，非玄伯之责。”

众百姓听说大将军司马炎能勇于承担责任，敢于承认错误，莫不叹服，都想报效朝廷。

司马炎引二败为己过，不但没有降低他的威望，反而提高了他的声名，“可谓智矣。”如果司马炎讳败推过，将责任推到下边，必然上下离心，哪还会有日后的以晋代魏的局面呢？

工作中，在老板眼中，你既是“头头”，你的下属犯错，即等于是你的错，起码你是犯了监督不力或用人不当的错误。

所以下属闯祸，请你冷静检讨一下自己，如果完全是因为下属自己的疏忽，可把他叫到跟前来，冷静地向他分析事件过程，告诉他错在什么地方，最后重申你的宗旨——要每一个下属做事全力以赴，并冷静地处理事情，但你永远是他们的后值。

要是下属犯错，你也有间接责任，就请你与下属单独会面时，将事情弄清楚，不是叫你认错，而是一起去研讨犯错的前因后果，并鼓励下属以后多多与你磋商。

还有，在你的上司面前，只顾推卸责任，这只会令上司反感。你应该有领导者的风度——与下属一起承认过错。另一方面，即使有其他人诸多是非，你仍应站在下属一边，替他挡驾。

不过，挡驾也不能毫无原则。

比如：一位客户向你投诉，你的某下属十分无礼，又欠缺责任感，使他很不好受。你要做的是，立刻替下属道歉："对不起，他可能只是无心之失，平日他的表现不是这样的。保证以后不会有这类事情发生，请你多多包涵。"

下属做事不力，你也要负一定的责任。

将客户的怒火平息了，事情却仍未摆平，你必须有所行动。

然而，立刻找来下属责备一番，是最不明智之举，应该先静静地对事情进行了解。例如，下属平日待人是否也是一派傲气？处事是否马虎随便？

如果答案为否定的，那么有两个可能性，一是客户咄咄逼人，二是下属偶尔情绪欠佳。不妨提醒一下下属，请注意情绪起伏，或者不了了之也没大问题。

相反，事情如果属实的话，即下属的确经常得罪客户，你就必须找下属来倾谈一下了。告诉他有客户投诉其工作态度，而你已代为道歉，并予以训诲，请他谨记"工作第一，客户第一"。

俗话说："大树底下好乘凉"，倘若你能给你的下属提供一个好乘凉的地方，那么你的下属将会由于你的施恩而"报效"于你。

### 【狼性生存术】

恰当处理与下属的关系，不要让下属觉得自己不可信任、不可依靠。要想仕途光明，必要时是必须要笼络自己的心腹，成为下属的保护伞。

## 3. 该慷慨的时候绝不吝啬

【狼道语录】困难时期更要慷慨。

“有福同享，有难同当”，是中国人的理想认同。通常，一帆风顺的时候，大家都能称兄道弟，往往看不出彼此关系的紧密度；而在困难时刻，能够伸出援手共度难关，才能显露出双方是否心思一致。

对此，我们从企业里的公司与员工关系上可以体验到这一点。通常，经营者付出越多，得到的回报越大，若只想别人给予自己，自己却难舍小利，那么“得到”的源泉终将枯竭。所以，多给员工出让利益，特别在困难时期表现得慷慨一些，更能收服人心。

1933年，经济危机笼罩着整个美洲大陆，大小企业纷纷破产，许多曾经威风一时的老板都加入到靠领取救济金度日的行列中。那些尚在运行着的企业也是如临深渊，小心翼翼地对待每一件事，惟恐出现一点小的纰漏而导致整个企业的崩溃。

在这种危机四伏的时刻，哈理逊纺织公司发生了一起大火灾，整个厂区沦为一片废墟。这对哈理逊公司来说无疑是雪上加霜，3000名员工悲观地回到家里，等待着老板宣布公司破产和失业风暴的来临。

他们在不安的漫长的等待中，终于等来了老板发来的一封信，信里只是告诉工人们在每月发薪水的那天，照常去公司领取这个月的薪金。

在整个世界一片萧条、人人都在自保、不管他人死活的时候，能有这样的消息传来，员工们大感意外，他们纷纷写信或打电话向老板表示真诚的感谢。老板亚伦·傅斯告诉他们：公司虽然损失惨重，但员工们更苦，没有工资他们无法生活，所以，只要他能弄到一分钱，也要发给员工。

3000名员工一个月的薪水是一笔数额非常巨大的资金，更何况纺织公司已经化成一片废墟，别说是处在经济萧条期，就是在经济上升期也很难恢复元气。既然恢复无望，还要掏自己的腰包给已经没有用的工人发工资，老板不仅是糊涂透顶，简直是疯了！

不可思议的是，亚伦·傅斯不仅糊涂这一次，还继续糊涂下去。一个月后，正当员工们为下个月的生计犯愁时，他们又收到老板的第二封信，信上说再支付员工一个月的薪水。

3000名员工接到信后情不自禁，泪水早已夺眶而出。在失业席卷全国，人人生计无着，上班都拿不到工资的时候，能得到如此的照顾，谁能不感念老板的仁慈与厚待呢？

老板的糊涂终于有回报了，第二天，员工们陆陆续续走进公司，自发地清理废墟，擦洗机器，还有一些人主动去南方联系中断的货源，寻找好的合作伙伴。

仅仅用了三个月，哈理逊公司重新运转了起来，在当时的环境下这简直就是一个奇迹。奇迹的取得是员工们忘我工作、日夜奋斗的结果。

当初曾经有人劝说亚伦·傅斯领取保险公司的赔款，然后一走了之；见他傻乎乎地用钱给工人发工资，人们都批评他感情用事，嘲讽他糊涂。但是，后来的发展让人们真正理解了他的经商之道，看出了他的精明。

亚伦·傅斯的经历告诉我们，舍得施恩，就会有回报，而且是出乎意料的回报。尤其是在别人困难的时候，你的慷慨会让人感动，获得超出平时的高回报。

**【狼性生存术】**

生意场上需要商人的“侠义”和“慷慨”。不仅仅要像亚伦·傅斯那样对员工不吝啬，在其他方面也不能太吝啬。生意不顺，需要打通各个关节，少不了求人帮忙，花点钱买小礼品，请人吃一顿饭是答谢别人辛劳最起码的付出。如果一分钱不舍得花，不想有所付出，或者付出不够都会让生意继续“卡壳”。

## 4. 把功劳送给别人

**【狼道语录】**功劳要与人分享或者送给他人。

当你的工作和事业有了成就时，千万记得不要独自享受荣耀，要和大家一起分享。你能主动分享，就能让别人有被尊重的感觉。人心换人心，你能尊重他们，他们反过来也会尊重你。

而独享荣耀容易激起他人心中不满并心生恨意，尤其是独自享有荣耀，还心安理得地把高帽子往自己头上戴的人终究会成为孤家寡人的，更何谈招人喜欢、受人欢迎？

把功劳和荣耀送给别人是一个聪明的做法，当有了功劳时，我们应该：

（1）感谢

感谢同仁的鼓励、帮助和协作。不要认为这都是自己的功劳，尤其要感谢上司，感谢他的提拔、指导、授权。如果实际情况果真是如此，那么你的感谢就是应该的；如果同仁的协助有限，上司也不值得恭维，你也有必要感谢他们，这样做虽然勉强一些，但却可以使你避免成为靶子。

（2）分享

口头上的感谢也是一种分享，这种“分享”可以无穷地扩大范围。另外一种是实质的分享，别人倒也不是要分你一杯羹，但是你主动的分享却让旁人有被尊重的感觉。如果你的荣耀事实上是众人鼎力协助完成的，那么你更不应该忘记这一点。实质的分享有很多种方式，小的荣耀请吃糖，大的荣耀请吃饭，分享了你的荣耀，就不会有人和你作对了。

（3）谦卑

人往往一有了荣耀就“忘了我是谁”自我膨胀，这种心情是可以理解的，但旁人就遭殃了，他们要忍受你的嚣张气焰，却又不敢出声，因为你正在风头上。可是慢慢的，他们会在工作上有意无意地抵制你，不与你合作，让你碰钉子。因此有了荣耀，要更谦卑。要不卑不亢不容易，但卑绝对胜过亢，别人看到你的谦卑，会说：“他还满客气的嘛！”自然就不会找你麻烦，和你做对了。

岳飞是宋朝的一名军事家和谋略家，他不仅在战场上是一位运筹帷幄的大将，而且在平时十分低调和谦虚。

岳飞治军极严，平素注重操练和校阅，与士兵们同甘共苦。打仗时，他冲锋在前，自己担任“旗头”，成千上万兵将的动止进退，唯“旗头”是瞻，勇往直前。每次朝廷封赏，他总是说：“全军将士出力，功劳是大家的，我没有什么功劳。”

岳飞就很会做人，他从来不独享荣耀，他知道独自揽功会令别人变得暗淡，甚至令人产生一种不安全感；而把功劳给别人，却能让他们吃下一颗定心丸。这就是为什么金兵会发出“撼山易，撼岳家军难！”感叹的原因。

与人融洽相处，一定要记住功劳是大家的，名誉是集体的。即使你工作做出了成绩，上司把功劳记在你的头上，也要记得感谢大家，没有大家的帮助，你是不会取得那些成绩的。

**【狼性生存术】**

一个篱笆三个桩，当你把功劳给别人的时候，得到别人尊重的同时也许又获得了一个朋友，在这个人情的时代，这无疑对你的人际关系有很大的帮助。

## 5. 代替领导下地狱

**【狼道语录】**我不下地狱，谁下地狱。

一个肯替他人担过失的人，才能获得更多人的支持；一个能替别人担过失的人，才是最有发展前途的，尤其是替自己的领导担过失，或者替自己的领导做一些领导不愿意做的事，这是一件眼前吃亏，长久得利的事！

上司所管的事情很多，但并不是每一件事情他都愿意干、愿意出面、愿意插手，这就需要有一些下属去干，去代上司摆平，甚至要出面护驾，替上司分忧解难，赢得上司的信任。

有些人很不注意上司愿意干什么工作、回避什么事情，往往容易得罪上司，惹出麻烦。

某县化工厂因产品质量问题严重，引起社会关注。省电视台记者到该化工厂来访时，最先碰到该厂办公室主任刘某，刘某怕说不好承担不起责任，就对记者推卸说：“我们厂长在办公室，他说了算，有事你找他去吧！”结果，记者闯进厂长办公室，把厂长抓了个正着，厂长想回避也躲不开了，硬着头皮接受了采访。事后，厂长得知刘某不仅不提前通风报信，还说了那样一句话，很生气，很快便炒了刘某的“鱿鱼”。

陈某的教训很深刻，记者采访质量问题本不是光彩的事。按道理，从为上司着想的角度讲，他除了应实事求是地讲明问题的原因外，还应该维护上司的面子，替上司分忧，而不该把事情全推到厂长一人身上。

一般地讲，上司有几愿几不愿。我们对此要了然于胸。

（1）上司愿意做大事，不愿做小事

从理论上讲，上司的主要职责是“管”而不是“干”，是过问“大”事而不拘泥于小事。实际工作中，大多数小事由下属承担。

从心理学的角度分析，上司因为手中有较大的权力、较高的职位，面子感和权威感较强，做小事在他看来显然降低了自己的“身份”，有损上司的形象，比如接电话、组织市场调查等都是上司不愿意干或不愿介入太多的。这些事情只能由下属分担了。

（2）上司愿做“好人”，而不愿做“坏人”

工作中矛盾和冲突都是不可避免的，上司一般都喜欢由自己充当“好人”，而不想充当得罪别人或有失面子的“坏人”。

愿当好人，不愿演丑角的心理是一种很普遍的上司心理。此时，上司最需要下属挺身而出，充当马前卒，替自己演好这场“双簧”。当然，这是一种较艰难而且出力不讨好的任务，一般情况下上司也难以启齿向下属明说，只有靠一些心腹揣测上司的意思然后再去硬着头皮做，上司对此心里有数但不会公开表扬你；如果下属因为粗心或不看上司的暗示而把他弄得很尴尬，上司肯定会在事后发火。

（3）上司愿意领赏，不愿受过

闻过则喜的上司固然好，但那样高素质的人却寥寥无几。大多数上司是闻“功”则喜，闻“奖”则喜，鲜有闻过而喜者。在评功论赏时，上司总是喜欢冲在前面；而犯了错误或有了过失之后，许多上司都争着往后退。此时，上司亟待下属出来保驾，敢于代上司受过。代上司受过除了那些原则性或特别严重的错误外，实际上无可非议。

从组织工作整体讲，下属把过失揽到自己身上，有利于维护上司的权威和尊严，把大事化小、小事化了，不影响工作的正常开展。从受过的角度讲，代上司受过实际上培养了一个人的“义气”，并使自己在被“冤杠”的过程中提高预防错误的能力。结果，因为你替上司分忧解难，赢得了他的信任和感激，以后上司一定会回报你，给你“吃小灶”。

由此可见，学会代替他人，尤其是自己的领导“下地狱”，是作为下属的一项基本素质要求，只有如此，才能紧靠大树，事业、生活顺风顺水。

【狼性生存术】

在这里必须要和那些搞不清自己职业角色和游戏规则的人说一句话：老板之所以能做老板，自然有他的过人之处，不要以为你在某些方面比老板做得出色便可以试图把老板当“水鱼”。

## 6. 笼络住关键人物

【狼道语录】关键人物在团队里挑大梁。

从哲学角度看，我们解决问题，要善于抓重点，抓关键，解决主要矛盾，这样才能更好地解决问题。同样，找出关键人物，并笼络住关键人物在我们为人处世中，起了事半功倍的效果。

战国时期，有一次齐王和魏王谈起两国的珍宝。

魏王问：“你们齐国有什么国宝？”

齐王答：“没有。”

魏王便说：“那太糟了，我们国家虽小，但有12颗硕大的珍珠，珍珠的光可以照亮12辆车子。你们齐国那么大，难道没有宝吗？”

齐王答道：“我对‘国宝’的理解与你不同。我有四位大臣，大臣擅子镇守南方，令楚国不敢侵犯；大臣田盼镇守西方，令赵国人不敢到黄河捕鱼；大臣黔夫镇守徐州，令燕、赵百姓来投奔我；大臣种首负责治安，令盗贼绝迹，道不拾遗、夜不闭户，百姓安乐。他们光照千里，岂止照亮12辆车子。”

魏王听罢，自然惭愧不已。

这个故事包含着人才是宝和关键人物起着重要作用这两方面道理。

我们半生的时间都在职场中度过，那么，我们就来认识一下公司单位中的“关键人物”：

通常关键人物包括重要的管理人员、业务骨干，同时更应包括“非正式领袖”。在公司中常能见到这样的情景，最高决策层做出某项决定，传达给员工后，员工马上会聚在一个“非正式领袖”周围，待听取了他的意见之后，人人才去执行。

所以，领导若要全体下属通力合作，为自己的目标而努力，要做的事应是找出关键人物，并用恰当的方式将他们凝聚在自己周围，利用他们的影响力取得事半功倍的好处。

如果你不是领导，只是一名普通员工，那么，你更需要笼络住关键人物，他们对你的事业发展往往起到非常关键的作用，为什么呢？

（1）人力资源部总管：让你洞悉公司的内部职位空缺，有了第一手资料当然能更容易调到中意的部门；他们更有可能影响职员的薪酬调整和职位调配等重要决定。

（2）部门的主管、助理和秘书：在大公司工作，入职时所属的部门未必是心目中最理想的。这时候，你就要与有关部门人物建立良好关系，他们可能有助于你调职。此外，秘书有时比部门主管更重要，尤其当他/她为你安排面试的时候。

（3）公司内的“明星”、名人：公司内人气很旺的、老板很重用的人，他们日后极有可能成为公司的要员，及早和他们打好关系，自己也有好处。

（4）公关、传讯经理：善于宣传的公关部人员，将你的名字带到公司各个部门，让你人气急升。

（5）员工培训主管：他们对你的称赞和嘉许比其他职员更有说服力。而且他们通常都了解各部门所欠缺的是什么，当他们知道你有哪些公司需要的特征时，你的价值将会大大提高。

（6）高级管理层：他们是公司的最高决策人，当然对你有帮助！但切记不要阿谀奉承，以免有“擦鞋”之嫌。

要与以上的重要人物建立良好关系，你可以从小事帮忙开始，例如在秘书忙得透不过气时帮她接一个电话，于内部培训时替员工训练主管移动桌椅。当信心建立后，他们便会乐意与你交往。

【狼性生存术】

懂得善用人际关系，抓住关键人物的心，是步向成功的不二法门。无论你是大领导，还是小职员，都应关注公司的关键人物，笼络住关键人物，才能事半功倍，事业、生活顺利。

## 7. 用真心换来“忠心”

【狼道语录】精诚所至，金石为开。

人非草木，孰能无情。“生当陨首，死当结草”、“女为悦己者容，士为知己者死”，无一不是“感情效应”的结果。

公元742年，唐玄宗连下三道诏书，征召大名鼎鼎的诗人李白入京。李白这一年已43岁，他毕生都向往着建功立业，以为这一回总可以大展鸿图了，于是，意气风发地来到了长安。唐玄宗在大明宫召见了他。

封建时代，皇帝召见大臣，气派是十分庄严的，他端坐御座之上，居高临下，而臣下则要一路小跑至他的膝下，行三跪九叩大礼，俯首称臣。而唐玄宗这一次召见李白，一切繁缛的礼仪全都免除，并亲自坐着步辇前来迎接。

当李白到来时，他从步辇上下来，大步迎了上去，迎入大殿之后，又以镶嵌着各种名贵宝石的食案盛了各种珍馐佳肴来款待李白，大概是怕所上的一道汤太热会烫着李白，唐玄宗竟然亲手亲自以汤匙调羹，赐给李白，并对他说：“卿是一个普通读书人，可你的大名居然传到我的耳中，若不是你有超凡的诗才，怎么能做到这一点？”接着又赐他一匹天马驹。宫中的宴会，銮驾巡游都让李白陪侍左右。

一个普通的诗人，无官无职，能够得到皇帝的召见、赐宴，已是非常高的礼遇了，而降辇步迎、御手调羹，更是旷古的隆恩。虽然李白这一次来长安，在仕途上并没有多大发展，最后还是被客客气气地赶出了长安，但唐玄宗的这一次召见，却在李白心中留下了永不磨灭的印象，使他终生引以为豪，至死都念念不忘。

交朋友的时候，只有真心才能换得真心，在工作中，要想调动起下级的积极性，就更要不失时机地进行感情投资，用真心去换取忠心。

李虹是一家餐厅的员工，一天下班的时候不小心摔了一跤，然后她挣扎着想自己站起来。她的经理看到了，快速起身跑了过去，扶起她关切地问道："摔得重不重？要不要给你找辆车去医院看看？"

李虹感激地回答："不用，没事的。""你看腿都摔破皮了，还是去餐厅搽点药，歇歇再走吧。"经理小心地扶着她回到餐厅，然后就去找药，找到药后，又亲手替她擦上，还对她说如果不舒服，下午就不用来上班了，算公假。

经理的做法让李虹感激涕零，从此以后逢人就夸经理人好，她还说自己偶尔想偷懒的时候，一想到经理，立马就会打消这个念头。

如果每个领导都能像这位经理一样对员工的表现出诚挚的关切，那么企业何愁不能发展呢，要知道这种做法比发几百元奖金更能赢得员工对公司的忠心。

富有人情味的领导最能获得员工的衷心拥戴，在现实生活中有许多身居高位的大人物，会记得只见过一两次面的员工的名字，在电梯上或门口遇见时，点头微笑之余，叫出员工的名字，这会令员工受宠若惊。只要有爱兵如子的统帅，就会有尽心竭力的士兵效命疆场。

"投之以桃，报之以李。"中国自古以来讲究礼尚往来，所谓滴水之恩当涌泉相报正是这个道理。在用人以报的投入中，不仅物质投入可以获得回报，情感的投入也可以收到意想不到的效果。

**【狼性生存术】**

人在良好的情感环境中生活，会产生很大的热情和积极性，所以，在竞争日益激烈，人与人之间的感情日益淡化的今天，情感已是领导者不可或缺的资源和财富。人是有情感的生灵，领导者适时地对员工进行感情投资，往往会收到春风化雨般的奇妙效果。

## 8. 把幕后英雄推上前台

**【狼道语录】**给别人露脸的机会。

臭美和显摆，一直被我们用来形容那些过于张扬、缺乏内敛之人。无论是生活还是工作中，这样的人只要稍微做出点成绩，就叫嚷着让全世界都知道了。

而有一些人一直默默无闻，他们低调做人，一直秉承着“成绩是靠做出来的，不是说出来的”的原则。这样的“幕后英雄”比比皆是，我们切莫忘记这些人，而应该把这些幕后英雄推上前台。

让我们来认识一下这些幕后英雄：

他们通常有以下几个特点：很少旷工，在压力之下仍然工作出色；一直按时完成高质量的工作；愿意在集体需要时再作一次努力，他们默默无闻，为人谦逊，除了出色完成工作外，你根本不知道他在哪儿；当老板不在时照样很好地工作，令人放心；他提供的答案多于提出的问题；他经常改进工作方法，经常帮助别人使之工作得更好等等。

大多数幕后英雄并不在意自己所付出的辛勤劳动，但他们确实在乎自己付出的努力是否得到承认。如果他们的努力不被人所知，这会使他们感到被人利用，因而灰心丧气。当这种情形发生时，他们就只得采取不再卖力或进行一些消极怠工的活动以示反抗。

莎莎在公司里勤勤恳恳，任劳任怨，谁都说她做事认真负责。三年里，她所在的部门换了三个主管，每个主管都认为她很能干，但是，她的职位却老是在原地徘徊不动，反而是一些新来没多久、资历不如她的人很快就得到了提升，职位高过了她。莎莎心里的不平衡和怨气可想而知。

幕后英雄往往有一个共性，即任劳任怨，埋头苦干，不事张扬，不会拉关系，不懂得“打关节”，直言不讳，经常吃不该吃的亏，尤其是吃

“精明人”的亏。

通常那些“精明人”做了一点事就大夸大扬，唯恐别人看不见，生怕领导不知道，不仅会拉关系，会弄圈子，而且还会打关系，捧领导，端盘子，这种人往往会使一些领导喜欢。

“精明人”还会让人知道会办事，会办大事，会跑官要官，样样都显得摆得平，本事大。因此，因一些私下的考量或者各种说不出口的原因，领导往往会重用“精明人”，而那些默默无闻的幕后英雄很难得到重用，因而引发了不该发生的不良风气，使得“精明人”得志，真正的英雄受气，这是一种对幕后英雄的不善之举。

我们应该把这些幕后英雄推上前台，时时嘉奖、鼓励他们，让所有人都知道有一个这样默默无闻努力工作的人群。同时，这些幕后英雄往往知恩知报，得到认可后，他们往往会更加倍努力、更加卖命。

**【狼性生存术】**

幕后英雄的功劳常常被那些制造事端、夸夸其谈者所代替，我们一定要分清谁是真正做事的人。我们太容易忽视那些忠实可靠、默默无闻的的人了，而他们却是一个企业成功的精英。所以，我们应该分清究竟谁是真的英雄，谁是努力做事的人。

# 第十九章

## 顺毛而摸，事半功倍
### ——让难缠的人服从你、追随你

人都喜欢别人顺着“毛”摸！人的“毛”就是一个人的性情、脾气、观念，也就是一个人心中的“自我”！你如果能顺着对方的脾气和他交往,不去违抗他,他当然会和你成为好朋友的!

不过，这里并不是要你凡事都顺着别人，做一个没有“自我”的人，如果你真的如此，你就成为了别人的影子。

“顺着毛摸”只是方法，而不是目的，你如果能成熟地运用这个方法，别人就会在不知不觉中受到你的影响，甚至接受你的意志。

## 1. 学会和不同的人打交道

**【狼道语录】**见什么人，说什么话。

我们生活在一个社会交往十分频繁而密切的社会中，不管愿不愿意，你总是跟周围的人有着千丝万缕的联系。在现实生活中，为了让事业走向成功，为了让生活更加绚丽，都免不了要和各式各样的人打交道。

（1）固执己见型

这种类型的人一般观念比较陈腐，思想比较老化，却又刚愎自用，自以为是，从不愿意接受别人的建议和意见。对待这种人，不要试图说服他，不妨单刀直入，有理有据地把他工作和生活中某些错误的做法一一扩大列举出来，再动之以情、晓之以理地结合眼下需要解决的问题会产生的严重后果给阐述出来。这样，面对既定的事实，他即使当面抗拒你，但独自一个人的时候，也会认真考虑事情的后果是否严重，采取正确的方式来解决问题。

（2）自私自利型

这种类型的人一般不受人喜爱，因为他们永远把自己和自己的利益放在第一位。不要指望他会做些于大家有利、于己不利的事，与这样的人相处，只要首先把他的利益得失摆在前，让他觉得自己是否得益，在利益的驱使下，他会很自然地决定去做或不做。

（3）傲慢无礼型

这种类型的人一般都缺乏自知之明，喜欢以自我为中心，自高自大，刚愎自用，谁也不放在眼里，既傲慢又无礼。对待这种人，最好的方法就是以傲抗傲，长话短说，把需要交代的事情简单明了地交待完就走人，让他的傲气无计可施，他就没办法了。对待这种人，千万不要低三下四，否则他只会更加傲慢无礼。

（4）深藏不露型

这种类型的人自我防卫意识很强，不愿让人轻易看出他的内心想法。这可能与他人生的一些经历有关，大多是曾经的一些事情留下了心理阴影，或者缘于自卑心里的。对于这种人，要热情诚恳，大方坦荡，时间久了，这种人在心理人认可你了，他会主动向你敞开心扉。

（5）性格古怪型

这种类型的人大多是天生遗传，或特殊的后天因素造成的。对待这种人不要对他们有过激的行为和语言，否则会刺激到他们，即使你可能会莫名其妙地与他们“遭遇”冲突，但不要记恨，他们一般是事情过了也就算了，会仍然像从前一样对你。你只要按照你自己的原则做事情，时间久了，他也会有自己的价值判断，怎样对你，也会有他自己的方式。

（6）草率决断型

这种人做事情没有耐心，容易轻言轻信，思路不清晰，缺乏深谋远虑，比较草率鲁莽，容易做出错误判断，常常事情过后就后悔。对待这种人，要经常给他泼冷水，提醒他的以往错误，让他保持清醒的头脑，切莫感情用事草率做决定。

（7）无私好人型

珍惜无私好人。这种类型的人是天底下最善良的人，但因为人太好，没有个性，常常被人所忽视，但这样的人一般不会坏你的事，你应该珍惜他们，也只有他们才是你可以真心相处的朋友。平时好好对待他们，你会在失意的时候得到他们的帮助。

（8）忘恩负义型

这种类型的人往往用着你的时候，对你好得不得了，甚至摆出一副可怜相，你帮助了他后，他却翻脸如翻书，一旦跟他产生利益冲突，不管你以前对他有多么大的帮助，有多少的恩情，他都一概不认账，翻脸不认人。对待这种人，不要再帮助他第二次，并且尽量跟他拉开距离，不要再打交道。如果要必须相处，就公事公办，严肃认真，不要太讲情面。

（9）口是心非型

这种类型的人常常当面跟你说一套，跟别人说的又是另一套，自己做的又是不同的一套，甚至口蜜腹剑，嘴上说得比蜜还甜，可实际上却是一肚子坏水。对待这种人，少打交道，平时也不要太热情，甚至可以装得不认识他，不要给他接触你的机会。如果万不得已，那就表情保持严肃，除了工作不要说多余的话，也不要给他讲多余的话的时间。对于他说的话，自己不要轻信，相信自己的理智判断，让他的口是心非没有发挥的机会。

不管遭遇以上哪种类型的人，只要理智清醒地分析身边的人，看清楚他们是哪种类型的人，针对特点，区别对待，坚持自己的原则和处理事情的方式，就能游刃有余地跟他们相处。

**【狼性生存术】**

世间你我，也许身世背景不同，思想观念各异，职业千差万别，但其实我们每个人每天所做的事情有一点是一样的，那就是都在跟人打交道，学会与人打交道是一个人立足社会和成就事业的根本。

## 2. 顺着对方的脾气行事

**【狼道语录】**不要逆着上司的脾气。

人都有脾气。谁都有发脾气的时候，终生不发一次脾气的人是没有的。其区别仅仅在于：有人脾气大，有人脾气小；有人是乱发脾气，有人故意用发“脾气”去达到一定的目的。

比如，在职场中，上司也是人，自然具有人的一切属性，即上司当然也会发脾气。就通常的情况来看，上司发脾气往往与工作有关，即上司们常常是有意无意地在用发脾气的手段去达到一定的工作目的。

发脾气对于一般人而言，是一种应该控制的不良情绪，但对于上司而言往往代表着一定的权威，这一点可以从战场上前线指挥员的行为态度得到验证。不少指挥员在激战时都是发着脾气指挥作战。发脾气往往能使对方产生心理震撼。

而下属、员工的心理震撼，常常是上司希望看到的应激效果。上司在指挥工作时，其指令能不能对下属产生心理震撼，往往影响其工作效率。所以，就一般情况而论，权力越大的人其脾气往往也就越大。当然，所说的脾气是指理智控制下的“脾气”，超过理智界线的“脾气”常常导致相反的效果。

员工在与上司打交道、相处时，必须正确对待和妥善处理上司发脾气的问题。否则，要么会使上司小看你，要么激化双方的矛盾，从而使一方或双方遭受不应有的损失。

对待上司发脾气的正确态度是：只要上司不是有意侮辱人格，或故意找茬儿，你应该以忍让为上。特别是当员工在工作上出了差错，上司为此发脾气时，你不仅应该忍耐，而且应主动表示认错或道歉。

因为事实证明，纠正一个人错误的最好方法，与其说是和风细雨，不如说是适当地发点脾气，只要不超分寸，后者的教育效果往往优于前者。

因此，对待上司因工作问题发脾气的正确态度是忍耐、自我反省、总结教训。

假如在上司发脾气时，你认为自己受到了委屈，也不应该当场顶撞和对抗，同样应该忍耐。不同的是，你可等上司冷静之后再向其作解释。当然，这是指比较重大的事情，对于一些不涉及切身利益和个人尊严的小事情，你则大可不必与上司斤斤计较。

值得指出的是，那些在上司对其发脾气之后，特别是受到委屈对待时能主动向上司表示亲近的员工，将会被视为聪明的、有理智的人。这不是委曲求全，而是一种良好的素质修养。此时，最愚蠢的行为莫过于当场与上司对抗、顶撞。

当然，对于那些品质恶劣、视员工为奴隶，动辄以发脾气来压服下属、员工的上司，我们并不提倡逆来顺受。

具体的处理方法有三：

（1）“绵里藏针”：即你可采取比较温和的态度，强硬的措辞，向上司表示反抗，比如，你可用和蔼的语气，向上司说出一些有分量的话。

（2）“旁敲侧击”：即你可以采用“借喻”、“比喻”、“暗喻”的手法，向上司表示反抗。

（3）“针锋相对”：对于低素质的上司，你不必过于忍让。“针锋相对”往往能使对方行为有所收敛。但是必须注意有理、有利、有节，不可随意扩大矛盾。

沟通一定要讲究技巧，对方发火时一定不要逆着来，把对方当成“顺毛驴”。事后，再跟他好好沟通，才能使自己的事业、生活顺风顺水。

【狼性生存术】

小心驶得万年船，工作中力求做好领导吩咐的事情，尽量不去惹他，做好自己的事情。如果领导真的发脾气，以忍耐、自我反省、总结教训为主。

## 3. “服从”是最好的选择

【狼道语录】服从是第一位的。

巴顿将军说：“服从不仅仅是一种品德，更是一种责任，如果你不懂得服从，或者打了折扣去服从，不仅会损害团队的利益，甚至会成为潜在的自杀者。”

1976年6月27日，巴勒斯坦游击队劫持了一架法国航空公司的大型飞机，并将机上105名以色列人扣押在乌干达的恩德培机场的候机大厅。为了解救人质，以色列特种兵展开了“雷电行动”，长途奔袭乌干达。

在采取营救行动之前，一名以色列士兵手持扩音器、用以色列的母语希伯来语大声喊道：“我们是以色列士兵，前来接你们回家，请你们立即就地卧倒，趴在地上别动。”所有以色列人质清清楚楚地听懂了这段希伯来语，并迅速地卧倒在地，而巴勒斯坦士兵却仍然站立，警惕地注视着外面。

一颗颗子弹向所有站着的人飞去，以色列士兵以迅雷不及掩耳之势向大厅发起了攻击，站着的人一个个倒在了地上。

在这场战斗中，除了巴勒斯坦士兵外，有两个年轻的以色列男子，他们在听到并完全明白己方士兵指令的情况下，凭着自己的胆量和勇气，想等一等看清楚发生什么事情之后再服从指令。遗憾的是，他们已经没有服从指令的机会了。

第三个遇难的人质也是一名男子，他在听到士兵的卧倒指令后倒是毫不犹豫地服从了，但是在他看到以色列士兵冲进大厅后，忘记了刚刚那一句——趴在地上别动，他兴奋地站了起来准备冲向己方士兵，与他们拥抱，结果被士兵们当做隐藏在人质中的敌人射杀了。

如果说服从命令是军人的天职，那么对于企业员工来讲，服从就是一种美德。

你要想自己将来有提升，你的上级思考问题的方式和做事方法就是你应该去领悟的。你现在没有提升，是因为你不知道比你高一层次的思考问题的方式和处事方法是什么样的。所以，对企业员工来说，当我们还没学会我们上级思考问题的方式和做事方法之前，我们就只有服从。

即使领导有很多不足之处，但至少有一点你不如他的地方，就是他拥有一定的资金、人才、技术和社会关系等资源。另外，能成为领导的人，首先他的个人能力就是不可否认的。如果员工感觉领导这也不对，那也不对，光相信一些肤浅的、表面的东西，看不清楚事情的本质，那就大错特错了。

所以要把服从作为核心理念来看待，老板就是老板，员工就是员工，服从是第一生产力。每个人都要有意识地服从老板、服从上司。如果有不同意见，可以在老板没做决策前给出建议，一旦老板决定了，就要服从决定，虽然这个决定违背你的本意，也要“盲从”。“令行禁止”的企业才有高效率，才有竞争力。

因为服从，会拉近我们与上级的距离，距离拉近了，你就会得到上级思想、观点的传承，你就得到了上级的精髓，自己也就得到了跨越；因为服从，我们能领悟上级的用意，学会上级思考问题的方式和技巧，为我们自己的提升打好基础。

服从是一种行为，是一种意识，更是一种品质。在这个世界上，每一个人都必须学会服从，不管你身在何处，地位有多高，个人的权利都必须受到一定限制。一个人的成败，在很大程度上取决于你是否学会了真正的服从。

### 【狼性生存术】

美国参谋长联席会议主席的服从对象是三军总司令，即美国总统，而总统则又必须服从于国会及全体国民。企业界亦然，即使是企业的总裁，也还得服从于董事会、股东和消费者。对于我们个人来讲更是如此。

## 4. 学会倾听上司的谈话

【狼道语录】“倾听”意味着“认同”，做一个好的听众。

在人与人的交往中，倾诉是表达自己，倾听是了解别人，达到心灵共鸣。在人与人的沟通中，除了倾诉，我们还应该学会倾听。

倾听之所以备受重视，不仅是因为它有助于对事物的了解，以及对说话内容的把握，同时，也是双方个性契合、心灵沟通的途径。倾听别人说话表示敞开自己的心扉，坦诚地接受对方，宽容对方，因而导致彼此心灵融通。

比如在工作中，如果能够学会倾听上司的谈话，必然在上司心中留下好印象，有助于我们自身事业的发展，那么，怎样才能正确地倾听上司的谈话呢？应注意做到以下几点：

（1）主动积极

即对上司的感觉和意见表示出极大的兴趣，并且积极努力去听，去了解上司。如果有不明白的问题，就及时地问清楚。

（2）要让上司把话说完，不要打断上司

有时，谈话并不是一下子就能抓住实质的，应该让上司有时间不慌不忙地把话说完，即使上司为了理清思路，作暂短的停顿，也不要打断他的话，影响他的思路。

（3）要去体察上司的感觉

一个人感觉到的往往比他的思想更能引导他的行为，愈不注意人感觉的真实面，就愈不会彼此沟通。体察感觉，意思是指将上司的话背后的情意复述出来，表示接受及了解他的感觉，有时会产生很好的效果。

（4）不要匆忙做结论

一个善于交谈的员工，应该努力弄懂上司的谈话内容，完全把握他的意思。

（5）要关怀、了解和接受上司

要鼓励他或帮助他寻求解决问题的途径，这种态度若是真诚的，不带虚假的，定能奏效。

（6）要全神贯注地聆听，不要做无关的动作

上司谈话时，如果你东张西望，或低头只顾做自己的事情，或面露不耐烦的表情，这些都是不礼貌的，都会使上司对你产生反感。

（7）不必介意上司谈话时的语言和动作特点

有些人谈话时常常带口头语或作一些习惯动作。对此你不必介意，更不要分散自己的注意力，应将注意力放在上司谈话的内容上。

（8）要注意反馈

聆听上司的谈话要注意信息反馈，及时验证自己是否已经了解上司的意思。你可以简要地复述一下上司的谈话内容，并请他纠正。这样将有助于你对上司谈话内容的准确理解。

（9）交谈时，反应要冷静

一个善于聆听的人，总能控制自己的感情。过于激动无论对讲或听的人来说，都会影响表达或听取的效果。

（10）要注意语言以外的表达手段

一个人的表达内容，并不一定都在他的话语中。因此在聆听上司谈话时，还要注意上司的声调、情调、态度以及手势、动作等，以便充分了解上司的本意。

（11）要抓住主要意思，不被个别枝节所吸引

善于聆听的人，总是注意分析哪些内容是主要的，那些是次要的，以便抓住问题的实质，避免造成误解。

（12）要使思考的速度与谈话相适应

思考的速度通常要比讲话的速度快若干倍，因此在聆听上司谈话时，大脑要抓紧工作，勤于思考分析。如果上司在谈话时你心不在焉，不动脑筋，上司谈话的内容又记不住，不得不让上司重复谈话内容，这样就很耽误时间，影响工作效率。

（13）不要总想占主导地位

不要表现自己，好像无所不知，只有自己才能给上司以启发。自以为是的人，往往最不会聆听上司的谈话。

（14）转移话题

不要因为你不喜欢上司的说话方式就认为他令人讨厌，不是看他们怎

样说，而是要听上司在说什么。如果上司的话题使你厌烦，你可以问一个相关的问题，把话题转移到你感兴趣的问题上来。

（15）耐心地倾听

在听上司谈话时，不要因为上司的叙述平淡而漫不经心，也不要在别人结结巴巴讲不清时，流露烦躁和责怪的神情，更不应在别人讲不同意见时，听不下去而反驳或争吵。

（16）避免出现沉默

在谈话中，听者要有响应地听，不要出现沉默现象，可以采用提问、赞同、简短评论、复述上司话头、表示同意等方法。比如，“你的看法呢？”“再详细谈谈好吗？”“我很理解”、“想象得出”、“好像你不满意他的做法”等。

听上司说话，并不是默默地听，而应积极地“点头”，以专心的态度、眼神、表情、体态等作出积极的反应，表示全神贯注地聆听。尤其重要的是要能适当地与上司相呼应，使双方的交谈奏出和谐的乐曲。

（17）恭听的神态

神态是人内心世界的外在显露。我们在听上司谈话的时候，不仅要有良好的听辨能力，而且还要表现出洗耳恭听的神态，表示尊重上司，从而增强他的信心，达到有利于交谈的目的，提高交谈效果。

（18）表示赞赏

做一个友善、同情而有耐心的倾听者，对于别人的谈话，真诚地表示赞赏，提出别人感兴趣的问题，鼓励他们谈论自己及其所获得的成就。

通过以上的介绍便可说明，善于听上司说话是一种艺术，如果听者态度诚恳，则上司思维与心情都将随之高涨、顺畅，因而谈笑风生，妙语连珠，提出许多新颖的构思，发表许多独特的见解，使谈话的气氛融洽而愉快。相反，如果听者表现出不耐烦，甚至中途打断上司的谈话，并加以反驳，那么交谈就无法进行，我们应避免这样的情况发生。

专心地倾听是我们能向上司表达的最高敬意之一，当你的上司意识到你能耐心倾听他的意见时，他会自然向你亲近，对你表示好感。

学会倾听就是学会一种美德，一种修养，一种气度。我们不能无休止的吵闹，无休止的争执；不能永远的自以为是“听我讲”，要坚持经常的“听大家说”。不仅是对讲话者自己尊严的维护，也是对听者的尊重。

【狼性生存术】

认真倾听，是增进你和他人信任的催化剂，能够得到比别人更多的锻炼和升迁机会。其实，最重要的是当一个人学会倾听时，他的心胸也会变得宽广起来，脚下的路也会越走越宽。

## 5．打出你的糖衣炮弹

【狼道语录】给苦药包上糖衣。

忠言一向逆耳，古往今来多少进谏良言只因逆耳被扼杀殆尽，而忠言者则因大同小异的方式问题或贬或逐悲壮收场，毕竟如房谋杜谏时期的进谏环境及纳谏者屈指可数，哪怕是现代社会类似的例子也少得可怜。

年年岁岁花相似，岁岁年年人不同。每个人都在不停的变化，时代和社会环境也在不断变化。人心思变，变则通，通则久。既是忠言就应该能起到利好作用，只因方式问题而遭扼杀实在可惜。所以，我们可以给忠言外包装，给苦药包上糖衣，即使是忠言也不再逆耳，苦药也不再苦。

比如，你终于下定了决心，今天下午就去找到上司对他说“不”。你不想眼睁睁地看着一个曾经关照过你、鼓励过你、提拔过你的人就这样一路错下去，你想和他促膝深谈一番，帮助他解决难题。

提忠告，尤其是给上司的谏言决不是随随便便就可说出口的，你必须下一番功夫来准备：

（1）以诚心向上司提出忠告

让他明白只有真正关心他的人，才敢向他提出这样的忠告。不要让他感觉你是为了个人的目的而向他提出忠告，这样做会立即让上司给你扣上个“冒犯上司”的大帽子戴一戴，诚挚的心是让别人坐下来听你说他“坏”话的前提条件。

（2）弄清事实，不要因信息错误造成尴尬局面

把事实完全搞清楚，可以让你更有机会接近他，有资格和他商讨问题，如果你只是盲目地听信谣言加上妄自推断，却又以教导者的身份去教育别人，那么即使是同事们也不会给你好脸色看，别说是你的上司了。

（3）用体谅的口吻与之交流

也许上司也是因为经受了很大的压力、在无从选择的情况下不得以而为之的，也许在他的内心深处也怀着深深的自责。

这个时候如果你说一些类似于“真奇怪，像你这样聪明的人又怎么会犯这样的错误”或是“你怎么当时没有想到……”的话，的确很伤别人的自尊心。所以在这个时候，你的言语要时刻流露出同情和理解，以体谅的口吻与之交谈。

你可以说“我猜你一定是有什么难处才……”或“我知道像你这样的上司位置是很难做的”等等之类的柔和而略带同情之类的话。如果你能把角色演得适当，很快上司就会向你吐露一些他心中的不快与内疚，甚至会告诉你他无从选择的原因。

这个时候不要争着搭话、显出很意外的样子，而是应该静静地坐在一边，耐心地聆听一下上司的诉苦，渐渐地你会发现他对你不再是充满敌意而是开始把你当做一个可以依赖的朋友了。

（4）注意用委婉的语言提出忠告

史书上曾经讲过邹忌劝齐王纳谏这样一段佳话：一日邹忌给齐王讲了一个与自己有关的故事，早晨起来邹忌换好朝服照镜子，忽然感觉自己十分俊美。于是就分别询问他的妻、妾和前来办事的朋友：他和另外一个当时很出名的美男子相比哪一个更美呢？他们三人的回答都是邹郎美。邹忌听了很高兴，过了几天那个有名的美男子拜访邹忌，邹忌这才发觉自己实际上无法与之相比。于是他对齐王说，我的妻夸我因为爱我，妾夸我因为怕我，友夸我因为有求于我。随即跪奏：“你是当今天子，你周围都是爱你、怕你和有求于你之人，如此一来，你就会像我一样再也听不到真话了。”齐王听了很是感动，立刻就颁布了鼓励进谏的诏书，使前来进谏之人“门庭若市”。

俗语道“良药苦口利于病，忠言逆耳利于行”，既然现在的苦药都加上了糖衣包装，非但利病而且适口，那么你为什么还要傻乎乎的坚持进谏逆耳忠言呢？

**【狼性生存术】**

良药如果太苦口，即使它的药效再好，服药的人也会有所抵触。“良药”如果有了糖衣，就不“苦口”，“忠言”也就不会“逆耳”了。

## 6. 多一些赞美，少一些批评

**【狼道语录】**人人都喜欢受人称赞。

赞美是一种有效的交往技巧，能有效地缩短人与人之间的人际心理距离。赞美是人际关系之中一种良好的互动。在赞美当中，我们不仅能够感受到乐趣和温馨，同时也能增添自信。

威廉·詹姆士说过："人类本质中最殷切的需求是：渴望被肯定。""这种渴望不断地啃噬着人的心灵，少数懂得满足人类这种欲望的人，便可以将别人掌握在手中。"

在美国还有一则经典的忠告，切斯奖菲尔德爵士在忠告里建议他的儿子以尼韦努公爵为榜样："你会发现，他通过先使人们喜欢他们自己来使得人们喜欢他。"很显然这位公爵使用的是赞美他人的艺术而赢得众人的喜爱的。

在这个世界上，谁不喜欢听别人说自己的好话，谁不想别人经常赞美自己。所以，别人受到赞美时，他对话题就感兴趣，愿意继续与你交谈。这样，双方才能成为朋友，办事才能顺利。

> 在商场，那些善于赞美顾客的精明售货员，她们的业绩往往比一般的售货员要好。比如，来了位中年女顾客，她们会说："太太真是好眼光，这是我们这里最新潮的款式，穿在您身上，一定会更加漂亮。"
>
> 几句话，这位太太一定眉开眼笑，然后很快付款买了所喜欢的东西。美国的商界奇才鲍罗齐说得好："赞美你的顾客比赞美你的商品更重要，因为让你的顾客高兴你就成功了一半。"

美国钢铁公司第一任总裁夏布先生也曾说过一段意味深长的话："我想，我天生具有引发人们热心的能力。促使人将自身能力发展至极限的最好办法，就是赞赏和鼓励。来自长辈或上司的批评，最容易葬送掉一个人的志气。我从不批评他人，我相信奖励会使人工作有原动力。所以，我喜欢赞美而讨厌吹毛求疵。如果说我喜欢什么，那就是真诚、慷慨地赞美他人。”这就是夏布成功的秘诀。

得知了赞美的重要性，那么赞美别人时有哪些需要注意的呢？

（1）赞美与拍马屁要区别对待。赞美是发自内心的对对方的某种长处的肯定，而拍马屁则是为了不可告人的目的虚伪地吹捧。是诚恳的称赞还是虚伪的拍马屁，对方一听就清楚。

比如那些认为推销工作是一种低三下四的人，一想到要成天讲些言不由衷的奉承话时可能就不舒服了。尤其是年轻又思想单纯的人可能对此特别反感。的确如此，露骨的恭维话使双方感到不愉快，而逢迎拍马的人也往往被人所轻蔑。

（2）避免因赞美而引起不必要的误解。不要突然没头没脑大放颂辞。你对对方的赞赏应该与你们眼下所谈的话题有所联系。有些称赞的话如果用词不当，让对方听来不像赞美，倒更像是贬低或侮辱。结果自然是事与愿违，不欢而散。

（3）对别人的赞美也不必过于频繁，过于频繁就失去了鼓励的意义，并显得滑头、俗气，反遭轻视。赞美的话语不宜过分，超过其实的恭维话就成了“拍马屁”，只会被人耻笑。这都说明赞美他人需要掌握一定的“度”。

（4）一个恰如其分的赞美还表现在赞美题材的选择上。即根据不同的对象，不同的关系，不同的场合，选择不同的赞美题材。

比如：对于长者，可赞美他的健康、经验、知识、地位或成就；对同辈人，可赞美他的精力、才干、业绩和风度；而初见面，则主要赞美其可见的外表或已知的实绩；在公共场合，赞美对方那些可引起众人同感的品德、行为、外表和长处比较适宜；到别人家中作客，则赞美其孩子的聪明、妻子的烹调手艺和家居布置等等。

总之，每个人的生活和工作之中都有他们各不相同的“成就”——他们最为得意之处，我们只要及时发现它们，并加以诚恳的赞扬，定能大大加深双方的“知心度”，使我们与对方迅速“亲热”起来。

**【狼性生存术】**

真诚而发自内心的赞美，可以搞好你的人际关系，使你在事业的道路上畅通无阻。赞美从一定意义上讲，是一种有效的感情投资，当然，有付出才会有回报。

人际关系的顺畅是事业成功的最关键因素，而赞美别人是处世交际最关键的课程。如果你懂得如何去赞美别人，再加上你聪明的脑袋，还有脚踏实地的精神，就等于事业成功了一半。从很大意义上讲，学会赞美他人是事业成功的阶梯。

# 第二十章

## 杀鸡儆猴，立威造势
## ——秀秀你“不好惹”的一面

中国有句古训“杀鸡儆猴”，以告诫广大管理者，若猴群有不轨或不驯之现象，即可捉一鸡，当众杀之，以血示警。这一招屡试不爽，效果极佳。在各种处世智慧中，“杀鸡儆猴”有威胁恫吓之意，让他人看到你的厉害之处，是一种驭众的手段。

在社会生活中，一个人的威严是必要的。有威严，才会通达顺利；有威严，才会使人敬畏。

## 1. 适当表现你的“身份”

**【狼道语录】**领导要权威，时刻显示身份。

中国有句俗语“吃柿子捡软的捏”，比喻一些人好说话、好欺负。其实有时候他人没有从主观上就要欺负“软柿子”，可是因为“软柿子”很随和，所以他有了第一次以后会觉得很舒服，接下来他在跟“软柿子”相处的时候潜意识里觉得欺负一下也没什么，后来慢慢变成一种习惯。

假如你这人很不好说话，他在第一次这样对待你的时候就会考虑一下，所以，我们坚决不能当“软柿子”，尤其你如果是领导，跟下属在一起时，要适当表现自己的“身份”，要权威，不能被人当成“软柿子”。

在办公室里与下属相处，别人应该一眼就能瞧出谁是下属，谁是上司。如果你不能表现出这一点，给人的印象就可能正好相反，那么你这个领导就是失败的。

虽然你不必过于矜持，但要让你的员工起码意识到，你是上司。这样，即使是活泼、轻佻的职员也不至于去拍你的肩膀，或拿你的缺点肆意开玩笑。他在你面前会小心谨慎，会看你的脸色行事，当你们一起离开办公室时，他会恭恭敬敬地把门打开，让你先行。

（1）领导要保持自己的威严

在无形中造成的员工对你的尊敬之意，会为你的工作开展创造条件，员工会处处——至少在表面上尊重你的意见，当他们执行任务有困难时，会与你商量，而不会自作主张，自行其是。

（2）领导要注意自己的讲话方式

在办公室里跟员工讲话要亲切自然，不能让员工过于紧张，以便更好地让对方领会自己的意见。但是在公开场合讲话，譬如面对许多员工演讲，做报告，要威严有力，有震慑力。

但不管在哪种情况下，领导讲话都要一是一，二是二，坚决果断，切忌含糊不清。

（3）领导要明确地给予否定

跟员工交谈，即使员工一方处于主动，上司听取对方谈话，也切忌唯唯诺诺，被对方左右。如果对方意见与自己意见相左，可以明确给予否定，如果意识到员工意见的确是对公司对自己有利的，也不要急于表态。

（4）领导要多思考少说话

也可以以“让我仔细考虑一下”或“容我们研究、商量一下”来结束谈话。这样，在回去之后，员工不会沾沾自喜，而会更加谨慎，领导也可以利用时间从容仔细考虑是取是舍，这在无形中增加了领导的权威，总比草率决定为好。

行为是无声的语言。很多员工与上司直接交谈、交往的机会不是很多，他们了解你往往是远远地看到你的一举一动，或通过其他一些材料，员工们会根据每一个较小的事情来判断你。

当你显示自己的身份时，你是将办公室的门敞开还是紧闭，当你走出办公室如何与员工打招呼，你如何接听电话，如何回复来信等，每一个细节都会映入员工的脑中。每一个细节都是向员工们传达了你自身的一份信息。

在对待一些人和一些事的时候，就要像对待弹簧一样，你退一步，他就进一步；你进一步，他就退一步。所以在为人处事的时候，需要的性格就是刚柔并济和刚柔的“度”。不能当被人反感的“硬柿子”，但也不能当“软柿子”被人欺负。我们要时刻显示我们的“身份”。

## 【狼性生存术】

行为有时比语言更重要，领导的身份权威很多往往不是由语言而是由行为动作表现出来的，聪明的领导尤其如此。

## 2. 给高傲的人泼头冷水

【狼道语录】给高傲的人泼头冷水。

在人际交往中，有些人以自己的地位、学识、年龄等优势而表现出一种傲气，或者极端地蔑视他人，或者大肆地攻击他人，有的甚至还肆意地侮辱他人。这种人的行为势必给别人带来不愉快或者严重地影响他人的情绪，因此，必须予以抑制而不能让其恶性地发展。

比如有一种“恃才傲物”的人，仗着自己才高，目空一切，有时甚至玩世不恭，对谁都不在乎。

大凡“恃才傲物”的都有以下共同特性：

（1）自以为本事大，有一种至高无上的优越感。总以为自己了不起，别人都不如自己，说话常常硬中带刺，做事我行我素，自信和自负心强，对别人的态度则表现为不屑一顾。

（2）恃才傲物者大多自命不凡，好高骛远，眼高手低，自己做不来，别人做的又瞧不起。所以，做什么事都感到浅薄、不值得去做。

（3）恃才傲物的人往往性格孤僻，喜欢自我欣赏，听不进也不愿听别人的意见。凡事都认为自己做得对，对别人持怀疑和不信任态度。

与这种人相处，我们必须有的放矢，科学地采取措施办法。

（1）要用其所长，切忌压制打击

恃才傲物的人，大都怀有一技之长。否则，无本可“恃”，更无“傲”之本。

在与这种人相处时，要有耐心，要视其所长而用之。绝不能采取冷处理的办法，为了压其傲气，将其撂在一边不予重用。须知，这样做不仅不能使他正确地认识自己的不足之处，相反，会使其产生一种越“压”越不服气的逆反心理，说不定从此便会与你结下难解之仇，工作中有意给你拆台，故意让你出丑。

（2）要有意用短，善于挫其傲气

恃才傲物者并非万事皆通，样样能干，充其量只是在某些方面或某个领域里才能出众、出类拔萃，在其他方面可能就不如别人。欲消除恃才傲物者的傲气，就要设法让他们认识自己的不足。

最好是在单独场合，安排一两件做起来比较吃力而且比较陌生的工作让他去做，并且要求限时完成任务。他要完成这些任务就必须付出更大的努力，即使勉强完成了任务，也会深感做好一件自己不熟悉的工作是相当艰难的。对这样的人泼泼冷水，是为了更好地发挥他的才能，让他产生更大的效益。

对于骄傲自大的人，用子之矛，陷子之盾，反而收到赢得重视和尊敬的效果。大凡高傲自负的人，一般都有一颗纤细的心。对待这类人，绝不能简单粗暴，要给他表现自己真实才华的机会，要赞颂他、鼓励他、肯定他。但是只是赞美他又是件危险的事，因他自命不凡，一经抬高，他就要跌得粉碎。狠狠地揍他一顿，也许是良策益方。

**【狼性生存术】**

适时让高傲的人品尝一下失败的滋味，适当挫挫其骄傲性格，让他意识到自己并非最为完美。当然，在他沮丧和自我怀疑的时候，应该给他鼓励和信心，否则又会陷入另一个极端，变得自卑起来。

## 3. 是老虎就要发威

**【狼道语录】**是老虎就要发威。

中国有句古话叫“老虎屁股摸不得”，是一句至理名言。引用到现实社会中来，可以理解为有些人是不能惹的，如果你惹了，老虎发起威来可就难料后果了。但是，往往有一些人非要挑战，逼得对方不得不发威。反过来说，如果你是老虎，就必须要保持威严，在适当时必须要发威，否则，你则被当成“病猫”。

比如，在职场中，由于人员不断流动的结果，工作中会碰到一些行为不太检点的人，当他们作出一些对你不敬的态度时，你该如何招架呢？是发威还是当“病猫”？

对你不敬的原因大致有以下几种：

（1）有些人喜欢欺善怕恶，你礼貌对待他们，凡事以和为贵，遇事不敢张扬，他们却以为你是“软柿子”，故常存心为难你。

（2）早已萌“此地不留爷，自有留爷处”的心理，喜欢哗众取宠，当众人心目中的“英雄”。

（3）看准公司用人之际，态度嚣张，以为你不敢对他们怎样，因一下子雇不到这样的“人才”。

无论下属基于什么原因，只要你问心无愧，他们的不敬行为应该予以惩诫。老虎不发威，当你是“病猫”。

在第一点中，是时下部分人得寸进尺的表现，以为一旦跟你热乎，即肆无忌惮，看你能够怎样。对此类人，宜采用公事公办的方法，友好尽管友好，平日暗示公私分明，千万别见怪为原则。

第二点中，下属要是不负责任的人，也多数发生在刚毕业踏进社会工作的年轻人。从受保护的学校踏进办公室，难免感到丝丝失落，以及有被欺侮的感觉。一月内跳几次槽大有人在，往往也是与老板咆哮一顿才不干，真拿他们没法。跟这些小伙子说道理几乎是对牛弹琴，只有不与他们计较，抱着“何必跟他们一般见识”的心理，自然好过一些。当他们在社会上多泡一两年，自然领略个中滋味，偶然想起你的雅量来。

最可恶莫过于第三种人，乘公司用人之际，肆意批评公司政策，每当有新下属到任，立刻数落公司的坏处，令人像被浇冷水般，心凉了半截。对待此类人，大刀阔斧是必要的，你宁可将雇人的薪金增多，另聘他人，再警告嚣张的下属，声明随意毁坏公司名誉，后果自负。

世事杂乱无章，人亦复杂难料。在别人面前，不能总是表现随和，不能示弱，要权威，要敢于发威。

**【狼性生存术】**

有些人，你对他好，他反而得寸进尺；你对他威，他反而惮于你的发威。所以，我们要做个会发威的老虎，决不能当“病猫”。

## 4. 该骂的时候绝不留情

**【狼道语录】**不骂不行，非骂不可。

“自我约束”就是有意识的控制自己。德漠克里特曾说：“和自己的新斗争是很难堪的，但这种胜利则标志着这是深思熟虑的人。”这句话正是对“自我约束”者的一种肯定。但是，事情往往是：我们的自我约束、自我控制力在弱化。这就需要有一个监督者的角色时刻提醒鞭策，该严厉就得严厉，该骂就得骂。

比如，在工作中，一般情况下领导不能随便责骂下属，要和他们说道理，要把你的要求和盘托出，要求他们听从你的指示行事，你尊重他们，也要求他们尊重你。

但是如果你已经把指令告诉了他们，他们却不遵行，故意违反，或是屡劝不改，那就一定要骂。有三类下属一定要骂，就是平时不懂得骂，也应该用强烈的态度，给予他们明确的讯息。这三类下属是：

（1）行为失德的下属

有些下属品行不端，甚至心术不正，虽然没有什么有损公司利益的事，但对其他下属却可能造成滋扰，最常见的就是性骚扰。有些男性下属对女同志口无遮拦，拿她们的身材作评论对象，喜欢说性话题，这会令公司的气氛变得很恶劣，有些甚至更过分，可能藉故挨身挨势，毛手毛脚，使女同志几乎有被非礼的感觉。

这类下属绝不要容忍，必须加以指责，如果劝而不改，就应大骂，甚至可以考虑解雇他。

（2）懒惰的下属

上司付出薪酬，便有权要求下属做好工作，有什么合理要求，他们都应该达成。但懒惰似乎是很多人的天性，他们总想找种种机会偷懒，尤其是上司不在时，更是得其所好。如果是作外勤的，偷懒的机会更多，你在下午三四时经过快餐店，跑进去看看，估计当中有多少个是公司的外勤人员，就知道偷懒者何其多，若再加上下午跑入电影院看电影的营业代表，数目就更多。

你和下属一起工作，大家要像战士一样努力前进。工作效率差，懒散不负责任的下属，会把整个团队精神拖垮，尤其公司是小公司，下属数目已经不多，就更应排除这些害群之马，要先改造他，要激起他的自尊自重之心，使他奋发起来。不过，有些大懒虫的确是没有自尊自重感的，骂了也是一条软皮蛇，无计可施，惟一的方法就是解雇。

（3）态度恶劣的下属

有些下属的性格不善，如果上司的性格温和，他们就不会把上司放在眼内，对上司毫不尊重，这类下属，有些是恃着自己工作表现好，办事效率高，他们甚至可能在上司面前闹脾气，或是驳上司的面子。

对这类下属，如果不还以一点颜色，他们就会变本加厉，你的地位就更是大降。自己性格比较温和，就可能被恶人所欺，这绝对需要用严厉态度加以指责。

如果下属被骂了还不改过，对你不敬，那就迫不得已需要用上最后的手段，把他解雇。因为既然他对上司不尊重，上司的任何决策和指令他们都可能违背，这对公司有害无益。

骂人是手段，不是目的。对于一些自我控制力或者行为不端的人，我们要采取强硬的手段，决不能姑息，通过责骂的手段，而使其提高控制力、行动力，以增强办事效率。

**【狼性生存术】**

上司骂人的原因，如果是站在工作的角度而非恶意的人身攻击的话，又成了为达到正确的目的而采取的不当手段，则是一个好领导必备的手段。

## 5. 不出面也能教训人

**【狼道语录】**借力治人的高招。

在这个复杂困惑的世界，我们总会遇到个别颇难对付、令人头痛的人。对于这些人，应持有的正确态度是：因势利导，对症下药，热情帮助，严肃批评，积极促使他们改掉毛病，向着好的方向转化。

不过，这种方法远不如“一物降一物”显得高明。这是因为：一来可以省去你不少精力和时间；二来可以化“害”为“利”，变“废”为“宝”，充分利用这些特殊的人为自己服务；三来可以彻底制服这些人；四来可以通过驾驭他们，从中获得不少乐趣。

所谓一物降一物，就是利用这些人的缺点、毛病来制服他们，或者利用他们之间的矛盾，指使这一人去制服另一人，我们根本不用亲自动手，就能达到控制他们的目的。

我们来看一下借力治人的常见手段：

（1）以其人之“道”，还治其人之身

刘洋喜欢上领导家里打“小报告”，出卖别人。针对他这一毛病，你可以故意向他提供假信息、假情报，借他之口，传到某个领导耳朵里，造成领导的决策失误，从而最终使他受到该领导的惩罚。

（2）以严治恶人

张刚品行恶劣，不服管教，谁也制服不了他。你特意将他交给一个以严著称的中层领导整治，没有多少时间，他就变老实了。

（3）以懒人治懒人

李强办事不勤快，爱动嘴，不动手；王力干活节奏慢，干一天，歇半天。你干脆将他俩搁在同一个科室里，给他们规定各项硬指标，并且指定由李四“管”张三。这样一来，他们谁也依靠不了谁，完不成任务都得受罚，不用你费嘴，他俩都变“勤快”了。

（4）以庸人治能人

王洪才华横溢，傲气十足，谁也看不起。为了控制他，你故意让他接受某个德才平庸的中层干部管辖。能人碰上庸人，有理说不清，有话听不懂，有事干不得，有才使不上……时间一长，锐气减退，棱角磨掉，成了一匹驯服的马。

（5）以能人治能人

张蓝才华出众，傲气十足，经常顶撞上司；于智知识渊博，能力非凡，经常在上司面前发表不同意见。他俩今后谁也别直接和上司打交道，从现在起，将他俩都交给精明强干、足智多谋的经理管辖，看他俩谁还再逞能。

（6）以贪人治贪人

汪诗圆滑，待人处事爱占小便宜，从不愿吃亏；另一人也同样如此。你故意将他俩安排在一起，指定其中一个管辖另一个。由于两个都有同样的毛病，也不愿意吃亏，但也很难再做到事事都占便宜。时间长了，两人便达成默契，双方利益均摊，谁也不占谁的光。通过采用这种方法，限制了两人的“危害性”。

在动用上述手段时，只要适宜、对路，一般都能制服有缺点毛病的人。借力治人，即使不出面也能教训人。

**【狼性生存术】**

借力使力，用一些小手段、小技巧会起到事半功倍的效果。尤其是职场、官场，这些小手段是驰骋职场的必备要素，要想一路高升，必须学会这些方法。

## 6. 千万不要犯了众怒

**【狼道语录】**好虎不得罪一群狼。

中国有句古话叫“法不责众”，挨批评的人多了，大家会觉得无动于衷，点了谁的名进行批评，谁就会心中不服，他会想：“大家都是这样，又不是我一个，凭什么单挑我的刺？”大多数人因为有着共同的心理，会觉得你所做的批评是唠唠叨叨，吹毛求疵，十分讨厌，说不定还要“触犯众怒”呢！

那么，这个时候应该怎么办呢？

比如在工作中，很多领导都会遇到这种情况，即大多数人犯错误，比如公司开会，大多数人都迟到了，在这种情况下，你不管不问不行，进行处理又有难度。

聪明的领导会采取表扬少数的办法来服众。

比如说，总经理召开工作会议，只有财务部主任准时到达会场，而其他人全部迟到。总经理大为恼火，但他没有批评任何人，只是表扬了财务部主任，高度赞扬了他的守时作风。结果，其他的人都面带愧色。

因为在迟到的人当中很可能有人有正当理由，如果不分青红皂白，将他们批评一通，那么有正当理由者必然心中不服，觉得冤枉要申辩。而他一申辩，其他的人也会纷纷申辩，结果不但达不到目的，反而把大多数人都给得罪了。

其实在场的人谁也不怕批评，因为有这么多人陪着，又不丢脸，一旦有人申辩，何不跟着起哄？可是若将“有正当理由的”和“没有正当理由的”区别对待又不可能。就算你能区分，后者也会恼怒。

所以，表扬少数在这时是最佳做法，既扬了正，又压了邪，受表扬者当然非常高兴，而对大多数人来说，虽然你含蓄地批评了他们，但并没有得罪他们，他们一方面心里感到羞愧，一方面还觉得你给他们留面子，会对你更加感激和服气。

记住：双拳难敌四手，好汉架不住人多。如果把所有的人都得罪了，一旦众人联合起来抵制你，拆你的台，那时你吃不了可要兜着走。

**【狼性生存术】**

众怒难犯，遇到“众怒”的问题，一定要采取迂回的方式方法来解决，切不可一虎对群狼，否则下场肯定是被群狼吃掉。

## 7. 让人看到你“不好惹”

**【狼道语录】**树立不好惹的形象。

俗话说“软的怕硬的，硬的怕不要命的”，吃柿子专捡软的捏。生活中一些蛮横霸道的恶人之所以能够得意一时，就是因为社会上老实人太多。他们作威作福、发火撒气往往找那些软弱善良者，因为他们清楚，这样做并不会招致什么值得忧虑的后果。

在我们身边到处都有这样的受气者，他们看起来软弱可欺，最终也必然为人所欺。因为一个人表面上的软弱事实上也助长和纵容了别人侵犯你的欲望。

人是应该有一点锋芒的，虽然不必像刺猬那样全副武装，浑身带刺，至少也要让那些经常欺侮人的人觉得你不好惹。对于那些没事找事的恶人，你只能是“腰里别副牌，谁来跟谁玩”。

树立一个不好惹的形象，是确保自己不受欺侮的一条很重要的处世技巧。这一形象在时刻提醒别人，招惹你是要承担后果并付出更大代价的。

哪些形象最不易受欺侮呢？

（1）泼辣的形象

所谓的泼辣，便是敢说别人不好意思说出口的话，敢做别人不好意思表现的举动。谁敢让他受气，谁当面就会下不来台。他敢哭敢闹、敢拼敢骂，口才好，又敢揭对方的老底儿，所以，很少有人敢惹这种人，以免自讨没趣。

（2）爱玩儿命的形象

其实，人类一切的弱点都可归结为一个“怕”字，而怕死则是人类最本能的一种东西。那些爱玩儿命的主，往往喜欢用武力解决问题，以玉石俱焚的态度来实现自己的意志，这种游戏自然是常人不敢玩而且也玩不起的。

（3）有仇必报的形象

人人都知道，仇恨是一种非常可怕的东西，而其最可怕的地方莫过于它的爆发没有时间的限制，令人防不胜防。所谓君子报仇十年不晚，就是这个意思。当然，我们这里并非提倡人们动不动就去玩儿命，而是说在大是大非的原则问题上，应该做到还以颜色。

（4）实力派形象

塑造实力派形象就是要你在平时就要注意展示你雄厚的力量，比如，令人可羡慕的专业本领、广泛的人际关系、神秘莫测的后台等等，这些都会在周围的人群中造成一种印象。如果你是一个能量巨大的人，不发威则已，一旦发威则后果难当。那么人们一般不敢招惹你，持有这种形象的人也很少受气。

总而言之，树立一个不好惹、不受气甚至敢玩命的形象是很重要的，有了这一形象，就好比是种下了一棵大树，从此，你便可以在树荫下纳凉，再也不用担心别人敢平白无故地欺侮你、招惹你。

**【狼性生存术】**

在社会中生存和发展，只要能够显示出你是一个不容欺侮的人，你就能够做到不受气。当然你不必现还现报，立竿见影，只要能抓住一两件事大做文章，让冒犯者品尝到你的厉害，就能收到一种“杀鸡给猴看”的效果，起到某种普遍性的威胁作用。

# 第二十一章

## 借力登天，借势成事

### ——把身边每个人都当做你成功的帮手

一个人要想成就一番事业，单靠自己一方面的力量是不够的。在力量不强大时，就要善于借助他方的力量，扛起有名望或有实力一方的大旗，寄人篱下，寻找大靠山。在他方的大树下面开辟一片新天地，这不仅仅是谋略，也是一种成功经验的智慧产物。

借力登天、借势成事等，会让单枪匹马闯天下的你成为“三头六臂”，在运筹中找到自己制胜之道。

## 1. 找个梯子往上爬

**【狼道语录】**好风凭借力，借梯能登天。

俗话说："好风凭借力，借梯能登天。"做大人物办大事，光靠自己的力量不够，还要广交朋友，凭借他人的力量实现自己的愿望。

现实生活中，你也许朝九晚五，忙碌奔波，却只能养家糊口，更莫谈买房买车了。难道自己就是天生的苦命人吗？非也，这只是说明了你目前的状况，并不代表将来的景状。如果仅仅依靠个人的力量，或许于事无补，因为有时候个人的力量太单薄了。

那该怎么办呢？巧借他人之力，借助各方力量，做成自己的事，会取得四两拨千斤的神奇效果。

比如，市场竞争既有对手关系，也有合作关系，善于借来梯子往上爬，会让自己飞得更高。

在商场上，懂得借助别人的力起飞，是盖茨聪明的地方，也是他迅速聚集财富的秘密法宝。比如，在产品设计上，微软公司在内部研发的同时，还瞄准其他公司的设计。一旦发现别人有什么创新的地方，就会成为微软的猎物。

微图，是由保罗和格雷逊创立的公司，主要从事小规模的应用软件开发，长期以来和微软保持着良好的合作关系。无论是在微软凭借MS—DOS成名的时候，还是在微软开发"视窗"1.0遇到困难的时候，微图始终都是微软的忠实追随者和支持者。为了答谢微图，微软曾经给微图贷款。

后来，微图公司为适应微软与IBM合作开发的OS/2操作系统，自行开发了一款名叫“魔镜”的软件。微软对这一软件进行了研究，发现它有很大的发展潜力，于是找到了保罗和格雷逊，提出要购买“摩镜”，并声称是为了修改自己的视窗应用软件，使其能在OS/2上运行。保罗和格雷逊想到过去微软对自己的帮助，又看到微软愿意帮助自己推出“魔镜”，于是就高兴地答应了。

接着，微软副总裁梅普尔斯率领一个谈判小组，与微图公司达成了合作协议。准备签署意向书时，梅普尔斯却提出想要看看“魔镜”的原程序，开始格雷逊一口拒绝了，但是经不住说辞，最后把“摩镜”的原程序交给了微软。

拿到原程序后，微软立刻指派了一名专业工程师来考察、鉴定。后来，微图的工程师无意中发现微软在仿制“摩镜”软件，保罗和格雷逊大发雷霆，当他们找到梅普尔斯和盖茨理论的时候，两人都矢口否认，后来这件事不了了之。

不管怎么说，盖茨还是拿下了“摩镜”这个软件，大大提升了微软在这方面的技术实力。就这样，微软借助他人的力量，一步步发展壮大起来。

盖茨的成功是看得见的，正是他在创业初期的借力、合作，使他少走了许多弯路。这说明，有时候站在巨人的肩膀上来眺望远方、实现梦想，更加有效，这正是“借鸡生蛋，借梯升天”的道理。

“借力”是一门学问，在施行“借力登高”之计时，我们应做好以下几点。

（1）天下之财为我用

我国三国时代的孔明是位善借势借力的能手，如他导演的孙刘联兵，火攻曹军的“万事俱备，只欠东风”一例就是典型，还有“草船借箭”也是巧在“借”字。事实上，人类自从走上文明之路时起，一直在寻求借势借力的办法，正因为不断地创造出各种“借”的办法，所以使人类不断走向文明。

（2）遇到困难想说服对方，可以借助别人的力量，也可以借助事实的力量

比如向对方要求做某些工作时，就得让对方相信你的能力。而要让对方相信你的能力就可以把你做过的一些重要事情讲给对方听，至少也得说

上三件。这样对方就可以断定你是否有能力完成此事。而你列举的三件事应该与你要做的事有一定的关系，可以证明你有能力完成这件事。

（3）借力，即求得朋友的帮助

朋友能否帮你的忙，还看你平时表现如何。这就要求你与人交往时，目光要放远些，不因小利而不为，亦不因利大而为之。如果你与对你求职就业有所帮助的朋友发生了不愉快，你应首先谅解他，“小不忍则乱大谋”，这是古训。你待人好，人家对你自然有真心，关键时刻帮助你一把也在情理之中了。这样看来，借“梯”的功夫完全包含在平时的为人处事之中。

（4）掌握时机，拉人一把

俗话说：“患难之交才是真朋友”，患难检验你做人的态度，患难检验你做事的方式。人的一生不可能一帆风顺，难免会碰到失利受挫或面临困境的情况，这时候最需要的就是别人的帮助，这种雪中送炭般的帮助会让他人记忆一生。有时候不用很费力地帮别人一把，别人也会牢记在心，投之木瓜，报以桃李。

（5）要与有影响力的人做朋友

对于一般人来说，在人际交往的过程中，应该随时留心周围人的品格、能力及其影响力，要用真心去交朋友。为了赢得他人的真诚相助，你必须先付出某些东西，如真心或物质。所以平时与人交往时，要盯得准谁有能力帮助你。当然，与任何人相处都要以友善、真诚为本，《围城》中的方鸿渐就是靠这一点获得了他岳父的信任，从而在银行里谋得了一个好职业。

总之，有些成功者本身并不一定有什么出类拔萃的才能，说不定还是个极平凡的人，只不过是他们善于笼络人并为己所用罢了。所以，从广义上讲，无论是朋友还是对手，都可以借用他们的资源来成就自己的事业。

### 【狼性生存术】

在复杂的社会关系之中，在各种社会关系构成的屏障面前，互相利用是人性的弱点，但它也是人类共同需要的心理倾向，而这正是“借梯登天”之计的实质所在。俗话说：“一个篱笆三个桩，一个好汉三个帮。”不懂得或不善于利用他人力量，光靠单枪匹马闯天下，在现代社会里是很难大有作为的。

## 2. 大树底下好乘凉

**【狼道语录】**借棵大树好寄身。

要想成就一番大事业，单靠自己一方面的力量是不够的。在力量不强大时，就要善于借助他方的力量，扛起有名望或有实力一方的大旗，寄人篱下，寻找大靠山。在他方的大树下面开辟一片新天地，这不仅仅是谋略，也是一种成功经验的智慧产物。

有一个成语故事叫“一人得道鸡犬升天”，就揭示了“大树”带来的好处。

有个人名叫刘安，不知怎么迷上了修道成仙的事，他做梦都想成为仙人，飞升仙境。于是他整天吃斋念经，求仙诵咒，如痴如狂。他放着淮南王不当，专门结交那些会道懂巫的人，向他们请教得道成仙的秘诀。

大家听说了这件事，四面八方的巫师术士道人，全都聚集到刘安的家里，并带来了自己炼制多年的灵丹。有了巫师术士道人们献的这些丹、药，修道更全心全意了。有一天，刘安忽觉身轻气爽，不知不觉竟飘了起来。原来，他真的得道了，慢慢地成为仙人升天了。

更神奇的是，刘安的妻子、家人，以及那些鸡、鸭、猫、狗，都因为吃了剩下的灵丹妙药，一个个得道飞升仙境。

生活中也常有这样的事，一个人得势升官，家中亲戚和那些与他有关系的朋友都跟着沾光，一个个飞黄腾达起来。可见大树靠山文化的影响多么深远。

**（1）找对靠山，实现利益捆绑**

有谁能够不依靠别人而做到成大事、发大财呢？即使当今世界顶尖级的富豪李嘉诚、郭台铭、马云等老板，也不敢拍着胸脯说全凭自己、不靠关系。商业盈利，靠的就是关系，包括消费者关系、客户关系以及员工关系。对生意人来说，这些人就是自己盈利的靠山。

当然，在生活中还有一些人，与我们关系最密切，对我们的利益起着决定作用。对这样的靠山，要主动建立关系，发展友谊，寻求合作机会，实现利益捆绑。一旦对方实现了自身的价值，那么，你所获取的回报也就会丰厚无比。

与这样的人打交道，一定要慷慨大方，互助合作。人人都会遇到困难，俗话说“有难同当，有福同享”，这是一种互助的做人之道。在最困难之时挺身而出，善有善报，就能得到别人的友善回应。一旦对方需要利益合作，必然想到你。

（2）解决好组织内的派系纷争

寻找靠山，不仅在生意场上常见，在企业等商业组织里也很常见。于是，企业里容易出现派系纷争。这对经营者来说，又是一种麻烦，因为它很容易威胁到企业的整体利益。

对此，管理者要找到不同派系的主要人物，必须让他们调整不同的方向，将焦点重新放在团队的目标与需求上。如果有一方真的不愿意为团队着想，或坚持不和对方好好合作，你就必须明白告诉他们走到这个地步的严重性——如果无法对团队做出必须的承诺，团队里将不再有他们的立足之地。

对于公司内出现拉帮结伙的风气，则要加以整顿。团队中出现不和谐状况和发生派系纠纷，一个重要因素是权利分配不当。如果权利分配不当，就无从协调，必然出现争权夺利的情形。对此，要处理好一把手和所有副职各权力的分配问题，避免主要管理者权力过大或过小；此外，还要在副职之间进行合理的权限划分，防止大家为了权利不均而闹意见。

俗话说，朝中有人好做官，大树底下好乘凉。在人情社会中，有靠山的人，不仅可以依靠靠山的威力，快速帮助自己营造属于自己的、更大的人脉道场，而且还可以借用靠山本身的更高层次的、更为庞大的人际网络。

**【狼性生存术】**

一个人必须能够清楚地认识到，只有倚重他人，依靠或引导别人为自己出力出钱，才能赚到大钱。所以每一个无本而求的发财者，都应该深知经营靠山、依靠大树的重要。

## 3. 用名人的光环照亮自己

【狼道语录】与名人扯上关系。

现实生活中，人们总有这样的心理：名人生活的环境是非凡的地方，与名人有联系的必定是不一般的。基于这种心理，人们纷纷追逐、效仿名人，所以与名人沾边的东西也就容易成为热点和卖点。与名人扯上关系确实对我们的事业和成长起着不可估量的作用。

在现代社会，借力这种手段已被政治、经济、文化以及外交等领域广泛运用，而且大有日趋扩展之势。对于人际交往，它不失为一种提高自身形象、扩大自己影响的策略和技巧。

你可以巧借知名人士，如谈话中常出现一些身份较高的人的名字，你在别人眼里就不同寻常；巧借名地，如对有地位有身份的人常去的地方你不要不好意思表白，这也可以作为提高你的身份和能力的资本。

这些做法虽然有沽名钓誉之嫌，但被社会承认，是人的正当追求，对社会进步也有积极意义，而借助名人提高自己的社会知名度，就是被社会所承认的方式之一。

著名主持人吴小莉之所以成名，与她采访政商界要人有直接的关系。许多人都记得，1998年3月19日，在“两会”期间的记者招待会上，朱镕基总理首开先河地点到了吴小莉的名字：“你们照顾一下凤凰卫视台的吴小莉小姐好不好，我非常喜欢她的节目。”

“两会”期间的逸事，使吴小莉顿时成为传媒界引人注目的明星，并在中国大陆家喻户晓，也是她的提问，使朱总理留下了激昂的宣言：“不管前面是地雷阵还是万丈深渊，我都会勇往直前、义无反顾、鞠躬尽瘁、死而后已。”一个有声望的人即使是平淡的一个字给了你，也要比一千个普通人长篇大论地给予的赞辞更有威力。

随着吴小莉知名度的提高，吴小莉主持的节目（《小莉看时事》）也成为凤凰卫视台的名牌节目。内地的传媒朋友对小莉说："在中国电视圈里，只有文艺类主持人容易成名，很少有新闻类主持人成为明星，你算是特例。"

攀龙附凤之心大部分世人都有，谁不希望有个声名显赫的朋友：一个明星或者大人物？如果能跻身于他们的行列，自己也便沾上了荣耀，在别人眼里也就身价大增了。

利用好人际关系是人生成功的重要环节，如何提高处理人际关系的能力，越来越为许多人所重视。营造良好的人际关系，已成为事业成功的一个不可或缺的要素。

与名人扯上关系，是许多人梦寐以求的。在不同的人际交往中，巧借名人关系，从而满足双方的需要，就会使大家的心情更加舒畅，关系更加亲密，有利于各自事业的共同发展。

【狼性生存术】

世界上早已存在多年的东西，尽管其本质没有根本改变，但为什么一夜之间身价暴涨，成为家喻户晓的名牌呢？这就是借助名人和权威的缘故，借名人做广告、宣传，树立起了威信，从而提高了身份。

## 4. 找到你生命中的贵人

【狼道语录】找到你生命中的贵人。

一个人要想成就一番大事业，光靠自己一方面的力量是不够的，在力量不够大时，还要善于借助贵人的力量。从成功需借助外力的角度看，人生至少要找一位贵人相助。个人的努力像爬楼梯一样，脚踏实地，而所谓这种贵人的出现，就相当于乘上电梯。

在攀爬事业高峰的过程中，贵人相助往往是不可缺少的一环，它不仅能替你加分，加快你的发展速度，还能增加你成功的筹码。

一位商界精英感慨地说："我认为这一生最让我感到踏实的就是我交到了一些真正的朋友，我相信就是明天我的企业什么都没有了，从头做起，我用三天时间还能够再赚几百万。为什么？因为我那些朋友中至少有相当一部分还会认同我，有了他们，我就有可能再干起来，所以我是很轻松、很放心的。”



在韩国有这样一个小伙子：他曾受到过良好的教育，但家境贫寒。在他二十多岁的时候，他遇到了人生第一次重要的选择。当时他可以选择去美国当外交官，也可以选择去印度。去美国自然是风光无限，但是消费水平高，他需要挣钱补贴家用，所以他选择去了发展中的印度。

虽然目的地不是太称心，但这个小伙子到任后很快以自己的才气，引起了韩国驻印度总领事卢信永的注意，他发现这个小伙子谈吐不俗，思路缜密，办事沉稳，很多棘手的问题到了他手里都会迎刃而解。

卢信永非常看好这个小伙子，并牢牢地把他记在自己的脑海里。当然，在这个过程中，小伙子也意识到了一个问题：卢信永表面冷漠，内心热情，更可贵的是他有极其丰富的外交经验，并乐于向自己传授。

所以，这个小伙子更加谦虚地向卢信永取经，也更加卖力气地四处奔波，把领事馆的各项事务打理得井井有条。后来，卢信永担任了韩国国务总理，他首先想到的是十几年前在印度一起共过事的那个小伙子，立即把他推荐到了总理府工作，后来更破格提拔他担任了总理礼宾秘书、理事官。

小伙子的职务像坐了直升机一样，以至于他不得不为自己跑得太快而向自己的前辈、亲友和同事写信道歉：”我晋升太快，很抱歉！”不过道歉归道歉，他依然继续高升，虽然也经历了一些坎坷，但他最后还是登上了联合国秘书长的讲台，他就是——潘基文。

上面的案例中，卢信永就是潘基文一生中的贵人，如果没有卢信永这个伯乐，潘基文这匹千里马或许就会被埋没。但是，在这个过程中，潘基文并非被动地等待着被发现，而是靠自己的实力积极主动地去争取让贵人发现自己。

贵人常常能够缩短你的奋斗时间，指给你成功的捷径。要想得到贵人的热心相助，你必须要注意以下几点：

（1）要注意和贵人交往的方式、方法，做到不卑不亢，知恩图报现实生活中，贵人往往在知识、技能、经验、人脉等方面有超过你的地方，对于这些，我们应该谦虚谨慎地学习，但注意不要过度地恭维，以至于到了溜须拍马让人感到肉麻的地步。同时也要注意的是，贵人在帮助你的过程中，也许会有一点点私心，他们的底线只是需要你记住他们帮助过你而已，但如果你一旦功成名就就立刻变脸不认人，做了“念完经打和尚”、“吃饱饭骂厨子”、“学会手艺饿死师傅”的主儿，恐怕你离碰壁就不远了。

（2）一定要对对方的底细了如指掌

《孙子兵法》中说，知已知彼，方能百战百胜。你想跟一个可能日后对你的事业产生重大影响的关键人物交往，之前一定要将他的“底细”了解透彻，当然了，人家的隐私你要视为避讳。你要了解的是他的身份、地位、特长、爱好等，还有他的亲人、朋友等亲近人物最好也了解一些，这样才能方便你找到与之接近的切入口。

（3）不要以贵人相助获得成功作为终点站，而要把它作为新的起点

有的人处心积虑，终于到达了人生事业的巅峰，从那以后就不思进取，沉醉在自己成功的喜悦之中不能醒来，这是很危险的，不仅会让帮助你的“贵人”大丢颜面，更有可能让你跌下深渊，摔得很惨。

（4）要注意把自己也培养成一个“贵人”，以帮助别人为荣

帮助别人能使你获得更多的支持，互帮互助会使你的人脉更加巩固发达，要像贵人帮助你那样去帮助确实值得帮助的人，这样你得到的，除了心灵上的满足之外，还会有许多你意想不到的收获。

有句话说“七分努力，三分机运”，我们一直相信“爱拼才会赢”，但偏偏有些人即使拼了也不见得赢，关键原因可能就在于缺少贵人相助。

## 【狼性生存术】

现实生活中，贵人不一定位高权重，他们可能是在经验、专长、知识、技能等方面比你略胜一筹，也可能是你的老师、同事、同学、朋友、引荐人，他们或给予你物质上的支持，或向你提供机会、启迪思想观念、身教言传、潜移默化。

## 5. 站在巨人肩上摘星星

**【狼道语录】**站到巨人肩膀上去。

牛顿是位伟大的数学家和物理学家。他有一句名言，那就是“如果我比一般人看得远，那是因为我站在巨人的肩膀上”。

人们往往需要凭借有钱有势的“巨人肩膀”来实现他的企图。一旦认定了攀附的目标，其专注投入的尽头绝不应亚于在半空中盘旋、最终发现美餐的鹰隼。所谓“好风凭借力，送我上青云”。

在蒋介石发迹的历程中，没少使用这种“手段”。

1916年5月18日，沪军都督陈英士遇刺身亡。当时蒋介石只是陈英士府上的一个团长。陈英士一死，大家作鸟兽散，蒋介石也被迫脱下军装，进租界混碗饭吃。可是，下一步投靠谁呢?

一天，他偶然在街上遇见自己在都督府时混熟的酒肉朋友陈果夫。陈果夫认识上海滩的大人物虞洽卿。蒋介石眼睛一亮：这不正是他所巴望的吗?

陈果夫没有食言，蒋介石顺利地见到了虞洽卿。但蒋介石只不过在陈英士手下做过团长，在帮会中却没有地位，因此并不受重视，被安排在商行中做一个小职员。

蒋介石虽极力讨好虞洽卿，无奈在帮会中没有辈分，总不能受重视。他知道，要想尽快出人头地，必须设法进入青帮，拜过硬的老头子。于是，他特意准备了厚礼，希望虞洽卿能帮他介绍。

虞洽卿耐不住蒋介石软磨硬泡，终于答应把他介绍给上海滩的青帮大亨黄金荣。

有了虞洽卿的电话和推荐信，黄金荣自然不敢怠慢。不久蒋介石就拜过牌位，成为黄老太爷门下的弟子，从此事业兴旺起来。

也许连虞洽卿、黄金荣自己也没有料到，十年之后，这个落魄失意的蒋介石竟成了威风八面的国民革命军总司令。1927年蒋介石发动“四一二反革命政变”时，虞、黄二人已成为蒋使用起来得心应手的作恶工具了。

蒋介石拼力攀附青帮势力，果然为他的前程打开一片光明大道。

历史上和现实生活中许多人往往就是具备着这样的眼光和执着劲儿，借助巨人力量轻而易举地站到了权势与名利的更高阶层。

【狼性生存术】

一个能站在巨人肩膀上的人，要有三种能力：一是辨别谁是巨人；二是能自己爬上巨人的肩膀；三是能自己在巨人的肩膀上站起来，并且看得更远。

## 6. 借助团队的力量成功

【狼道语录】巧用团队的力量。

一个人再能干，不可能单独完成一次团队的任务，只有整个团队的团结协作，把每个人的智慧和创新都溶入到团队中去，互相协作，善于沟通，充满关怀，才能克服任何困难。

一个人善于借力可以达到四两拨千斤的效果，对于一个组织来说，一个人的力量是如此的渺小和微不足道，只有集体的力量、团队的精神才是克服困难的法宝，一个人无论怎样锐利创新都是有限度的，只有团队的创新和发展才是无穷的。

学会与他人合作，增强自己的团队精神，这样更有利于自己依靠团队的力量成功。

华人首富李嘉诚曾说：“你们不要老提我，我算什么超人，是大家同心协力的结果。我身边有300员虎将，其中100人是外国人，200人是年富力强的香港人。”

有一次，《明报》记者采访李嘉诚：“您的智囊人物究竟有多少？”李嘉诚回答说：“有好多吧！凡是跟我合作过，打过交道的人，都是智囊，数都数不清，比如，你们集团的广告公司就是。”

原来，当初李嘉诚在发售新界的高级别墅群时，曾委托《明报》旗下的广告公司做代理商。这家广告公司派人去别墅现场察看，发现别墅确实十分漂亮，然而美中不足的是四周的道路还没修好，恰好当天下雨，道路泥泞不堪。

于是，广告商向李嘉诚提议：“能不能稍迟些日子，等路修好，装修好几幢示范单位之后再正式出售。这样不但售得快，售价也可标高。”李嘉诚听完不停地点头，感激之情溢于言表。

在李嘉诚的企业中，一些能干的人才都是从人才内阁逐渐进入到领导内阁中的。举例来说，长江的地产发展有周年茂、财务策划有霍建宁、楼宇销售则有女将洪小莲。霍建宁、周年茂、洪小莲被称为“长实”系新型三驾马车。

20世纪80年代中期，“长实”管理层基本实现了新老交替，各部门负责人大都是30~40岁的少壮派。李嘉诚的左右手还有一个显著的特色，就是聘用了不少洋人。李嘉诚认为，他聘用洋人是因为集团的利益和工作确确实实需要他们，用洋人管洋人，更利于相互间的沟通。

还有重要的一点，这些老牌英资企业与欧、美、澳有广泛的业务关系，长江集团日后必然要走跨国化道路，启用洋人做“大使”，更有利于开拓国际市场和进行海外投资，因为他们具有血统、语言、文化等方面的天然优势。

李嘉诚说：“决定大事的时候，我就算百分之百的清楚，我也一样召集一些人，汇合各人的资讯一齐研究。因为始终应该集思广益，排除百密一疏的可能。这样，当我得到他们的意见后，看错的机会就微乎其微。当各人意见都差不多统一的时候，那就绝少有出错的机会了。”

就这样，李嘉诚广采博纳，融汇众人的智慧，在经商道路上实现了一次又一次跃进。李嘉诚自己不仅善于广采博纳，融汇众智，而且也这样要求下属，把“用人”的学问发挥到了极致。

（1）能够听进别人的意见

干大事业的人，一方面一定要有自己的主意，另一方面还需要能够听进别人的意见。李嘉诚为人虚心坦诚，不但善用身边的人，而且极会利用外脑的智慧，确实高人一等。

“兼听则明，偏听则暗”，一个事物存在着多个方面，想要全面、客观地了解一件事、一个人，我们不但要多角度考察，还要善于听从他人有见地的意见。特别是对经商这样复杂的事情，每个人的见解都有它独到的地方，如果我们善于从中吸取有价值的成分，就能增加决策的正确性，降低风险。

（2）发挥团队的力量

每个人的智慧是有限的，在许多时候不能发现身边事物的真相。因此，这就要求我们明确自己的使命，做一个出色的决策者，而不能跟随自己的情绪拒绝他人的意见。只有这样，才能发挥团队的力量、借助团队的智慧做出正确决策。

（3）实现组织内部信息共享

一个组织是由许多团队成员组成的，每个人都掌握着自己工作岗位上的第一手信息，要及时全面获取各个部门真实有效的信息，实现组织内部的信息共享，个人的成功也就不言而喻。

（4）建立友好的工作环境和气氛

信息的传递过程必须借助人与人之间的沟通来实现，在一个团队里，要想从他人那里获得有价值的信息，必须首先建立双方的良好互动关系。很显然，如果彼此关系僵化、缺乏合作精神，那么我们就不能保证信息的真实有效，这对我们的成长会带来不利影响。

“海纳百川，有容乃大”，与人打交道时，那些善于集众人之智慧于一身的人，善于借助团队力量的人，更易于成就大事。

**【狼性生存术】**

一个人的强大不仅在于提升自身智慧，凝聚众人智慧更重要。如果我们能够总是抱着一颗坦诚谦虚之心，善纳忠言，广采博纳，凡人也可能成为超人。